周丹丹 编著

商业企业
会计真账实操全图解

全新升级版

中国铁道出版社有限公司
CHINA RAILWAY PUBLISHING HOUSE CO., LTD.

图书在版编目(CIP)数据

商业企业会计真账实操全图解:全新升级版/周丹丹编著.—2版.—北京:中国铁道出版社有限公司,2020.1

ISBN 978-7-113-26431-4

Ⅰ.①商… Ⅱ.①周… Ⅲ.①商业会计-图解
Ⅳ.①F715.51-64

中国版本图书馆CIP数据核字(2019)第252391号

书　　名: 商业企业会计真账实操全图解(全新升级版)
SHANGYE QIYE KUAIJI ZHENZHANGSHICAO QUANTUJIE(QUANXIN SHENGJIBAN)
作　　者: 周丹丹

责任编辑: 王淑艳　　**编辑部电话:** 010-51873457　　**电子信箱:** wangsy20008@126.com
封面设计: 王　岩
责任校对: 王　杰
责任印制: 赵星辰

出版发行: 中国铁道出版社有限公司(100054,北京市西城区右安门西街8号)
网　　址: http://www.tdpress.com
印　　刷: 北京鑫正大印刷有限公司
版　　次: 2018年11月第1版　2020年1月第2版　2020年1月第1次印刷
开　　本: 710 mm×1 000 mm　1/16　印张:18.5　字数:289千
书　　号: ISBN 978-7-113-26431-4
定　　价: 55.00元

前言

PREFACE

“会计真账实操全图解”丛书包括商业、餐饮、外贸、建筑施工、房地产、工业、行政事业单位、酒店等，根据行业特点编写。自出版后，屡次重印，深受读者喜爱。此次再版，缘于《企业会计准则》修订，包括新收入准则（财会〔2017〕22号）等，新收入准则实施时间如下：

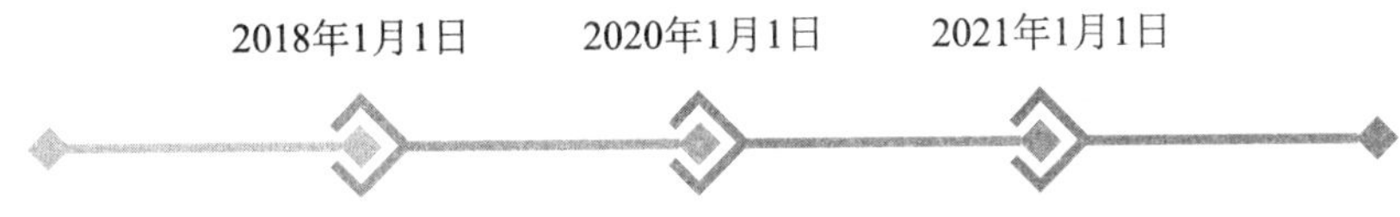

新收入准则将对诸多行业产生很大影响，推翻现行准则确认的原则，重新按照新收入准则“五步法模型”确认收入，这对广大会计人员来说，要将以前的方法全部推翻，无疑是重大考验。

对商业企业来说，新收入准则要点如下：

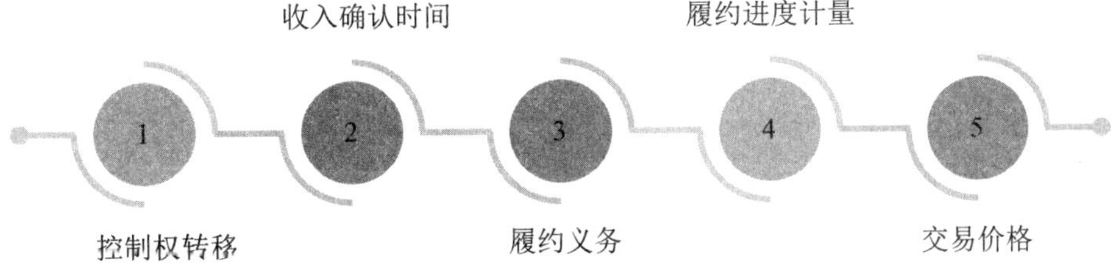

此外，为了减轻企业负担，财政部、国家税务总局等颁布一系列“减税降费”优惠措施，不但降低增值税税率，而且又有很多优惠政策，比如期末留抵税额符合规定的，可以一次性抵扣；扩大所得税前抵扣范围；为了鼓励小型微利企业的发展，在增值税和所得税方面给予极大的支持。本书将这些变化编进相关章节，并一一解析。

商业企业模式有两种：一是批发；二是零售，本书根据这两个特点编写。批发企业与零售企业在商品购进与售出以及期末成本在会计核算方面有很大区别。

本书有以下几个特点：

◆ 突出流程。根据商业企业会计核算特点，突出商业企业经营流程，从商品购进到销售以及编制报表，适合零基础学习商业会计的读者，实现从“零”到“一”的飞跃。

◆ 实操性强。针对具体业务进行会计账务处理，根据日常业务逐笔编制会计分录，使读者正确应用会计科目，处理企业日常业务。

◆ 图文并茂。本书用大量的案例展现商业企业经营业务，尽量采用图、表形式呈现，易于阅读。

本书案例列举的企业名称和拟定的人名，如与现实中有相同者，实属巧合，切勿对号入座。如对相关企业和个人造成影响，非作者本意，在此表示歉意，请谅解。案例中未注明单位的整数部分，以人民币“元”为单位。

本套丛书包括：

《商业企业会计真账实操全图解（全新升级版）》

《建筑施工企业会计真账实操全图解（全新升级版）》

《一般纳税人会计真账实操全图解（全新升级版）》

《行政事业单位会计真账实操全图解（全新升级版）》

《房地产企业会计真账实操全图解（全新升级版）》

《小企业会计真账实操全图解》

《酒店企业会计真账实操全图解（全新升级版）》

《工业企业会计真账实操全图解（全新升级版）》

《餐饮企业会计真账实操全图解（全新升级版）》

《外贸企业会计真账实操全图解（全新升级版）》

虽然我们力求完美，但由于时间有限，编写过程中难免存在着一些不足和遗憾，希望广大读者多提宝贵意见。

编　者

目　录　Contens

第1章　商品流通企业会计

第2章　商业企业预算管理

第 3 章 新收入准则图解与应用

第 4 章 商品流通企业购进的核算

第 5 章 商品销售会计处理

第6章 商业企业商品储存业务核算

第7章 连锁店业务核算

第 8 章 商业企业销售成本的核算

第 9 章 商业企业固定资产的核算

第 10 章 期间费用的核算

第11章　财务报表

第12章　商业企业应交增值税的核算

第13章 其他应交税费的核算

附　录

参考文献

第1章 商品流通企业会计

商品流通企业通过商品购进、销售、调拨、储存（包括运输）等经营业务实现商品流转，不同类型的商品流通企业根据各自的经营特点和管理的需要，设置会计科目及账簿。

1.1 什么是商品流通企业

商品流通企业是指所有独立从事商品流通活动的企业单位，是通过低价格购进商品、高价格出售商品的方式实现商品进销差价，以此弥补企业的各项费用和支出，获得利润的企业。我国的商品流通企业包括：商业、粮食、物资、供销、外贸、医药、石油、烟草、图书发行以及从事其他商品流通的企业。

与工业等其他行业的经营活动相比较，商品流通企业有三个特点：

一是经营活动的主要内容是商品购销；

二是商品资产在企业全部资产中占有较大的比例，是企业资产管理的重点；

三是企业营运中资金活动的轨迹："货币——商品——货币"。

1.1.1 商品流通企业的经营特点

商品流通企业通过商品购进、销售、调拨、储存（包括运输）等经营业务实现商品流转，其中购进、销售和储存是完成商品流通的三个基本环节，调拨和运输等活动都是围绕商品购销展开的。

(1) 商品购进，是指商品流通企业为了销售而通过货币结算取得商品所有权的交易行为，是商品流转的起点。商品购进过程，也就是货币资金转变为商品资金的过程。

这里要注意，凡是不通过货币结算而收入的商品，或者不是为销售而购进的商品，都不属于商品购进的范围，如收回加工的商品、溢余的商品、收回销售退回的商品和购货单位拒收的商品、因财产交接而接受的商品和其他单位赠送的样品、为收取手续费替其他单位代购的商品以及购进专供本单位自用的商品等。

（2）商品销售，是指商品流通企业通过货币结算而售出商品的交易行为，是商品流转的终点。商品销售过程，也就是商品资金转变为货币资金的过程。通过销售收回的货币资金，实现了商品所有权由经营者向消费者的转移。商品流通企业取得的销售收入不仅能够抵补商品购销活动中垫支的全部支出，补偿商品流通企业经营活动中发生的各种耗费，而且还能取得合理的经营利润。

凡是不通过货币结算而发出的商品，则不属于商品销售的范围，如发出加工的商品、损耗和短缺的商品、进货退出的商品和退出拒收的商品、因财产交接而交出的商品和赠送其他单位的样品、采用代收手续费方式替其他单位代销的商品、虽已发出但仍属于本单位所有的委托代销商品和分期收款发出商品等。

（3）商品储存，是指商品流通企业购进的商品在销售以前在企业的停留状态。它以商品资金的形态存在于企业之中。商品储存是商品购进和商品销售的中间环节，也是商品流转的重要环节。商品储存包括库存商品、受托代销商品、分期收款发出商品和购货方拒收的代管商品等。

1.1.2 商品流通企业的类型

商品流通企业按其在商品流通中所处的地位和作用的不同，可以分为以下两种类型。如图 1-1 所示。

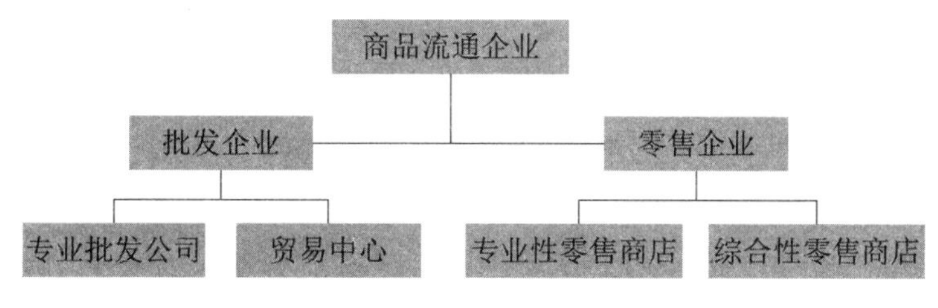

图 1-1 商品流通企业类型

（1）批发企业。

所谓批发企业，是指从生产企业或其他企业购进商品，供应给零售企业或其他批发企业用以转售，或供应给其他企业用以加工的商品流通企业。它处于商品流转的起点或中间环节，是组织城乡之间、地区之间商品流通的桥梁。

我国在城市中有专业批发公司和贸易中心。批发公司是自主经营的经济实体；贸易中心可以是经济联合体，也可以是独立体，实行开放式经营，自由购销，跨区经营，促使货畅其流，提高经济效益。为了扩大批发商品的辐射面，还开设了基层批发企业，积极开展批发和代批业务，以方便边远地区、小型零售企业和个体经营者。

（2）零售企业。

所谓零售企业，是指从批发企业或生产企业购进商品，销售给个人消费，或销售给企事业单位等用于生产和非生产消费的商品流通企业，是直接为人民生活服务的基层商品流通企业。

零售企业按其经营商品种类的多少，可分为专业性零售商店和综合性零售商店。专业性零售商店是指专门经营某一类或几类商品的零售企业，如钟表、眼镜、交通器材、照相器材、金银首饰等商店。综合性零售商店是指经营商品类别繁多的零售企业，如百货、超市等。

由于商品批发和零售业务有着较大的区别，因此，商品流通企业的会计核算也因核算对象类型的不同而有所不同。

1.2 商品流通企业会计

不同类型的商品流通企业根据各自的经营特点和管理的需要，对商品流转的核算采用了各种不同的方法，归纳起来主要分为进价核算法和售价核算法两种。进价核算法和售价核算法又各分为金额核算和数量金额核算两种，具体如图 1-2 所示。

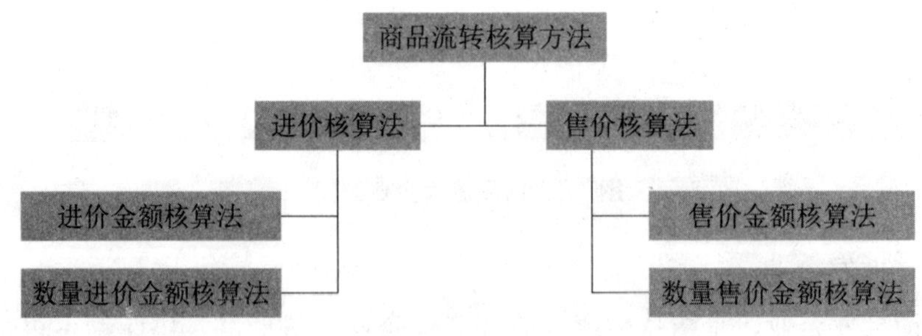

图 1-2 商品流转的会计核算方法

1.2.1 进价核算法

进价核算是对商品的购、销、存都采用购进价格记账和控制的一种核算方法。

1. 进价金额核算

进价金额核算是指库存商品总分类账和明细分类账都只反映商品进价金额，不反映实物数量的一种核算方法。采用这种方法，由于缺乏实物数量记载，必须通过对库存商品进行实地盘点，计算出期末结存金额后，才能倒挤出主营业务成本。

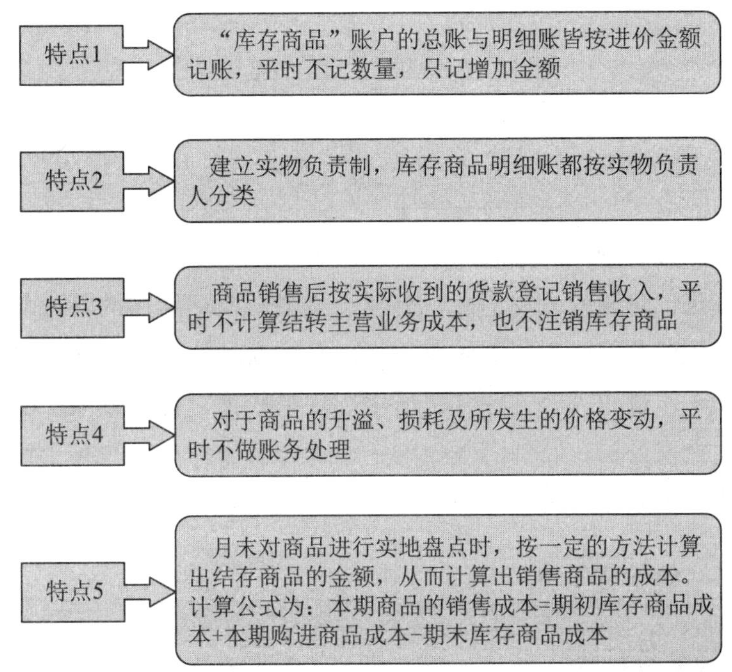

这种核算方法的优点是记账手续最为简便，工作量小。缺点是平时不能反映商品进、销、存的数量，由于月末采用盘存计销的办法，将主营业务成本、商品损耗和差错事故混在一起，容易产生弊端，不易发现企业经营管理中存在的问题。因此，这种方法只适用于经营鲜活商品的零售企业。

2. 数量进价金额核算法

数量进价金额核算，是指库存商品总分类账和明细分类账除均按商品进价金额反映外，同时明细分类账还必须反映商品实物数量的一种核算方法。采用这种方法，可以根据已销商品的数量按进价结转主营业务成本。

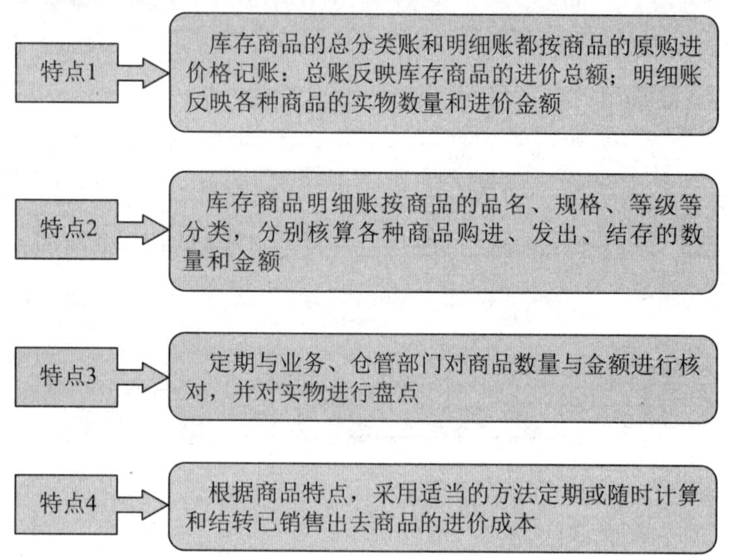

这种核算方法的优点是能够按品名、规格来反映和监督每种商品进、销、存的数量和进价金额的变动情况，有利于加强对库存商品的管理与控制。缺点是每笔销售业务都必须填制销售凭证，并按商品的品名、规格登记商品明细账，记账工作量较大。这种方法适用于规模较大、批量较大、交易次数不多的工业品批发公司、农副产品收购企业及经营品种单一的专业性零售商店及贸易中心等企业。

1.2.2 售价核算法

1. 售价金额核算法

售价金额核算是指库存商品总分类账和明细分类账都只反映商品售价金额，不反映实物数量的一种核算方法。采用这种方法，库存商品的结存数量，只能通过对库存商品进行实地盘点来掌握，营业柜组或门市部对其经营的商品承担经济责任。财会部门通过商品的售价来控制营业柜组或门市部的商品。由于它是建立在实物负责制基础上的，所以也称为“售价金额核算实物负责制”。

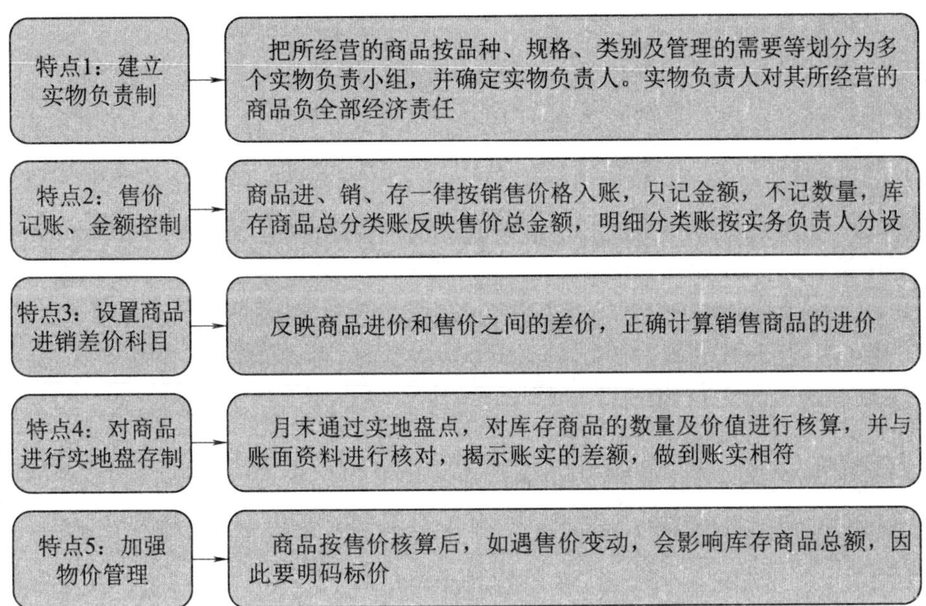

这种方法的优点是控制了商品的售价，一般不必为每笔销售业务填制销售凭证，也不必登记大量的实物数量明细账，记账较为简便。缺点是由于明细分类核算不反映和控制商品的数量，平时不易发现商品短缺，一般要定期盘点时才能发现，难以分清溢缺商品的品种与数量，也难以分析溢缺的原因和责任。这种核算方法适用于综合性零售商店和部分专业性零售商店。

2. 数量售价金额核算

数量售价金额核算是指库存商品总分类账和明细分类账除均按商品售价金额反映外，同时明细分类账还必须反映商品实物数量的一种核算方法。采用这种方法，必须按商品的品名、规格设置明细账，以便能随时掌握各种商品的结存数量。

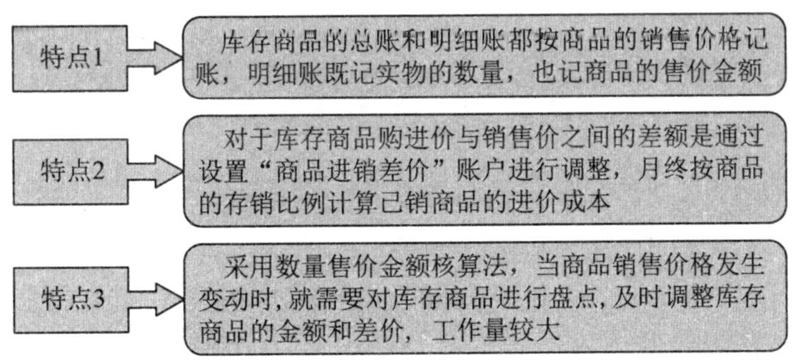

这种核算方法的优点是能够按品名、规格来反映和监督每种商品进、销、存的数量和售价金额的变动情况，便于加强对库存商品的管理与控制。由于按售价记账，对主营业务收入的管理与控制也较为严密。缺点是在进货时既要复核商品的进价，又要计算商品售价和进价的差价，每笔销售业务都要填制销售凭证或做好销售记录，并按商品的品名、规格登记商品明细账，记账的工作量较大。这种方法适用于经营规模不大、批量较少的小规模商品流通企业和部分专业性零售商店（如金店、珠宝玉器店等）。

1.2.3 企业常用会计科目

企业在不违反会计准则中确认、计量和报告规定的前提下，可以根据本企业的实际情况自行增设、分拆、合并会计科目，见表1-1。

表1-1 企业会计科目表

序号	编号	会计科目名称	序号	编号	会计科目名称
一、资产类			17	1406	发出商品
1	1001	库存现金	18	1407	商品进销差价
2	1002	银行存款	19	1411	周转材料
3	1012	其他货币资金	20	1461	融资租赁资产
4	1101	交易性金融资产	21	1471	存货跌价准备
5	1121	应收票据	22	1501	债权投资
6	1122	应收账款	23	1502	债权投资减值准备
7	1123	预付账款	24	1503	其他债权投资
8		合同资产	25	1511	长期股权投资
9		合同资产减值准备	26	1512	长期股权投资减值准备
10	1131	应收股利	27	1521	投资性房地产
11	1132	应收利息	28	1531	长期应收款
12	1221	其他应收款	29	1601	固定资产
13	1231	坏账准备	30	1602	累计折旧
14	1401	材料采购	31	1603	固定资产减值准备
15	1402	在途物资	32	1604	在建工程
16	1405	库存商品	33	1605	工程物资

续上表

序号	编号	会计科目名称	序号	编号	会计科目名称
34	1606	固定资产清理	60	4101	盈余公积
35	1701	无形资产	61		其他综合收益
36	1702	累计摊销	62	4103	本年利润
37	1703	无形资产减值准备	63	4104	利润分配
38	1711	商誉	四、成本类		
39	1801	长期待摊费用	64	5001	生产成本
40	1811	递延所得税资产	65	5101	制造费用
41	1901	待处理财产损溢	66	5301	研发支出
二、负债类			67	5401	合同履约成本
42	2001	短期借款	68	5402	合同结算
43	2101	交易性金融负债	五、损益类		
44	2201	应付票据	69	6001	主营业务收入
45	2202	应付账款	70	6051	其他业务收入
46	2203	预收账款	71	6061	汇兑损益
47		合同负债	72	6101	公允价值变动损益
48	2211	应付职工薪酬	73	6111	投资收益
49	2221	应交税费	74	6115	资产处置损益
50	2231	应付利息	75	6301	营业外收入
51	2232	应付股利	76	6401	主营业务成本
52	2241	其他应付款	77	6402	其他业务成本
53	2401	递延收益	78	6403	税金及附加
54	2501	长期借款	79	6601	销售费用
55	2701	长期应付款	80	6602	管理费用
56	2801	预计负债	81	6603	财务费用
57	2901	递延所得税负债	82	6701	资产减值损失
三、所有者权益类			83	6711	营业外支出
58	4001	实收资本	84	6801	所得税费用
59	4002	资本公积	85	6901	以前年度损益调整

财政部 2017 年以后陆续颁布《关于修订印发〈企业会计准则第 14 号——收入〉的通知》(财会〔2017〕22 号)等,新增会计科目“合同资产”“合同负债”“合同履约成本”“合同取得成本”“应收退货成本”“其他收益”等,但未公布科目代码。

第 2 章 商业企业预算管理

商品流通企业由于编制预算涉及的部门有限，只有采购、销售、行政、人事、财务等环节，故而采用局部预算。局部预算的方法：主要是指销售预算、销售费用预算、管理费用预算以及财务预算等。

2.1 预算编制方法

预算编制方法有固定预算与弹性预算、增量预算和零基预算、定期预算和滚动预算等。本节利用这些方法计算商品销售收入与成本的业务预算，销售费用、管理费用、财务费用的预算。

2.1.1 增量预算与零基预算

1. 增量预算

增量预算是以基期预算数据为基础，结合预算期业务量水平及管理措施，调整有关预算数额编制而成的预算。这种预算编制方法的基本假定是：企业现有的每项业务活动都是企业不断发展所必需的；现有的费用开支水平是合理而必需的；增加费用预算是值得的。

在基期实际数据的基础上，考虑未来的变化情况，确定预算指标，计算公式如下。

某项预算指标＝基期实际指标×（1±%）

【例 2-1】2020 年，红河百货有限公司采购棉布实际支出 300 000 元，考虑 2019 年销售增加 10%和日常消耗额节约 5%的因素，则 2020 年棉布费用预算为：

300 000×（1＋10%）×（1－5%）＝313 500（元）

增量预算编制方法比较简单，但是它以过去的水平为基础，实际上是承认过去是合理的，无需改进，因循沿袭下去。这样，易使原来不合理的成本费用开支继续存在下去，造成预算的浪费；另一方面也不利于企业拓展新的业务。

2. 零基预算

零基预算是1970年美国德州仪器公司的派尔最先提出的，是以零为基础，根据现有的经营条件、管理水平和实际需要，逐个审议各预算项目的必要性、合理性及其数额编制而成的预算。

零基预算是对预算收支以零为基点，对预算期内各项支出的必要性、合理性或者各项收入的可行性以及预算数额的大小逐项审议，确定收支水平的预算。

进行零基预算之前，要弄清楚固定成本和变动成本。

(1) 固定成本是指不随客房出租量的变化而变化的费用，如工资及福利费、折旧费、大修理费、服装费和保险费等。固定成本分为约束性固定成本和酌量性固定成本。

固定成本分为以下两类：

约束性固定成本

包括保险费、房屋租金、设备折旧、管理人员的基本工资等

酌量性固定成本

包括广告费、职工培训费、新产品研究开发费用等

(2) 变动成本。变动成本是指随客房出租量的变化而变化的费用，如燃料费、洗涤费、水电费、物料用品消耗、修理费和其他费用。

变动成本也可以区分为两大类：技术性变动成本和酌量性变动成本。

技术性变动成本

只要生产就必然会发生，若不生产，便为零

酌量性变动成本

(1) 其单位变动成本的发生额可由企业最高管理层决定

(2) 按销售收入的一定百分比支付的销售佣金、技术转让费等

(3) 混合成本。混合成本兼有固定与变动两种性质，可进一步将其细分为半变动成本、半固定成本、延期变动成本和曲线变动成本。

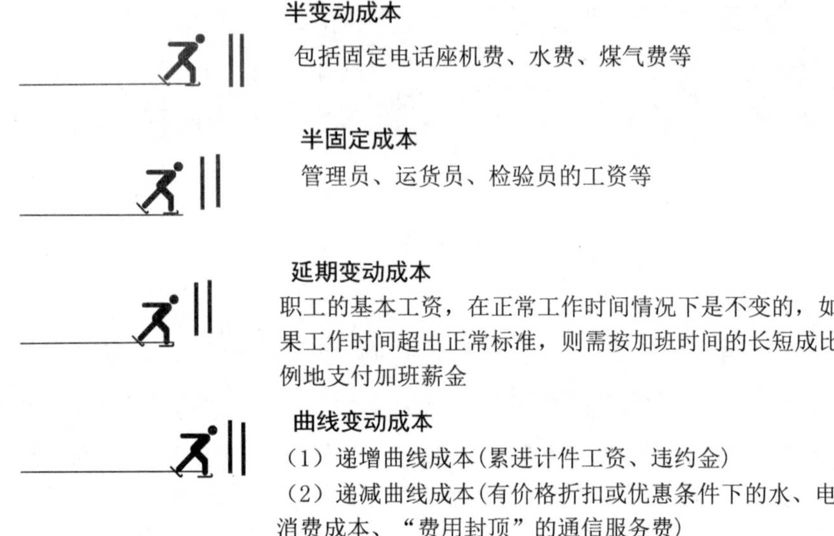

【例 2-2】假设红河百货公司按零基预算法编制销售与管理费用预算。基本编制程序如下：首先，销售及管理部门根据预算期利润目标及销售目标等，经讨论、研究，确定出 2020 年所需发生的费用项目及支出数额见表 2-1。

表 2-1　　　　预计费用项目及支出金额

单位：元

费用项目	开支金额
1. 保险费	60 000
2. 广告费	240 000
3. 租金	100 000
4. 办公费	150 000
5. 差旅费	80 000
6. 培训费	40 000
合　计	670 000

其次，对各费用项目分类：属于不可避免的固定成本有保险费、租金、办公费和差旅费；属于可避免的固定成本的广告费、培训费。参照历史经验，经过成本效益分析，其结果见表 2-2。

表 2-2 成本收益比率

项　目	成本（元）	收益（元）	成本收益率
广告费	1	30	1∶30
培训费	1	20	1∶20

然后，将所有费用项目按照性质和轻重缓急，排出开支等级及顺序。

第一等级：保险费、租金、办公费和差旅费，属于不可避免的固定成本，为预算期必不可少的开支，应全额得到保证

第二等级：广告费，属于可避免的固定成本，可以根据预算期企业资金供应情况酌情增减，但由于广告费的成本收益率高于培训费，因而列入第二等级

第三等级：培训费，也属于可避免的固定成本，根据预算期企业资金供应情况酌情增减，但由于培训费的成本收益率小于广告费，因而列入第三等级

红河百货公司预算期可用于营业及管理费用的资金数额为 490 000 元，则可以根据所排列的等级和顺序分配落实预算资金。

第一等级的费用项目所需资金应全额满足，共计 390 000 元：

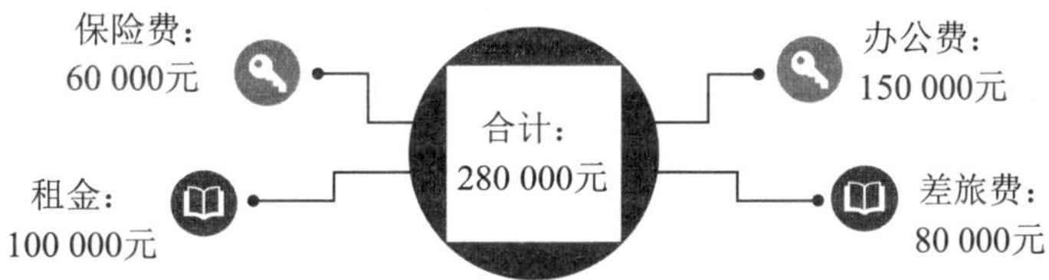

剩余的可供分配的资金数额为 280 000 元（670 000－390 000），按成本收益率的比例分配广告费和培训费。

广告费可分配资金为：280 000×［30÷（30＋20）］＝168 000（元）。

培训费可分配资金为：280 000×［20÷（30＋20）］＝112 000（元）。

2.1.2　固定预算与弹性预算

1. 固定预算

固定预算，也称静态预算，就是根据预算期内正常的可实现的某一业务量水平而编制的预算。固定预算的基本特点是：

（1）不考虑预算期内业务量水平可能发生的变动，只按预计的一种业务量水平确定预算数额。

（2）将预算的实际执行结果与按预算期内计划规定的某一业务量水平所确定的预算数进行比较分析，并据以进行业绩评价、考核。

在业务量水平经常变动的企业，固定预算就很难有效地考核和评价企业预算的执行情况。

【例 2-3】通河批发公司只批发一种甲商品，2020 年预算年度销售 10 000 件，每件 500 元。甲商品详细成本资料为：单位变动成本 160 元，其中采购成本 100 元、直接人工 40 元、变动制造费用 20 元；固定制造费用总额为 400 000元；单位商品变动销售及管理费用为 60 元，固定销售及管理费用总额为 100 000 元。

根据上述资料，计算编制甲商品成本预算表和利润预算表分别见表 2-3 和表 2-4。

表 2-3　　甲商品成本预算表（产量：10 000 件）

单位：元

成本项目	总成本	单位成本
采购成本	1 000 000	100
直接人工	400 000	40
变动制造费用	200 000	20
固定制造费用	400 000	40
合　计	2 000 000	200

表 2-4　　利润预算表（变动成本法）

2020 年度　　单位：元

项　目	金　额
批发收入（10 000×500）	5 000 000
减：变动成本（10 000×220）	2 200 000
其中：变动生产成本（10 000×160）	1 600 000
变动营业及管理费用（10 000×60）	600 000
边际贡献	2 800 000
减：固定成本	500 000
其中：固定制造费用	400 000
固定营业及管理费用	100 000
息税前利润	2 300 000

2. 弹性预算

弹性预算是根据预算期内可预见的多种业务量水平，分别确定相应的预算数额编制而成的预算。由于这种预算随业务量水平的变动作机动调整，本身具有弹性，故称为弹性预算，或称变动预算。

与固定预算相比弹性预算有以下特点：

①弹性预算是按预算期内某一相关范围的可预见的多种业务量水平确定不同的预算额，从而扩大了预算的适用范围，便于预算指标的调整。

②弹性预算是按成本的不同性态分类列示的，便于在预算期终了时，将实际指标与实际业务量相应的预算额进行对比，使预算执行情况的评价与考核建立在更加客观和可比的基础上，更好地发挥预算的控制作用。

编制弹性成本预算，关键是进行成本性态分析，将全部成本最终区分为变动成本和固定成本两大类。变动成本主要根据单位业务量来控制，固定成本则按总额控制。

其成本的预算公式为：

$$\text{成本的弹性预算}=\text{固定成本预算数}+\sum(\text{单位变动成本预算数}\times\text{预计业务量})$$

弹性成本预算的具体编制方法包括公式法和列表法两种。

（1）公式法。

所谓公式法就是根据在成本性态分析的基础上建立的成本模型 $y=a+bx$ 来进行弹性成本预算的方法。

在成本性态分析的基础上，可将任何成本项目近似地表示为 $y=a+bx$（当 $a=0$ 时，y 为变动成本；当 $b=0$ 时，y 为固定成本；当 a 和 b 均不为 0 时，y 为混合成本；x 为多种业务量指标，如产销量、直接人工时等）。

在公式法下，只需列出各项成本费用的 a 和 b，就可以很方便地推算出业务量在允许范围内任何水平上的各项预算成本。

【例 2-4】太古糖批发部 2020 年按公式法编制的制造费用弹性预算见表 2-5，其中较大的混合成本项目已经被分解。业务量范围为直接人工工时：50 000～90 000 小时。

表 2-5　　　　2020 年制造费用弹性预算

单位：元

项　　目	a	b
管理人员工资	500 000	—
保险费	120 000	—
房屋租金	90 000	—
维修费	40 000	0.25
水电费	—	0.15
办公费	—	0.3
临时工工资		0.45
宣传费		0.35
合　　计	750 000	1.5

根据表 2-5，可利用 $y=750\ 000+1.5x$，计算出人工小时在 50 000～90 000 小时的范围内，任一业务量基础上的制造费用预算总额；也可计算出在该人工小时变动范围内，任一业务量的制造费用中某一费用项目的预算额，如维修费 $y=40\ 000+0.25x$ 等。

假设 2020 年批发部直接人工预算工时为 70 000 小时，其制造费用弹性预算计算如下：制造费用预算＝750 000＋1.5×70 000＝855 000（元）

（2）列表法，是指通过列表的方式，在相关范围内每隔一定业务量范围计算相关数值预算，来编制弹性成本预算的方法。此法可以在一定程度上弥补公式法的不足。

【例 2-5】延用【例 2-4】，计算表 2-6 中数据。把成本项目分解为变动成本项目、混合成本项目、固定成本项目。

表 2-6　　　　利用列表法计算成本项目

单位：元

直接人工工时（小时）	50 000	60 000	70 000	80 000	90 000
生产能力利用（%）	60%	70%	80%	90%	100%
1. 变动成本项目	40 000	48 000	56 000	64 000	72 000
辅助工人工资	22 500	27 000	31 500	36 000	40 500
宣传费	17 500	21 000	24 500	28 000	31 500

续上表

2. 混合成本项目	75 000	82 000	89 000	96 000	103 000
维修费	52 500	55 000	57 500	60 000	62 500
水电费	7 500	9 000	10 500	12 000	13 500
辅助材料	15 000	18 000	21 000	24 000	27 000
3. 固定成本项目	710 000	710 000	710 000	710 000	710 000
管理人员工资	500 000	500 000	500 000	500 000	500 000
保险费	120 000	120 000	120 000	120 000	120 000
房屋租金	90 000	90 000	90 000	90 000	90 000
制造费用预算	825 000	840 000	855 000	870 000	885 000

以人工工资 50 000 小时为例，计算以下各项目。

(1) 变动成本项目

临时工人工资＝0.45×50 000＝22 500（元）

宣传费＝0.35×50 000＝17 500（元）

(2) 混合成本费用

维修费＝40 000＋0.25×50 000＝52 500（元）

水电费＝0.15×50 000＝7 500（元）

辅助材料＝0.3×50 000＝15 000（元）

(3) 固定成本项目

管理人员工资：500 000 元

保险费：120 000 元

房屋租金：90 000 元

2.1.3 定期预算和滚动预算

1. 定期预算

很多企业的经营预算和财务预算是定期（通常为一年）编制的，这样可使预算年度与会计年度保持一致，便于预算执行结果的考核与评价。但是定期预算也有以下缺陷：

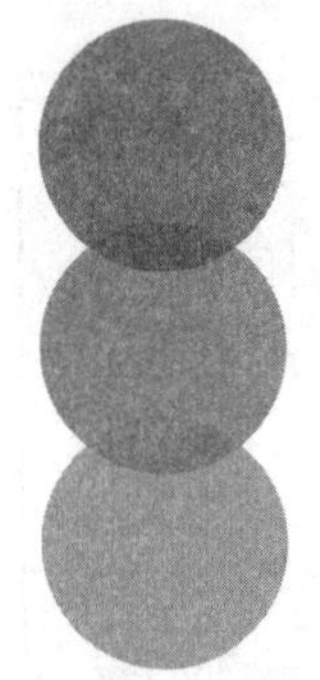

定期预算多是在其执行年度开始前的两三个月进行，在编制时，难于预测预算年度的某些活动

预算中所规划的各种经营活动在预算期内往往发生变化，而定期预算却不便于及时调整预算数额

在预算执行的过程中，企业管理人员的决策视野受限于剩余的预算期间的目标要求，不利于企业长期稳定的发展

2. 滚动预算

在执行了1个月的预算后，再增补一个月的预算，逐期向后滚动，由此编制而成的预算就称为滚动预算，滚动预算也称永续预算或连续预算。

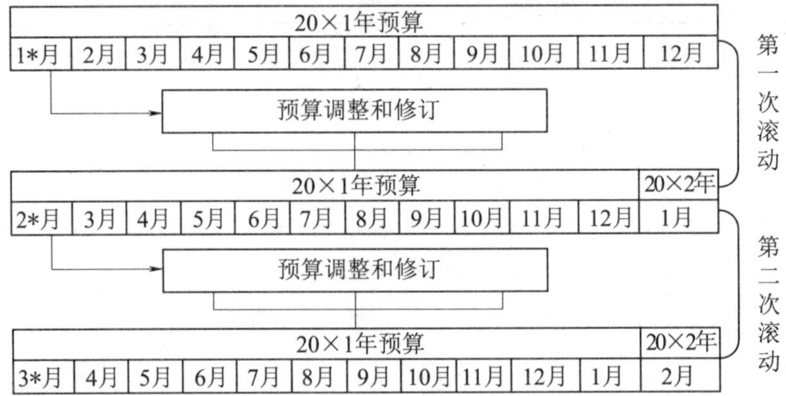

2.2 财务预算的编制

财务预算的编制实际上有报表预算和现金预算，如图 2-1 所示。

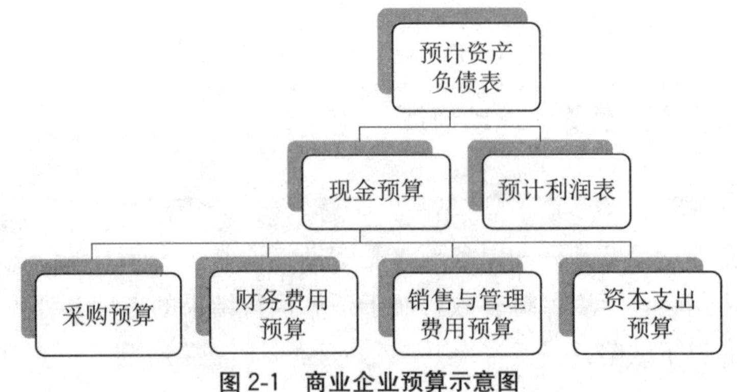

图 2-1　商业企业预算示意图

2.2.1 现金预算的编制

现金预算属于财务预算，是企业的综合性预算。编制现金预算的目的，在于现金不足时筹措现金，现金多余时及时处理现金余额，并且提供现金收支的控制限额，发挥现金管理作用。

“现金预算不等式”：期末现金余额≥最低现金余额

其中：期末现金余额＝现金多余或不足＋短期借款增加－短期借款利息－短期投资增加＋短期投资收益

通过求解这个不等式，可以确定当期应增加的短期借款数额，或归还的短期借款数额，或增加的短期投资数额。关于这个不等式，需要注意的事项有：

（1）最低现金余额，是企业需要保留的最低现金余额。

（2）短期投资收益＝本期期初（上期期末）短期投资余额×短期投资报酬率，短期投资收益的结算方式通常是按季支付投资收益。

（3）短期借款利息＝本期期初（上期期末）短期借款余额×短期借款利率，短期借款利息的支付方式有两种：利随本清或按季付息。

（4）通常假定：短期借款在期初借入、在期末归还。

（5）短期投资和短期借款通常需要取整，如按最小单位是1或5或10等。

（6）短期借款、短期投资、短期借款利息、短期投资利息不一定同时存在的。

2.2.2 预计利润表的编制

预计利润表的编制方法有以下几种。

1. 直接计算法

直接计算法是根据预算收入、预算成本和预算税金直接计算利润总额的一种方法，需要计算不同营业项目的预算利润然后再汇总。

计算公式如下：

预算利润＝预算收入－预算成本费用－预算税金

2. 指标计算法

指标计算法是指利用相关指标来预测利润的一种方法，如利用营业收入利润率、费用率等来预算利润。

3. 预算保本点计算法

预算保本点计算法是本量利分析的基础上进行利润预算的一种方法。

计算公式如下：

预算经营利润＝（预算营业收入－保本点收入）×毛利率

2.2.3 预计资产负债表的编制

资产负债表预算也称预计资产负债表，是按照资产负债表的内容和格式编制的综合反映预算执行单位期末财务状况的预算报表。一般根据预算期期初实际的资产负债表和销售或营业预算、采购预算、资本预算、筹资预算等有关数据分析编制。

预计资产负债表是在预计利润表的基础上编制的。

预计资产负债表的期末未分配利润数＝预计资产负债表的期初未分配利润数＋预计利润表的本期利润数－分配股利数

【例 2-6】蓝天公司是一家零售商，财务人员正在编制 2020 年 3 月份的预算，有关资料如下：

（1）预计 2020 年 2 月 28 日资产负债表见表 2-7。

表 2-7 资产负债表 单位：元

资　产	金　额	负债及所有者权益	金　额
库存现金	220 000	应付账款	1 620 000
应收账款	760 000	应付利息	110 000
存　货	1 320 000	银行借款	1 200 000
固定资产	7 700 000	实收资本	7 000 000
		未分配利润	70 000
资产总计	10 000 000	负债及所有者权益总计	10 000 000

（2）销售收入预计：2020 年 2 月 200 万元，3 月 220 万元；4 月 230 万元。

（3）销售收现预计：销售当月收回 60%，次月收回 38%，其余 2%无法收回（计入坏账损失）。

（4）采购付现预计：销售商品的 80%在前一个月购入，销售商品的 20%

在当月购入；所购商品的进货款项，在购买的次月支付。

(5) 预计3月份购置固定资产需支付60万元；全年折旧费216万元，每月的折旧费相同；除折旧外的其他管理费用均须用现金支付，预计3月份为26.5万元；3月末归还一年前借入的到期借款120万元。

(6) 预计销售成本率75%。

(7) 预计银行借款年利率10%，还款时支付利息。

(8) 企业最低现金余额5万元；预计现金余额不足5万元时，在每月月初从银行借入，借款金额是1万元的整数倍。

(9) 假设公司按月计提应计利息和坏账准备。

要求：根据以上资料，计算以下指标。

(1) 计算蓝天公司3月预计现金收支差额：

①销售收回的现金＝220×60%＋200×38%＝132＋76＝208（万元）

②进货支付的现金＝（220×75%）×80%＋（200×75%）×20%＝162（万元）

③3月份预计现金收支差额＝22＋208－162－60－26.5－120×（1＋10%）＝－150.5（万元）

由于3月月末至少应达到5万元的余额，则应从银行借入156万元。

(2) 计算蓝天公司3月现金、应收账款、应付账款、存货的期末余额：

①现金期末余额＝－150.5＋156＝5.5（万元）

②应收账款期末余额＝220×38%－83.6（万元）

③应付账款期末余额＝（230×75%）×80%＋（220×75%）×20%＝171（万元）

④3月进货成本＝（230×75%）×80%＋（220×75%）×20%＝171（万元）

3月销货成本＝220×75%－165（万元）

存货期末余额＝期初存货余额＋本期购货余额－本期销货余额＝132＋171－165＝138（万元）

(3) 计算蓝天公司3月的税前利润：

税前利润＝营业收入－营业成本－管理费用－信用减值损失－财务费用＝220－220×75%－(216÷12＋26.5)－220×2%－(120＋156)×10%÷12＝3.8（万元）。

净利润＝3.8×（1－25%）＝2.85（万元）

提示：①计算税前利润时要减去3月份计提的信用减值损失（坏账损失）；②计算税前利润时要减去3月份计提的利息费用，利息费用既包括当月借款利息，也包括以前未还借款利息。

2020年3月预计资产负债表见表2-8。

表2-8 **预计资产负债表** 单位：元

资　产	期初余额	期末余额	负债及所有者权益	期初余额	期末余额
库存现金	220 000	55 000	应付账款	1 620 000	1 710 000
应收账款	760 000	836 000	应付利息	110 000	13 000
存　货	1 320 000	1 380 000	银行借款	1 200 000	1 560 000
固定资产	7 700 000	8 110 500	实收资本	7 000 000	7 000 000
			未分配利润	70 000	98 500
资产总计	10 000 000	10 381 500	负债及所有者权益总计	10 000 000	10 381 500

期末未分配利润＝7＋2.85＝9.85（万元）

根据例2-5，编制预计利润表见表2-9。

表2-9 **3月预计现金预算** 单位：元

项　　目	金　额
期初现金余额	220 000
加：销货现金收入	2 080 000
可供使用的现金	2 300 000
减去各项支出：	
进货成本	1 620 000
管理费用	265 000
购买设备	600 000
财务费用（还银行借款）	1 320 000
支出合计	
现金多余或不足	－1 505 000
向银行借款	1 560 000
期末现金余额	55 000

支付长期借款利息：120×10%=12（万元）

本金 120 万元，即财务费用=120+12=132（万元）

根据例 2-5，编制预计利润表见表 2-10

表 2-10 **预计利润表** 单位：元

项　　目	金额
销售收入	2 200 000
减：销售成本	1 650 000
营业利润	550 000
减：管理费用	445 000
利息费用	23 000
信用减值损失	44 000
利润总额	38 000
减：所得税	9 500
净利润	28 500

注：一般来说，利润表中的所得税费用是预估的，不是利润总额与所得税率的相乘得出，是预缴。本题为计算方便，以 38 000×25%计算所得税。

管理费用=216÷12+26.5=44.5（万元）

信用减值损失=220×2%=4.4（万元）

第3章 新收入准则图解与应用

2017年7月，财政部公布修订的《企业会计准则第14号——收入》（财会〔2017〕22号）（以下简称“新收入准则”）。新收入准则修订主要是为了与2014年5月发布的《国际财务报告准则第15号——客户合同收入》（IFRS 15）保持趋同。

3.1 如何确认收入

现行准则确认收入时以“风险报酬转移”为判断依据，而新收入准则对收入确认的核心原则是“控制权转移”（即在企业将商品或服务的控制权转移给客户的时点或过程中以其预计有权获得的金额予以确认），并采用“五步法”模型确认收入。

3.1.1 新收入准则核算哪些业务

新收入准则核算哪些业务呢？

《企业会计准则第 14 号——收入》（财会〔2017〕22 号）规定，新收入准则适用于所有与客户之间的合同，但下列各项除外：

新收入准则生效时间如下：

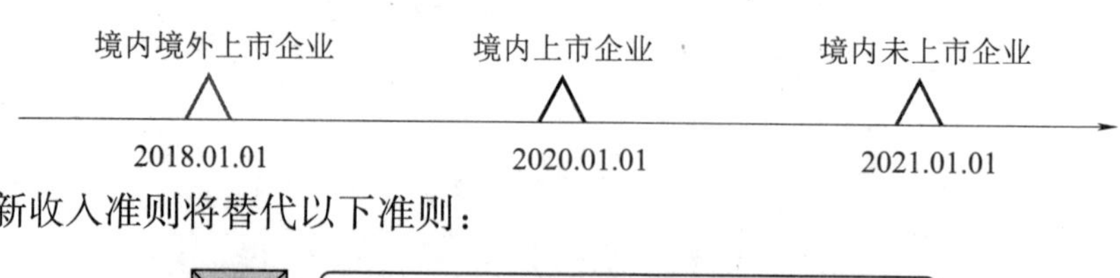

新收入准则将替代以下准则：

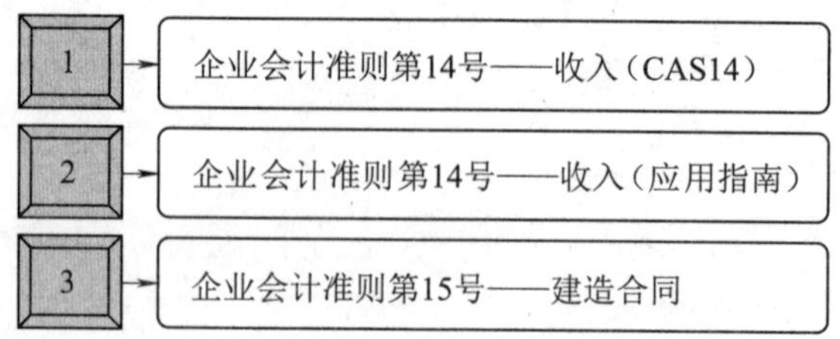

3.1.2　收入确认的五重奏："五步法"模型

"五步法"模型如下：

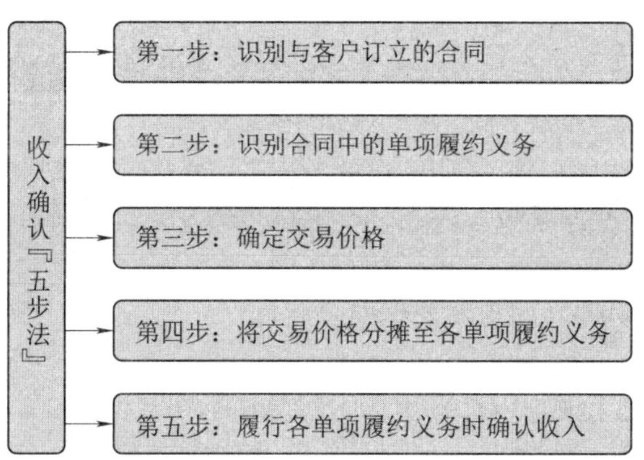

"五步法"包括收入的确认与计量：第一步、第二步和第五步是与收入的确认有关，第三步和第四步主要与收入的计量有关。其中，第一步、第二步需要财务人员根据业务的性质判断。

新收入准则更注重控制权的转移，原收入准则是以风险报酬的转移确认收入，这两者的差异主要在于视角的变化，风险报酬转移源自于利润表视角，关注的是利润表中的收益是否实现；控制权转移源自于资产负债表视角，关注的是资产（或服务）是否已转移。如甲商品批发企业与乙百货公司签订一份销售合同，乙百货公司在B市，只有把商品交到B市乙百货公司所在地，控制权才算移交，商品合同才算完成。

【例3-1】蘑菇街购物网站自营商品开展"618"打折活动，大部分商品能在6月18日送到，但当天下单的商品不能保证运达客户手中。该网站能否在签约收款后，或者发出商品时，确认收入？

判断标准：
a. 客户能够主导该商品的使用并从中获得几乎全部的经济利益
b. 企业已将该商品实物转移给客户，即客户已实物占有该商品
c. 客户已接受该商品

根据新收入准则规定，蘑菇街购物网站没有满足新收入准则的判断标准，即不能在发出商品或收到货款后确认收入。

3.2 如何识别合同

新收入准则引进合同与客户这两个名词：

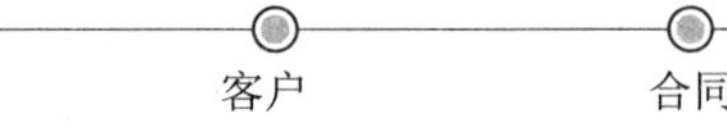

3.2.1 合同的形式

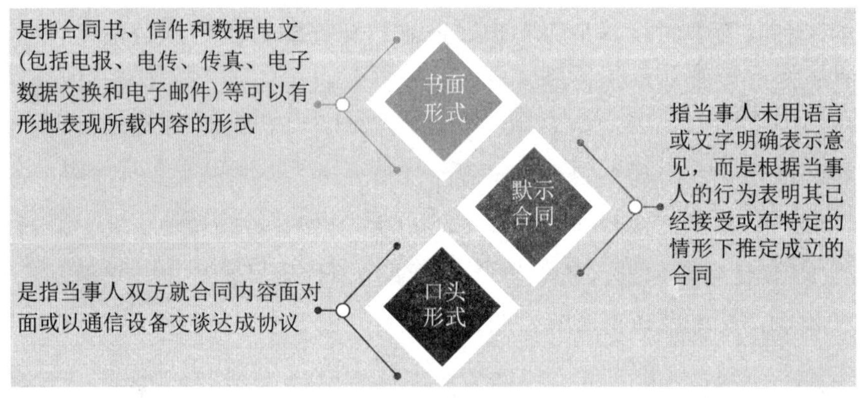

3.2.2 合同订立的方式

根据《合同法》规定，当事人采取要约、承诺方式订立合同。

要约是一方当事人以缔结合同为目的，向对方当事人提出合同条件，希望对方当事人接受的意思表示。发出要约的当事人称为要约人，要约所指向的对方当事人则称为受要约人。

承诺是受要约人同意要约的意思表示。

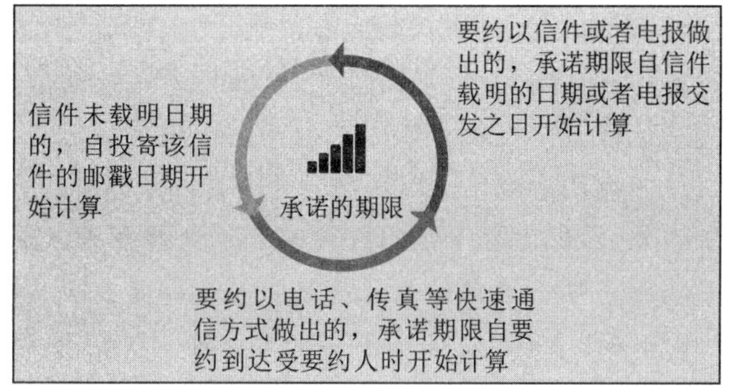

3.2.3 合同成立的时间

依据《合同法》第四十四条到五十一条，规定合同生效的四种情形如下：

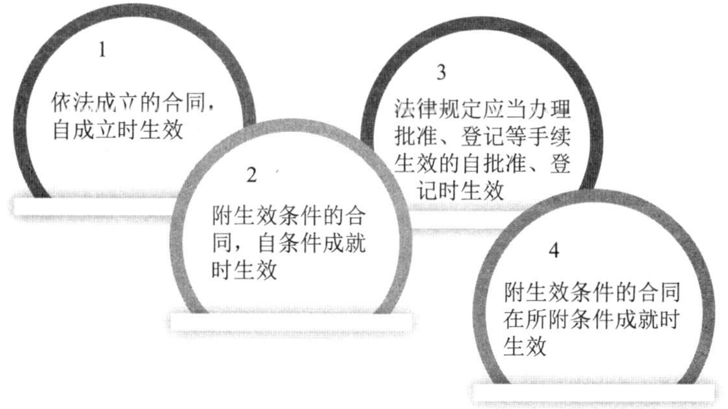

3.2.4 合同变更的会计处理

合同变更，是指经合同各方批准对原合同范围或价格做出的变更。合同变更既可能形成新的具有法律约束力的权利和义务，也可能是变更了合同各方现有的具有法律约束力的权利和义务。

【例 3-2】 2019 年 5 月 2 日，风林百货公司与东林商品批发商场签订购入 1 500 套双人被套的合同，每套 150 元。东林商品批发商场已交付 1 000 套。风林百货公司收到附近大学城订购 500 套单人被套的订单，风林百货公司与东林商品批发商场协商将剩余 500 套双人被套改为 500 套单人被套，每套 80 元，总计 40 000 元。

本案例中，约定商品变更前后，可明确区分。东林商品批发商场原合同按 150 000 元（1 000×150）确认收入。旧合同终止。按新合同执行：新合同价款＝1 000×150＋500×80＝190 000（元）

需要注意的是，在合同变更日已转让的商品与未转让的商品之间不可明确区分的，应当将该合同变更部分作为原合同的组成部分进行会计处理，由此产生的对已确认收入的影响，应当在合同变更日调整当期收入。

【例 3-3】 云水康乐中心实行会员制，凡是该中心会员，分为月度会员、季度会员和年度会员，享受不同的优惠办法。月度会员每月 900 元，季度会员 2 400 元，年度会员 9 450 元，会员补差即可升级。张兰于 2019 年 1 月1 日缴纳 900 元，加入月度会员；2 月 1 日，补差 1 500 元，成为季度会员；4 月 1 日补差 7 050 元，成为年度会员。

云水康乐中心确认收入计算如下：

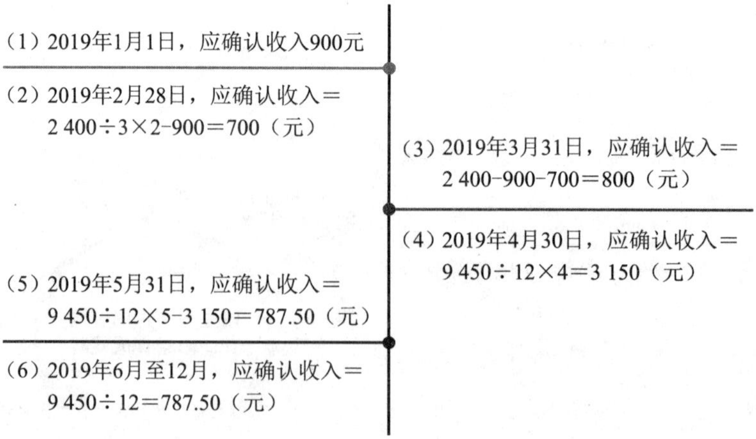

（1）2019年1月1日，应确认收入900元

（2）2019年2月28日，应确认收入＝
2 400÷3×2-900＝700（元）

（3）2019年3月31日，应确认收入＝
2 400-900-700＝800（元）

（4）2019年4月30日，应确认收入＝
9 450÷12×4＝3 150（元）

（5）2019年5月31日，应确认收入＝
9 450÷12×5-3 150＝787.50（元）

（6）2019年6月至12月，应确认收入＝
9 450÷12＝787.50（元）

3.2.5 合同合并的会计处理

企业与同一客户（或该客户的关联方）同时订立或在相近时间内先后订立的两份或多份合同，在满足下列条件之一时，应当合并为一份合同进行会计处理：

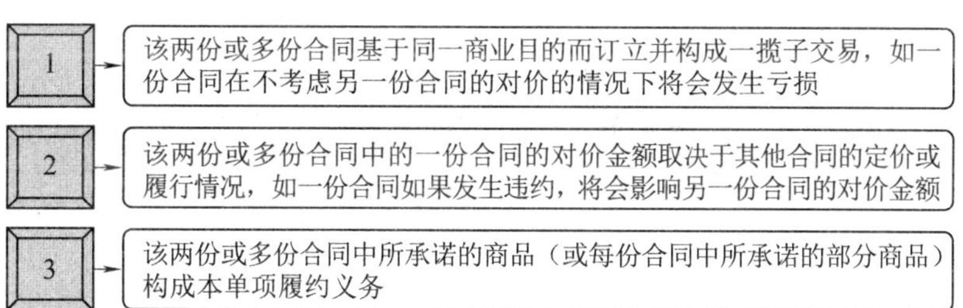

【例 3-4】 向阳商品批发商场与雅黎酒店于 2019 年 5 月 4 日签订了一份会议室租赁合同，每天 1 000 元，共计 4 天。1 月 5 日又签订一份增加会议室投影仪、音响、会议主持、酒店服务等内容合同。在租赁合同基础上每天增加 200 元。

对于雅黎酒店来说，两个合同的商业目的，都是服务于客户的会议；两份合同的价格构成了办理会议的收入；两份合同的义务必须同时履行，形成单项履约义务。

需要注意的是，根据税法规定，不动产租赁增值税率为 9%，动产租赁增值税率 13%，会计服务与主持增值税率为 6%。所以对于雅黎酒店来说，必须重新签署合并后合同，否则有税务风险。所以是否合并为一项合同，还需要具体情况具体分析。

3.3 履约义务的识别

新收入准则引入了“履约义务”的概念，明确了如何识别是否存在多个“履约义务”，以及如何将交易价格分摊到多个“履约义务”。比现行准则规定更加具体，且分摊方法也发生了变化。

3.3.1 什么是履约义务

履约义务，是指合同中企业向客户转让可明确区分商品的承诺。履约义务既包括合同中明确的承诺，也包括由于企业已公开宣布的政策、特定声明或以往的习惯做法等导致合同订立时客户合理预期企业将履行的承诺。

这是某网店公开宣传的资料，虽然没有书面合同，但也属于履约义务。

企业为履行合同而应开展的初始活动，通常不构成履约义务，除非该活动向客户转让了承诺的商品。

企业向客户转让一系列实质相同且转让模式相同的、可明确区分商品的承诺，也应当作为单项履约义务。

3.3.2 履约时间

新收入准则第九条规定，合同开始日，企业应当对合同进行评估，识别该合同所包含的各单项履约义务，并确定各单项履约义务是在某一时段内履行，还是在某一时点履行，然后，在履行了各单项履约义务时分别确认收入。

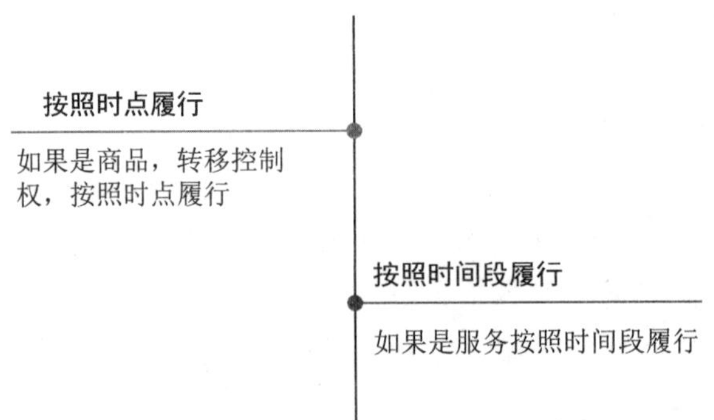

(1) 根据新收入准则第十三条规定，对于在某一时点履行的履约义务，企业应当在客户取得相关商品控制权时点确认收入。在判断客户是否已取得

商品控制权时，企业应当考虑下列迹象：

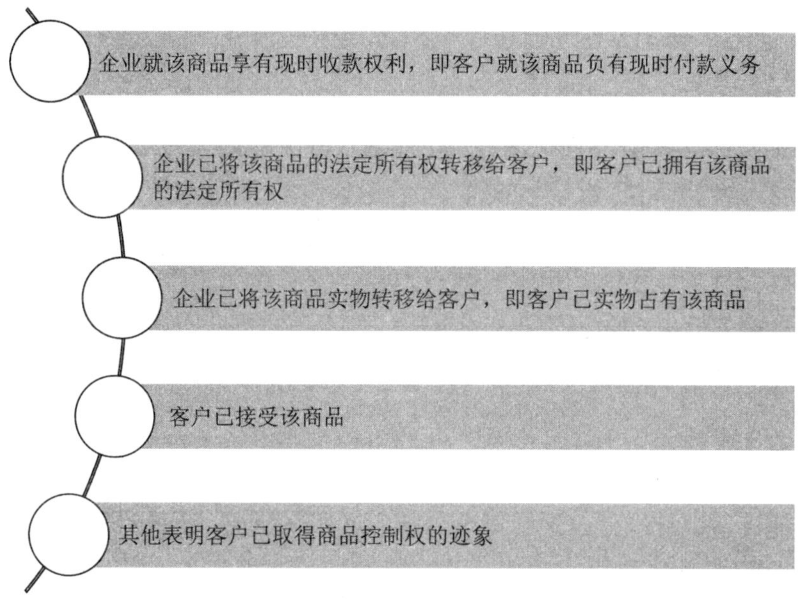

（2）根据新收入准则第十一条，满足下列条件之一的，属于在某一时段内履行履约义务；否则，属于在某一时点履行履约义务：

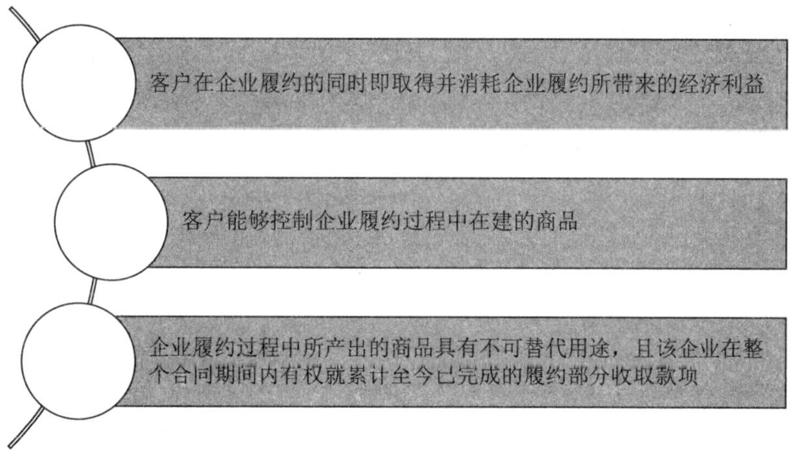

3.3.3 履约进度

新收入准则第十二条规定，对于在某一时段内履行的履约义务，企业应当在该段时间内按照履约进度确认收入，但是，履约进度不能合理确定的除外。企业应当考虑商品的性质，采用产出法或投入法或成本法确定恰当的履约进度。这几种方法适合建筑施工业、房地产业等需要几年才能完成的项目。

3.4 交易价格的确认

交易价格是企业因向客户转让商品或服务而预期有权收取的对价金额，不包括代第三方收取的款项（例如某些销售税金）。可变对价（及其限制）折扣、退款、返利、积分、价格折让、退货、绩效奖金、罚款、特许权使用费等项目都可能产生可变对价。根据事实与情况的不同，企业以期望值或最可能发生金额来估计可变对价。

3.4.1 最佳估计数

根据《国际财务报告准则》的规定，如果企业获得对价的权利以某一未来事件的发生或不发生为条件，则形成可变对价。可变对价通常包括折扣、退款、返利、积分、价格折让、退货、绩效奖金、罚款、特许权使用费等。新收入准则第十六条对可变对价的确认有两个衡量标准，即“是否极可能发生转回”和“是否属于重大转回”，且两个条件必须同时满足。

1. 什么是极可能

《企业会计准则第 13 号——或有事项》应用指南规定：履行或有事项相关于义务导致经济利益流出的可能性，通常按照下列情况加以判断：

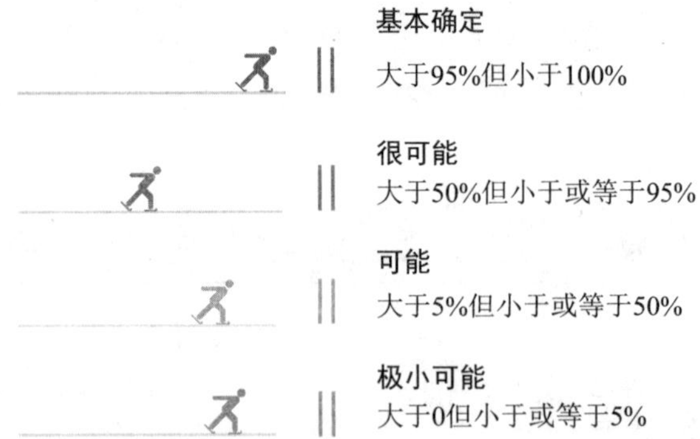

根据上述内容分析，新收入准则中的“极可能”等同于“基本确定”，也就是说“极可能”的发生概率应该大于 95%。而实务中能够判断为“极可能”的情况，需要比较严格的判断条件和充分的证据支撑。

2. 什么是“重大转回”

“重大转回”是新收入准则引入的会计术语，规定“企业在评估累计已确认收入是否极可能不会发生重大转回时，应当同时考虑收入转回的可能性及其比重。”即考虑可变对价对收入确认的影响程度。这一比重通常可以根据可变对价条款涉及的不确定性情况，采用适当的估计方法测算而得。因此，此处的重大与否是相对合同交易价格（可变对价与固定对价的总和）而言，并非针对财务报表整体的重要性程度。这就意味着，可能某一事项由于可变对价确认导致的收入转回金额对财务报表整体而言并非重大，但对于合同交易价格而言是重大的，则该事项仍然属于不能确认可变对价的情形。至于“重大”的量化标准，会计人员应该依据经验判断。

【例 3-5】蓝迪公司自行研发一种新式老年按摩仪，正式投入市场。在与客户签订的合同中明确约定客户享有 7 天无理由退货权利，且该产品属于首次上市且在行业内也属于新产品。该事项需要分别以下两种情形考虑：

（1）蓝迪公司没有该商品是否可能面临大量退回的估计经验，同行业也没有这方面的经验可供参考。

此情形属于影响“极可能”和“重大转回”因素中的第三项因素，即无法可靠估计其可变对价。因此，该项新产品收入应待无理由退货期终止后、不确定性消除时确认。

（2）该产品在行业内虽属于新产品，但此前已经由 A 公司率先推出并取得了成功。蓝迪公司获悉 A 公司并未产生大量退货，并结合蓝迪公司此前的市场调查，蓝迪公司合理预计至少有 70%的产品不会退回。

针对该种情形，蓝迪公司如果 100%的确认产品收入，则有可能导致接近 30%的产品收入转回。因此，可以考虑按照 70%确认收入，剩余的 30%部分按新收入准则作为退款负债处理。

3.4.2　分摊可变对价

交易价格发生后续变动，要区分合同是否发生变动。合同未发生变动的，按合同开始日的基础将后续变动分摊至各履约义务，不得因合同开始后单独售价变动而重新分摊。

若是合同变更导致价格变动，要区分三种情况处理：

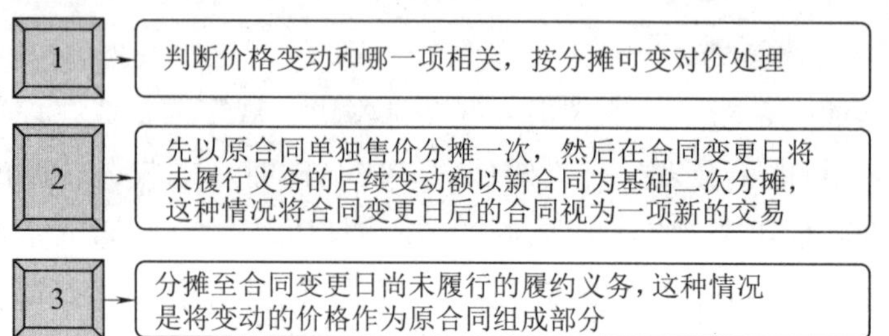

合同中包含可变对价是指当前的交易价格还无法确定，此时企业应按照预计的价格入账。需要注意的是可变对价是与整个合同相关，还是仅与合同中的特定组成部分相关，企业应当将可变对价及后续变动额全部分摊至与之相关的履约义务。这种可变对价经常与特许权的交易相关，比如购买企业将使用特许权取得的收入的一定比例作为买价。

3.4.3 存在重大融资成分的会计处理

合同中存在重大融资成分的，企业应当按照假定客户在取得商品控制权时即以现金支付的应付金额确定交易价格。该交易价格与合同对价之间的差额，应当在合同期间内采用实际利率法摊销。

支付价款间隔不超过一年的，可以不考虑合同中存在的重大融资成分。

在评估一份合同是否存在重大融资成分时，企业应考虑的因素包括：

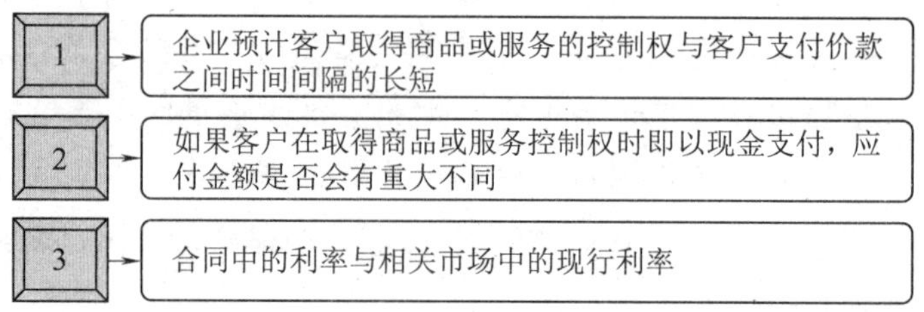

以下不存在重大融资成分的情形：

(1) 所承诺的对价金额的相当一部分是可变的，并且付款金额（或金额及其时间）因不受企业或客户控制的因素（例如，基于销售的特许权使用费）而变动。

(2) 合同对价与现金售价之间的差额是因为向企业或客户提供融资之外的其他原因（例如，对不履行义务的保护）而产生的。允许企业在评估是否存在重大融资成分时，考虑合同各方的意图。

例如，长期建筑及制造合同中约定有保留款项，即合同价格的一部分要保留到履约义务完成后或者到某一商定时点才支付，设定这样的支付条款可能与融资因素无关。

【例 3-6】融创公司与红河百货公司签订货物销售合同，合同约定融创公司两年后向红河百货公司交货，如果两年后支付货款，则需支付 100 万元，如在签订合同时点支付，则只需支付 92.46 万元，红河百货公司选择在签订合同时点支付。假设融创公司在两年后交付时点转移该货物的控制权。（假设不考虑增值税）

分析：假设内含利率为 i，则有等式如下：

$100\times(P/F, i, 2)=92.46$

$(P/F, i, 2)=0.9246$

查询复利现值系数表，得出 $i=4\%$

考虑到融创公司收款时间与交付货物时间的间隔超过一年，以及现在市场利率等因素，融创公司认为此合同含有重大融资成分，简单理解，融创公司为了现在取得 92.46 万元的本金，付出了 7.54 万元的利息（年复利率 4%）成本。

根据《企业会计准则第 14 号——收入》（财会〔2017〕22 号）规定，应对含有重大融资成分的合同交易价格进行调整，调整规则如下：

（1）假定客户在取得商品控制权时即以现金支付的应付金额确定交易价格：

两年后融创公司转移控制权，此时现金支付的应付金额是 100 万元，因此 100 万元是交易价格，即计入收入的金额。

（2）该交易价格与合同对价之间的差额，应当在合同期间内采用实际利率法摊销：

交易价格 100 万元，合同对价 92.46 万元，差额 7.54 万元，在合同 2 年期间用实际利率法摊销：

单位：万元

年份	期初本金	利率	本年利息	期末本金
2018	92.46	4%	3.70	96.16
2019	96.16	4%	3.84	100

根据上述规定，会计处理如下：

(1)收到货款时：

借：银行存款　　　　　　924 600
　　未确认融资费用　　　　75 400
　　贷：合同负债　　　　　　1 000 000

(2)确认融资费用影响：

借：财务费用　　　　36 984（924 600×4%）
　　贷：未确认融资费用　　　　　　36 984

(3)两年后交付产品时：

借：财务费用　38 464（961 600×4%）
　　贷：未确认融资费用　　　　　38 464
借：合同负债　　　　　　1 000 000
　　贷：主营业务收入　　　　　1 000 000

3.5　将交易价格分摊至各单项履约义务

当合同中包含两项或多项履约义务时，需要将交易价格分摊至各单项履约义务，以使企业分摊至各单项履约义务（或可明确区分的商品）的交易价格能够反映其因向客户转让已承诺的相关商品而预期有权收取的对价金额。

3.5.1　分摊的一般原则

企业在类似环境下向类似客户单独销售某商品的价格，应作为确定该商品单独售价的最佳证据。合同或价目表上的标价可能是商品的单独售价，但不能默认其一定是该商品的单独售价。例如，企业为其销售的产品制定了标准价格，但是，在实务中经常以低于该标准价格的折扣价格对外销售，此时，企业在估计该产品的单独售价时，应当考虑这一因素。合同中包含两项或多项履约义务的，企业应当在合同开始日，按照各单项履约义务所承诺商品的单独售价的相对比例，将交易价格分摊至各单项履约义务。单独售价，是指企业向客户单独销售商品的价格。

【例 3-7】世纪联合超市打包销售夏季水果：哈密瓜、绿宝香瓜两种，一箱 10 千克，促销价格为 70 元。哈密瓜、绿宝香瓜产品的单独售价分别为 6 元/千克、10 元/千克。价格总计 80 元，为方便核算，上述价格均不包含增值税。

本例中，根据上述交易价格分摊原则：

分摊比例＝70÷80×100％＝87.5％

哈密瓜应当分摊的交易价格＝6×5×87.5％＝26.25（元）

绿宝香瓜应当分摊的交易价格＝10×5×87.5％＝43.75（元）

3.5.2 特殊分析方法

单独售价无法直接观察的，企业应当综合考虑其能够合理取得的全部相关信息，采用市场调整法、成本加成法、余值法等方法合理估计单独售价。

1. 市场调整法

市场调整法，是指企业根据某商品或类似商品的市场售价考虑本企业的成本和毛利等进行适当调整后，确定其单独售价的方法。

【例 3-8】 宏基商业批发公司与世纪联合超市签订合同，向其销售 A、B、C 三种产品，合同总价款为 180 万元，这三种产品构成三项履约义务。宏基商业批发公司以 100 万元单独出售 A 产品，其单独售价可直接观察；B 产品和 C 产品的单独售价不可直接观察，该公司采用市场调整法估计的 B 产品单独售价为 50 万元，采用成本加成法估计的 C 产品单独售价为 150 万元。甲公司通常以 100 万元的价格单独销售 A 产品，并将 B 产品和 C 产品组合在一起以 170 万元的价格销售。为方便核算，上述价格均不包含增值税。

本例中，三种产品的单独售价合计为 200 万元，而该合同的价格为 170 万元，该合同的整体折扣为 30 万元。由于甲公司经常将 B 产品和 C 产品组合在一起以 100 万元的价格销售，该价格与其单独售价之和（100 万元）的差额为 30 万元，与该合同的整体折扣一致，而 A 产品单独销售的价格与其单独售价一致，证明该合同的整体折扣仅应归属于 B 产品和 C 产品。

分摊至 A 产品的交易价格＝100 万元

分摊至 B 产品和 C 产品的交易价格合计为 170 万元。甲公司应当进一步按照 B 产品和 C 产品的单独售价的相对比例将该价格在二者之间进行分摊：

B 产品应分摊的交易价格＝50÷（50＋150）×170＝42.5（万元）

C 产品应分摊的交易价格＝150÷（50＋150）×170＝127.5（万元）

2. 成本加成法

成本加成法，是指企业根据某商品的预计成本加上其合理毛利后的价格，确定其单独售价的方法。

【例 3-9】东风家具厂 2019 年生产床和床头柜，不单卖，只按组合销售，床和床头柜组合售价 3 600 元，床的制造成本 2 400 元，预计毛利 600 元，沙发每只 600 元，预计毛利 400 元。

（1）计算市价分摊比＝3 600÷（3 000＋1 000）＝90%

（1）组合中床的交易价格＝3 000×90%＝2 700（元）

（2）组合中床头柜的交易价格＝1 000×90%＝900（元）

3. 余值法

余值法，是指企业根据合同交易价格减去合同中其他商品可观察的单独售价后的余值，确定某商品单独售价的方法。余值法适用于企业在商品近期售价波动幅度巨大，或者因未定价且未单独销售而使售价无法可靠确定时，可采用余值法估计其单独售价。

【例 3-10】恒风商厦新年搞优惠活动，买实木床送四件套，销售明细如下：

品名	单价	张数	合计	赠送送四件套	赠送送四件套
RX 松木双人床	3 900	10	39 000	10	800
合计					

四件套收入＝800（元），实木床收入＝39 000－800＝38 200（元）

第4章 商品流通企业购进的核算

本章主要介绍批发企业、零售企业购进商品业务流程、科目设置及账务处理等。

4.1 商品购进入账时间与入账价格

商品购进是指商业企业为了销售或加工后销售，通过货币结算而购进商品的行为。商品购进必须满足两个条件：一是为了销售，即“为卖而买”；二是取得商品所有权。

4.1.1 商品购进入账时间

商品购进入账时间具体如下。

（1）本地购进商品。一般当天可办完验收入库和付款手续的，当天即作为商品购进的入账时间。

（2）外地购进商品。①采用“银行本票”结算方式购进商品：向银行申请签发银行本票，待采购报账单或商品到达验收入库时，作为购进处理。②汇出采购资金或预付货款购进商品：汇出和预付款项时不作购进处理，待收到商品或供货方发运商品凭证时入账。③采用“信用证结算方式”购进商品：向银行申请开立信用证拨款时不作购进处理，等收到商品或接到银行转来信用证结算凭证（付款联）时入账。

（3）分期付款购进商品（先收货、分期付款）。系统内部调拨，以到期付款结算时入账。采用“商业承兑汇票”结算方式的，以签发商业汇票承兑后交收款人收执时作为购进处理。

（4）接受移库商品，以货款到期结算时入账。

（5）接受代销业务作购销处理的，代销后入账。

综上所述，商业企业的商品购进入账有以下几种情况，见表 4-1。

表 4-1 **购进商品入账会计处理**

<table>
<tr><th colspan="2">结算方式</th><th>是否入账</th></tr>
<tr><td rowspan="2">从本地购进商品，采用现金、支票、本票或商业汇票等结算方式的</td><td>支付货款并取得供货单位的发货证明</td><td>入账</td></tr>
<tr><td>若商品先到并验收入库而货款尚未支付</td><td>月末暂作购进商品入账，次月初再用红字冲回</td></tr>
<tr><td rowspan="3">从外地购进商品，采用托收承付或委托收款结算方式的</td><td>结算凭证先到，并承付货款时</td><td>入账</td></tr>
<tr><td>商品先到，符合规定的，验收入库后</td><td>不入账，待承付货款时，再作购进入账</td></tr>
<tr><td>月终尚未付款</td><td>入账，下月初再红冲</td></tr>
<tr><td colspan="2">采取预付货款方式的</td><td>不能以预付货款的时间作为商品购进的入账时间，因为预付货款不能形成买卖双方的商品交易行为</td></tr>
<tr><td colspan="2">进口商品</td><td>以支付货款为购进入账时间</td></tr>
</table>

4.1.2 商品购进入账价格

商业企业购进的商品，不论是用于国内销售或供应出口，均按取得商品时所支付的价税款扣除按规定计算的进项增值税金的数额，作为商品购进入账价格，具体有以下几种情况，见表 4-2。

表 4-2 **商品购进入账价格**

购入方式	确认价格
从生产单位购进	按照生产单位的出厂价（销售价）作为商品购进的入账价格
收购免税农副产品	按照购入农业产品的买价扣除按规定计算的进项增值税额后的数额作为商品购进的入账价格
委托外贸部门代理进口商品	按照实际支付外贸部门的全部价税款扣除按规定计算的进项税额作为商品购进的入账价格
进口的商品	按照进口商品国外进价（到岸价）加上关税、消费税后作为商品购进入账价格。如按离岸价计算，则按离岸价加到岸前运费、保险费计算

续上表

购入方式	确认价格
委托加工商品	按照加工过程中实际成本作为加工成品入账价格。包括原材料、加工费和加工税金
从国内其他企业或系统内各企业购入的商品	以实际支付的批发价或调拨价作为商品购进入账价格

4.2 批发企业商品购进的会计核算

由于供应商的地域差别，商品的交接方式、货款结算方式均有所不同，因而带来业务流程上的不同。

4.2.1 批发企业购进流程

1. 本地购进

本地商品购进是由商业企业向当地的生产企业或批发企业进货。一般采用“送货制”和“提货制”接收商品。货款大多采用支票结算和委托收款结算方式。

进货时，由业务部门根据供货单位的“专用发票”核对所列商品的品名、规格、数量、单价、金额是否与合同规定相符。经核对无误后，如由于专用发票联次不足，可填制一式多联“收货单”，存根联由业务部门留存；收货联由仓库保管；结算联由财会部门据以结算货款；记账联经仓库收货加盖“收货章”后转财会部门记账。

2. 异地购进

异地商品购进是由商业企业向外地生产企业或批发企业进货，一般采用“发货制”交接货方式接收商品，货款结算大多采用“托收承付”“委托收款”“商业汇票”“银行汇票”“汇兑”等结算方式。以采用托收承付结算方式而言，其一般业务程序是：商业企业财会部门接到开户银行转来供货单位托收凭证、专用发票和代垫运费单据时，先送业务部门与合同核对，经核对无误后退还财会部门凭以办理承付货款手续，同时由业务部门填制“收货单”，留存一联外，其余交储运部门提货。商品到达后，仓库根据“收货单”及供货单位的发货单（随货同行联）办理商品验收入库手续后，留一联据以登记商品保管账，其余连同专用发票送财会部门编制记账凭证入账。

4.2.2 批发企业商品购进会计科目设置

由于批发企业和零售企业核算方法不同，所以会计科目设置与运用也有很大的不同。

为了核算库存商品的增减变动情况，批发企业可设置以下账户：在途物资、库存商品、应交税费——应交增值税（进项税额）、销售费用、银行存款、其他货币资金、应付账款、应付票据等。

1. “在途物资”账户

“在途物资”账户，属资产类账户，用来核算批发企业商品购入、在途、验收入库和货款结算以及计算在途物资成本。企业从国内采购或国外进口的各种商品，不论是否进入本企业仓库，凡是通过本企业结算货款的，都在本账户进行核算。该账户应按供货单位、商品类别等设置明细账，企业经营进、出口商品的，可根据需要分别按进口在途物资和出口在途物资进行明细核算。“在途物资”账户具体账户结构如图 4-1 所示。

在途物资账户

借方	贷方
期初余额	
本期货款已付而商品尚未入库的商品进价	本期商品验收入库的商品进价
本期借方发生额合计	本期贷方发生额合计
期末货款已付但商品尚未入库的在途商品的进价成本	

图 4-1 在途物资账户

2. “库存商品”账户

“库存商品”账户属于资产类账户，用以核算企业库存的各种商品的实际成本（或进价）或计划成本（或售价），包括库存产成品、外购商品、存放在门市部准备出售的商品、发出展览的商品以及寄存在外的商品等。

该账户借方登记验收入库的库存商品成本，贷方登记发出的库存商品成本。期末余额在借方，反映企业期末库存商品的实际成本（或进价）或计划成本（或售价），如图 4-2 所示。

库存商品账户

借方	贷方
期初余额	
本期采购成本及盘盈之数	本期商品销售及盘亏之数
本期借方发生额合计	本期贷方发生额合计
期末库存商品的实存数额	

图 4-2　库存商品账户

3. “应付票据” 账户

企业应通过“应付票据”科目核算应付票据的发生、偿付等情况。该科目贷方登记开出、承兑汇票的面值及带息票据的预提利息，借方登记支付票据的金额，余额在贷方，表示企业尚未到期的商业汇票的票面金额和应计未付的利息，如图 4-3 所示。

应付票据账户

借方	贷方
	期初余额
本期应付票据减少额	本期应付票据增加额
本期借方发生额合计	本期贷方发生额合计
	期末余额

图 4-3　应付票据账户结构

4. “应付账款” 账户

“应付账款”账户属于负债类账户，用以核算企业因购买材料、商品和接受劳务等经营活动应支付的款项。该账户贷方登记企业因购入材料、商品和接受劳务等尚未支付的款项，借方登记偿还的应付账款。期末余额一般在贷方，反映企业期末尚未支付的应付账款余额；如果在借方，反映企业期末预付账款余额。账户结构如图 4-4 所示。

应付账款账户

借方	贷方
	期初余额
本期应付账款减少额	本期应付账款增加额
本期借方发生额合计	本期贷方发生额合计
	期末余额

图 4-4 应付账账户结构

5. “合同资产”账户

“合同资产”账户核算企业已向客户转让商品而有权收取对价的权利。仅取决于时间流逝因素的权利不在本科目核算。

该账户可按购货单位进行明细核算，账户结构如图 4-5 所示。

合同资产账户

借方	贷方
期初余额	
本期增加额	本期减少额
本期借方发生额合计	本期贷方发生额合计
期末余额	

图 4-5 合同资产账户结构

6. “应交税费”账户

根据《中华人民共和国增值税暂行条例》和《关于全面推行营业税改征增值税试点的通知》（财税〔2016〕36 号）等有关规定，增值税一般纳税人应当在“应交税费”科目下设置“应交增值税”“未交增值税”“预交增值税”“待抵扣进项税额”“待认证进项税额”“待转销项税额”“增值税留抵税额”“简易计税”“转让金融商品应交增值税”“代扣代交增值税”等明细科目。

商业企业购进货物需要设置“应交税费”三级科目如下：

财政部 税务总局 海关总署公告 2019 年第 39 号《关于深化增值税改革有关政策的公告》规定：

（1）增值税一般纳税人（以下称纳税人）发生增值税应税销售行为或者进口货物，原适用 16%税率的，税率调整为 13%；原适用 10%税率的，税率调整为 9%。

进项税额

记录一般纳税人购进货物、加工修理修配劳务、服务、无形资产或不动产而支付或负担的、准予从当期销项税额中抵扣的增值税额

进项税额转出

记录一般纳税人不能从销项税额中抵扣、按规定转出的进项税额

出口抵减内销产品应纳税额

记录实行“免、抵、退”办法的一般纳税人按规定计算的出口货物的进项税抵减内销产品的应纳税额

待抵扣进项税额

一般纳税人已取得增值税扣税凭证并经税务机关认证，按照现行增值税制度规定准予以后期间从销项税额中抵扣的进项税额

待认证进项税额

核算一般纳税人由于未经税务机关认证而不得从当期销项税额中抵扣的进项税额

（2）纳税人购进农产品，原适用10％扣除率的，扣除率调整为9％。纳税人购进用于生产或者委托加工13％税率货物的农产品，按照10％的扣除率计算进项税额。

（3）原适用16％税率且出口退税率为16％的出口货物劳务，出口退税率调整为13％；原适用10％税率且出口退税率为10％的出口货物、跨境应税行为，出口退税率调整为9％。

4.2.3 批发企业同城购进的账务处理

同城商品购进，由于企业与供货单位在同一城市，商品验收与货款结算一般在同一天办理。其具体账务处理见表4-3。

表4-3　　同城购进商品的账务处理

财务情景	账务处理
支付货款，商品已到	借：库存商品 　　应交税费——应交增值税（进项税额） 　　贷：银行存款/库存现金/应付票据等

续上表

<table>
<tr><th colspan="2">财务情景</th><th>账务处理</th></tr>
<tr><td rowspan="2">商品验收入库后</td><td>付款时</td><td>借：在途物资
应交税费——应交增值税（进项税额）
贷：银行存款/库存现金/应付票据等</td></tr>
<tr><td>入库时</td><td>借：库存商品
贷：在途物资</td></tr>
</table>

【例 4-1】 2019 年 5 月 12 日，红河百货有限公司向本地丹峰冰箱厂购进 XCA 型冰箱 100 台，每台不含税单价 3 400 元，计 340 000 元；进项税率 13%，税额 44 200 元，价税合计 384 200 元。货款以商业汇票支付。

（1）开出商业汇票时，如图 4-6 所示。

商业承兑汇票（卡片）　1

出票日期（大写）：贰零壹玖年伍月壹拾贰日 汇票号码 1285421

<table>
<tr><td rowspan="3">付款人</td><td>全　称</td><td colspan="2">红河百货有限公司</td><td rowspan="3">收款人</td><td>全　称</td><td colspan="2">丹峰冰箱厂</td></tr>
<tr><td>账　号</td><td colspan="2">34331476497</td><td>账　号</td><td colspan="2">532453347</td></tr>
<tr><td>开户银行</td><td colspan="2">中国银行深圳市杏林支行</td><td>开户银行</td><td colspan="2">中国工商银行深圳市福田绿地支行</td></tr>
<tr><td colspan="2">出票金额</td><td colspan="3">人民币
（大写）⊗叁拾捌万肆仟贰佰元整</td><td colspan="3">亿 千 百 十 万 千 百 十 元 角 分
¥ 3 8 4 2 0 0 0 0</td></tr>
<tr><td colspan="2">汇票到期日（大写）</td><td>贰零壹捌年壹拾壹月壹拾壹日</td><td colspan="2" rowspan="2">付款人开户行</td><td>行号</td><td colspan="2">32534</td></tr>
<tr><td colspan="2">交易合同号</td><td>xIC005</td><td>地址</td><td colspan="2">深圳市龙岗区杏林大街 22 号</td></tr>
<tr><td colspan="3">本汇票已经承兑，到期无条件支付票款。
承兑人签章（略）
承兑日期 2019 年 11 月 11 日</td><td colspan="5">本汇票请予以承兑到期日付款。
出票人签章（略）</td></tr>
</table>

此联持票人开户行随托收凭证寄付款人开户行作借方凭证附件

图 4-6　商业承兑汇票

借：在途物资——XCA 型冰箱　　340 000

　　应交税费——应交增值税（进项税额）　　44 200

　　贷：应付票据——商业汇票　　384 200

（2）商品验收入库后，收货单见表 4-4。

借：库存商品——XCA 型冰箱　　340 000

贷：在途物资——丹峰冰箱厂　　　　340 000

(3) 6个月后，商业汇票到期付款。

借：应付票据　　　　384 200

贷：银行存款　　　　384 200

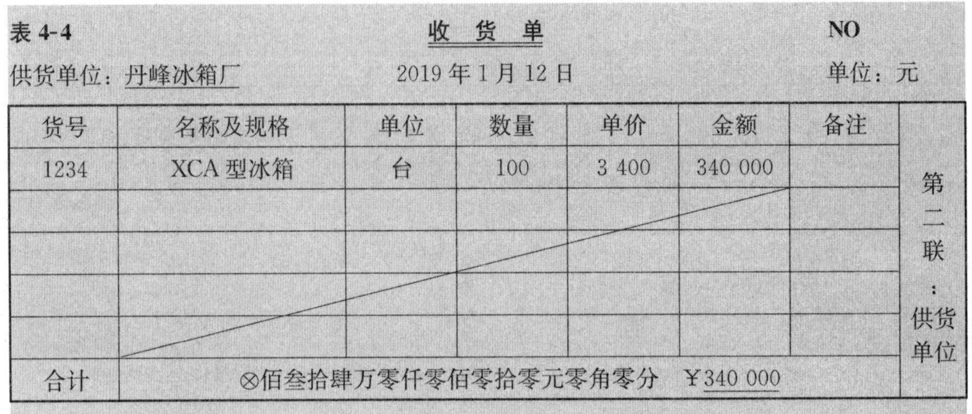

表 4-4　　**收货单**　　NO

供货单位：丹峰冰箱厂　　2019年1月12日　　单位：元

货号	名称及规格	单位	数量	单价	金额	备注	
1234	XCA 型冰箱	台	100	3 400	340 000		第二联：供货单位
合计	⊗佰叁拾肆万零仟零佰零拾零元零角零分　¥340 000						

4.2.4　批发企业异地购进商品的账务处理

异地商品购进，由于企业与供货单位不在同一城市，商品由供货单位委托运输部门发运，而托收凭证由银行通过邮寄传递。因此，商品与托收结算凭证到达企业的时间可能会出现以下三种情况：一是托收凭证先到，商品后到；二是商品先到，托收凭证后到；三是托收凭证和商品同时到达。这三种情况的会计核算方法有所不同，其账务处理见表 4-5。

表 4-5　　**异地购进商品的账务处理**

业务情形		账务处理
托收凭证与商品同时到达	托收凭证到时	借：库存商品 　　应交税费——应交增值税（进项税额） 　　贷：银行存款/应付票据
托收凭证先到，商品后到	付款时	借：在途物资 　　应交税费——应交增值税（进项税额） 　　贷：银行存款/应付票据
	入库时	借：库存商品 　　贷：在途物资

续上表

<table>
<tr><th colspan="2">业务情形</th><th>账务处理</th></tr>
<tr><td rowspan="4">商品先到，托收凭证后到</td><td>商品验收入库时</td><td>暂不做账务处理</td></tr>
<tr><td>月末托收凭证仍未到时</td><td>借：库存商品（按暂估进价）
贷：应付账款</td></tr>
<tr><td>下月初</td><td>对上月末尚未付款的商品用红字冲回
借：库存商品（红字）
贷：应付账款（红字）</td></tr>
<tr><td>收到凭证承付货款后</td><td>借：库存商品
应交税费——应交增值税（进项税额）
贷：银行存款/应付票据</td></tr>
</table>

根据财政部规定，对商品流通企业外购商品等货物（固定资产除外）所支付的运输费用，以运费结算单据（普通发票）所列运费金额9%的扣除率计算进项税额，准予扣除。但随同运费支付的装卸费、保险费等其他杂费不得计算扣除进项税额。

【例4-2】 2019年5月22日，红河百货有限公司向上海毛纺厂购入白色纯羽绒被1 000条，每条500元，共计货款500 000元，进项税率13%，增值税额65 000元，价税共计565 000元，货款结算采用“异地托收承付”结算方式。

（1）托收凭证先到，商品后到。

①接到银行转来上海毛纺厂的托收凭证、发货单、结算联和代垫运费清单时，如图4-7所示。

借：在途物资——白色纯羽绒被　　500 000

　　应交税费——应交增值税（进项税额）　　65 000

　　贷：银行存款　　565 000

②商品运到，经仓库点验入库时。

借：库存商品——白色纯羽绒被　　500 000

　　贷：在途物资——白色纯羽绒被　　500 000

（2）商品先到，托收凭证后到。

①商品虽然已到，但由于托收凭证未到，因此不能承付货款。这种情况可暂不作账务处理。

托收凭证（受理回单）　　1

委托日期：2019 年 5 月 22 日

业务类型	委托收款（□邮划、□电划）　托收承付（☑邮划、□电划）						
付款人	全称	红河百货有限公司		收款人	全称	上海毛纺厂	
	账号	34331476497			账号	2354667568	
	地址	省 深圳市	开户行 中国银行		地址	省 上海市	开户行 工行虹桥支行
金额	人民币（大写）⊗伍拾陆万伍仟元整						
款项内容	货款	托收凭据名称		附寄单证张数	2		
商品发运情况	已发			合同名称号码	2534		
备注： 复核　记账	款项收妥日期 ×年×月×日			收款人开户银行签章 ×年×月×日			

亿	千	百	十	万	千	百	十	元	角	分
		¥	5	6	5	0	0	0	0	0

此联开户银行给收款人的受理回单

上海毛纺厂发货单　　NO：564567

2019 年 5 月 22 日

货号	名称及规格	单位	数量	单价	金额	备注
1324	白色纯羽绒被	条	1 000	565	565 000	
合计	⊗佰伍拾陆万伍仟零佰零拾零元零角零分　¥565 000					

第一联：存根

图 4-7　相关单据

②月末按暂估进价时。

借：库存商品——白色纯羽绒　　500 000

　　贷：应付账款——上海毛纺厂　　500 000

③下月初对月末尚未付款的商品用红字冲回。

借：库存商品——白色纯羽绒　　500 000（红字）

贷：应付账款——上海毛纺厂　　500 000（红字）

④接到银行转来托收凭证、“专用发票”承付货款时。

借：在途物资——白色纯羽绒被　　500 000

　　应交税费——应交增值税（进项税额）　　65 000

　　贷：银行存款　　565 000

借：库存商品——白色纯羽绒被　　500 000

　　贷：在途物资——上海毛纺厂　　500 000

4.2.5　农业产品收购的账务处理

农业产品收购是指商品流通企业向农村集体经济组织和个人收购农业产品的一种商品交易。农业产品品种繁多，包括油、粮、棉、麻、烟、糖、果、药材、禽、蛋、畜等。

1. 农副产品收购一般程序

收购农副产品时，在做好验质、定级、点数、过秤和入库验收等一系列工作后，由收购人员根据收购的大宗农副产品和零星农副产品，分别填制一式多联“农副产品收购凭证”和“农副产品收购计数单”，每日或定期按品名汇总编制“农副产品收购汇总表”办理付款，并报送财会部门。

2. 农产品收购方式

农业产品收购分为直接收购、委托代购和预购三种方式，其具体账务处理见表 4-6。

表 4-6　　农业产品收购的账务处理

<table>
<tr><th colspan="2">财务情景</th><th>账务处理</th></tr>
<tr><td rowspan="3">直接收购</td><td>向收购网点拨付备用金时</td><td>借：其他应收款
　　贷：银行存款</td></tr>
<tr><td>收购完成验收入库时</td><td>借：库存商品
　　应交税费——应交增值税（进项税额）
　　贷：其他应收款</td></tr>
<tr><td colspan="2">购进免税农业产品，按买价依照 9%的扣除率计算进项税额；购进应税农业产品，在计算农业产品采购成本的同时，还要计算应交纳的农业产品增值税</td></tr>
</table>

续上表

财务情景		账务处理
委托代购农副产品	代购费用实报实销	借：库存商品（买价＋代购费用＋手续费） 应交税费——应交增值税（进项税额） 贷：银行存款
	代购费用定额包干	借：库存商品（买价＋包干费用＋手续费） 应交税费——应交增值税（进项税额） 贷：银行存款
	作价交接	借：库存商品（交接价） 应交税费——应交增值税（进项税额） 贷：银行存款
预购	支付预购定金时	借：合同资产 贷：银行存款
	收到产品，补付价款时	借：库存商品 应交税费——应交增值税（进项税额） 贷：合同资产 银行存款
	收到产品，并收到退回的多余款项时	借：库存商品 应交税费——应交增值税（进项税额） 银行存款 贷：合同资产

【例4-3】2019年4月18日，红河百货有限公司在市郊设置八里桥收购网点收购农业产品，拨付备用资金10 000元，收购黑木耳1 000斤，计价54 000元，均以银行存款支付。根据以上经济业务做会计分录如下：

（1）拨付备用金10 000元。

借：其他应收款——八里桥收购网点　　10 000

　贷：银行存款　　10 000

（2）支付价款时。

借：在途物资——黑木耳［54 000×（1−9%）］　　49 140

　应交税费——应交增值税（进项税额）（54 000×9%）　　4 860

　贷：银行存款　　54 000

（3）产品验收入库时。

借：库存商品——黑木耳　　49 140

　贷：在途物资——黑木耳　　49 140

【例 4-4】丽阳农贸有限公司委托甲公司代购貂皮 500 个，收购价格每个 500 元，税率 9%。代购手续费按收购金额的 5%计算。商品验收入库，价款及费用以银行存款支付。收购汇总表见表 4-7。

表 4-7　　丽阳农贸有限公司收购汇总表　　NO：464551

2019 年 1 月 1 日至 1 月 31 日　　单位：元

品名	等级	单位	数量	单价	金额	备注
貂皮	一级	个	500	500	250 000	
合计	⊗佰贰拾伍万零仟零佰零拾零元零角零分　￥ 250 000					

第一联：存根

负责人：　　会计：　　复核：　　制表：

在途物资成本＝250 000×（1＋5%）＝262 500（元）

借：库存商品——貂皮　　262 500

　　应交税费——应交增值税（进项税额）　　22 500

　　贷：银行存款　　285 000

假设双方议定代购貂皮交接价为每个 540 元，共计 270 000 元，以银行存款支付。根据有关凭证，编制会计分录如下：

借：库存商品——貂皮　　270 000

　　应交税费——应交增值税（进项税额）　　24 300

　　贷：银行存款　　294 300

4.3 购进商品特殊业务会计核算

商品购进时，有时会发生商品溢余和短缺，因商品质量等原因拒付货款和拒收商品，入库商品退回，进货商品退、补价等情形。

4.3.1 购进商品溢余和短缺的核算

商品购进后，企业应严格验收数量和质量。在验收时如发现实收数多于或少于应收数量，即为购进商品溢余和短缺，见表 4-8。

表 4-8　　　　购进商品溢余和短缺的账务处理

业务情形			账务处理
商品溢余	发现溢余原因待查		借：库存商品 　贷：在途物资 　　待处理财产损溢——待处理流动资产损溢
商品溢余	运输途中自然升溢		借：待处理财产损溢——待处理流动资产损溢 　贷：销售费用
商品溢余	查明原因时	补做购进处理	借：待处理财产损溢——待处理流动资产损溢 　应交税费——应交增值税（进项税额） 　贷：银行存款
商品溢余	查明原因时	退货	借：待处理财产损溢——待处理流动资产损溢 　贷：库存商品
商品短缺	发现短缺原因待查		借：库存商品 　待处理财产损溢——待处理流动资产损溢 　贷：在途物资
商品短缺	查明原因时	运输途中自然损溢	借：销售费用——自然损耗 　贷：待处理财产损溢——待处理流动资产损溢
商品短缺	查明原因时	补发商品	借：库存商品 　贷：待处理财产损溢——待处理流动资产损溢
商品短缺	查明原因时	退回货款	借：银行存款/应收账款 　贷：待处理财产损溢——待处理流动资产损溢 　　应交税费——应交增值税（进项税额）
商品短缺	查明原因时	人为责任事故	借：其他应收款 　贷：待处理财产损溢——待处理流动财产损溢 　　应交税费——应交增值税（进项税额转出）
商品短缺	查明原因时	本单位承担损失	借：营业外支出 　贷：待处理财产损溢——待处理流动财产损溢 　　应交税费——应交增值税（进项税额转出）

短缺商品如属于本企业作为费用或损失处理的，或由其他单位或责任人赔偿的，其价值应包括增值税在内，同时要转出抵扣的进项税额。

【例 4-5】红河百货有限公司从龙岩日化公司购进自然美洗发水 4 000 瓶，每瓶 27.12 元，计价款 108 480 元，增值税税率 13%。采用托收承付结算方式结算贷款。商品运到后，经点验实收数量为 4 010 瓶，溢余 10 瓶，计价 271.20 元。

经查，属于供货单位多发，经与对方联系，同意补作购进，货款已汇出。

(1) 收到银行转来托收凭证，经审核无误，承付货款及装卸费。

借：在途物资——龙岩日化公司［27.12÷（1+13%）×4 000］ 96 000

应交税费——应交增值税（进项税额） 12 480

贷：银行存款 108 480

(2) 发现溢余，原因待查时。

借：库存商品——自然美洗发水 96 240

贷：在途物资——龙岩日化公司 96 000

待处理财产损溢——待处理流动资产损溢（10×24） 240

(3) 经查明原因，属龙岩日化公司多发，经与对方联系，同意补作购进，货款已汇出。

借：待处理财产损溢——待处理流动资产损溢 240

应交税费——应交增值税（进项税额） 31.20

贷：银行存款 271.20

【例 4-6】 仍用上例，设点验收商品，实收数量为 3 980 瓶，短缺 20 瓶，经查 15 瓶为供货方少发。经与对方联系，同意补发商品（商品已运到）；另 5 瓶属于运输单位责任事故，经联系，同意赔偿损失。做会计处理如下：

(1) 收到银行转来托收凭证，经审核无误，承付货款及装卸费。

借：在途物资——龙岩日化公司 96 000

应交税费——应交增值税（进项税额） 12 480

贷：银行存款 108 480

(2) 发现短缺，原因待查时。

借：库存商品——自然美洗发水 95 520

待处理财产损溢——待处理流动资产损溢 480

贷：在途物资——龙岩日化公司 96 000

(3) 经查明原因，上项自然美洗发水短缺，其中 15 瓶为供货方少发。经与对方联系，同意补发商品（商品已运到）；另 5 瓶属于运输单位责任事故，经联系，同意赔偿损失。

①补发时。

借：库存商品——自然美洗发水（15×24） 360

贷：待处理财产损溢——待处理流动资产损溢 360

②运输单位赔偿款＝5×27.12＝135.60 元。

借：其他应收款——运输单位　　135.60

　　贷：应交税费——应交增值税（进项税额转出）　　15.60

　　　　待处理财产损溢——待处理流动资产损溢　　120

③收到赔偿款时。

借：银行存款　　135.60

　　贷：其他应收款　　135.60

4.3.2 拒付货款和拒收商品的核算

商业企业从异地购进商品，采用发货制和托收承付结算方式。在承付货款和商品验收过程中，如发现发票和商品与合同规定的品种、规格、数量、质量不符，可以按合同规定，有权拒付全部或部分货款；拒收全部或部分商品。拒付货款和拒收商品一般有以下两种情况，应分别进行处理。

（1）货款未付的处理。

企业经与合同核对，如发现商品的品种、规格、数量、质量不符，可向银行提出“拒绝承付理由书”，拒付全部或部分货款，在会计核算上不作处理。

（2）货款已承付的处理。

企业接到银行转来托收凭证和发票联、结算联等单据，经与合同核对无误，已全数承付货款，并已入账。待商品到达后，在验收时发现商品与合同规定的品种、规格、数量、质量不符，可以向供货单位提出拒收全部或部分商品。在会计核算上，应将拒收商品的金额和运杂费，从“在途物资”账户和“销售费用”账户转入“应收账款”账户，同时将拒收商品作代管处理。

拒付货款和拒收商品的账务处理，见表 4-9。

表 4-9　　拒付货款和拒收商品的账务处理

业务情形	账务处理
货款未付	不做账务处理 拒收商品在“代管商品物资”账户做备查记录
货款已付	借：应收账款 　　应交税费——应交增值税（进项税额）（红字） 　　贷：在途物资 拒收商品在“代管商品物资”账户做备查记录

【例 4-7】红河百货有限公司从广州百花电器有限公司购入电饭锅 500 台，每台进价 320 元，税率 13%，价税合计 180 800 元。

（1）接到银行转来的托收凭证及发票联、结算联等单据，经与合同核对无误，承付全部货款。

借：在途物资　　160 000

　　应交税费——应交增值税（进项税额）　　20 800

　　贷：银行存款　　180 800

（2）商品到达后，验收时发现其中 100 台质量不合格，做拒收处理。经与供货单位联系，同意退回，其余商品入库。

借：库存商品　　128 000

　　应收账款［100×320×（1+13%）］　　36 160

　　应交税费——应交增值税（进项税额）　　4 160（红字）

　　贷：在途物资　　160 000

同时，在辅助账“代管商品物资”中借记 32 000 元。

（3）商品已发运，货款已收到，编制会计分录如下：

借：银行存款　　36 160

　　贷：应收账款　　36 160

同时，在辅助账“代管商品物资”中贷记 32 000 元。

4.3.3 商品进货退出的核算

商品进货退出是指商品购进后并办理了验收入库手续，因质量、规格、品种等原因，将商品退回原供货单位。商品流通企业在发生进货退出业务时，应由供货单位开出红字专用发票，商场部填制“进货退出单”发出商品，财务部门据此进行账务处理。

商品进货退出的账务处理，见表 4-10。

表 4-10　　商品进货退出的账务处理

业务情形	账务处理
供应商开来红字发票时	借：应收账款 　　应交税费——应交增值税（进项税额）（红字） 　　贷：库存商品

续上表

业务情形	账务处理
收到退货款时	借：银行存款 贷：应收账款

【例 4-8】红河百货有限公司从异地米高丝巾厂购入高档真丝丝巾 1 000 条，单价为 280 元，计货款 280 000 元，增值税率 13%，计 36 400 元，价税合计 316 400 元。货款已承付，商品按整箱验收入库，事后拆箱时发现该批商品中有 80 条存在问题，与合同规定不符，经与供货单位联系，同意退货处理。根据上述经济业务做会计处理如下。

（1）业务部门转来红字专用发票及“进货退出发货单”，见表 4-11。

借：应收账款　　25 312

应交税费——应交增值税（进项税额）　　2 912（红字）

贷：库存商品——真丝丝巾（80×280）　　22 400

（2）收到供货单位退回货款时。

借：银行存款　　25 312

贷：应收账款　　25 312

表 4-11　　企业进货退出及索取折让证明单　　NO. 0975765

单位：元

销货单位	全称	米高丝巾厂			
	税务登记号	4356457678			
进货退出	货物名称	单价	数量（条）	货款	税额
	高档真丝丝巾	280	80	22 400	2 912
退货或索取折让理由	经办人单位签章 红河百货有限公司 财务专用章 2020 年 6 月 5 日		税务征收机关签章	经办人 深圳市福田区税务局 财务专用章 2020 年 6 月 5 日	
购货单位	全称				
	税务登记号				

4.3.4 进货退、补价的核算

企业购进商品，有时因供货单位的计价错误或按暂作价计算等原因，商品的进价与实际进价发生差异。退价或补价时，应由供货单位填制专用发票及附件“销货更正单”据以办理退、补价手续。

进货退价是指应计的进价低于已结算的进价，应由供货单位退还给进货单位的差价款。进货补价是指应计的进价高于已结算的进价，应由进货企业补付货款差额。其具体账务处理。见表 4-12。

表 4-12　　进货退、补价的账务处理

财务情景		账务处理
进货退款	商品尚未售出或虽已售出但尚未结转主营业务成本（或差价）	借：银行存款 应交税费——应交增值税（进项税额）（红字） 贷：库存商品（采购成本）
	商品已售出，并已结转主营业务成本（或差价）	借：银行存款 应交税费——应交增值税（进项税额）（红字） 贷：主营业务成本（采购成本）
进货补款	商品尚未售出，或已售出但尚未结转主营业务成本（或差价）	借：库存商品 应交税费——应交增值税（进项税额） 贷：银行存款
	商品已售出，并已结转成本（或差价）	借：主营业务成本 应交税费——应交增值税（进项税额） 贷：银行存款

【例 4-9】 2019 年 5 月 20 日，红河百货有限公司从本地向阳电器厂购进 300 台 45 英寸的电视机，每台 2 700 元，货款共计 810 000 元，税率 13%，增值税额 105 300 元。商品验收入库，用支票支付货款。5 月 26 日收到供应商开来的更正发票，每台单价应为 2 800 元，需要补付货款 30 000 元，税额 3 900元。当日开出支票支付货款。该批电视机已销售 200 台，并已结转成本。根据相关凭证编制会计分录：

借：库存商品——45 英寸的电视机［(300－200)×100］ 10 000

主营业务成本——45 英寸的电视机（200×100） 20 000

应交税费——应交增值税（进项税额） 3 900

贷：银行存款 33 900

依此例，假定 5 月 26 日收到供应商开来的更正发票，每台单价应为 2 600元，需要退回货款 30 000 元，增值税 3 900 元。当日财会部门收到供应商开出支票。该批电视机已经销售 200 台并已结转销售成本。根据相关凭证，编制会计分录。

借：银行存款 33 900

应交税费——应交增值税（进项税额） 3 900（红字）

贷：库存商品——45 英寸的电视机 10 000

主营业务成本——45 英寸的电视机 20 000

4.3.5 购进商品折扣与折让业务的核算

商品折扣与折让业务账务处理，见表 4-13。

表 4-13 购进商品折扣与折让账务处理

业务情形		账务处理
销售折让	调整购入货物的成本	借：在途物资——折让（红字） 应交税费——应交增值税（进项税额）（红字） 贷：应付账款（红字）
	冲减“财务费用”或“管理费用”	借：应付账款（原进价成本＋原进项税额） 应交税费——应交增值税（进项税额）（因折让调减的进项税额）（红字） 贷：银行存款 财务费用/管理费用——折让
商业折扣	商业折扣不会影响发票上的金额，发票上的金额即是扣减了商业折扣后的金额	借：在途物资 应交税费——应交增值税（进项税额） 贷：应付账款
现金折扣	所获得的现金折扣，应视为一项理财收益，用于冲减“财务费用”	借：应付账款 贷：银行存款（实际支付的金额） 财务费用（获得的现金折扣）

1. 现金折扣的会计处理

现金折扣，是指债权人为鼓励债务人在规定的期限内付款，而向债务人提供的债务扣除。现金折扣通常发生在以赊销方式销售商品及提供劳务的交易中。

企业为了鼓励客户提前偿付货款，通常与债务人达成协议，债务人在不同期限内付款可享受不同比例的折扣。现金折扣一般用符号“折扣/付款期限”表示。例如，买方在 10 天内付款可按售价给予 2%的折扣，用符号“2/10”表示；在 20 天内付款按售价给予 1%的折扣，用符号“1/20”表示；在 30 天内付款，则不给折扣优惠，用符号“n/30”表示。

存在现金折扣的情况下，我国的会计实务中通常采用总价法确认应收账款入账金额，即将未减去现金折扣前的金额作为实际售价，记作应收账款的入账价值。现金折扣只有客户在折扣期内支付货款时，才予以确认。在这种方法下，企业把给予客户的现金折扣视为融资的理财费用，会计上作为财务费用处理。

【例 4-10】 2020 年 1 月 15 日，红河百货有限公司从林河县布匹批发市场购入纯棉布料 800 米，价格为 108 480 元，林河县布匹批发市场现金折扣条件为 2/10，n/30，适用的增值税税率为 13%，产品交付并办妥托收手续。编制会计分录如下：

借：库存商品［108 480÷（1+13%）］　　96 000
　　应交税费——应交增值税（进项税额）　　12 480
　　贷：应付账款　　108 480

1 月 24 日，支付货款时，编制会计分录如下：

借：应付账款　　108 480
　　贷：银行存款　　106 560
　　　　财务费用（96 000×2%）　　1 920

2. 销售折让的会计处理

销售折让是指因为供应商的商品出现质量、品种、规格等问题，为避免出现退货或损伤信誉而给予客户在商品价格上的减让。商业企业在得到供应商的销售时，直接以商品的买价扣除折让后的净额入账。

3. 商业折扣的会计处理

商业折扣，是指企业根据市场供需情况，或针对不同的客户，在商品标价上给予的扣除。商业折扣是企业最常用的促销手段。企业为了扩大销售、占领市场，对于批发商往往给予商业折扣，采用销量越多、价格越低的促销策略，即通常所说的“薄利多销”。

【例 4-11】 2020 年 5 月 21 日，红河百货有限公司从朝阳百货公司购入一批纯棉布料，该批商品的价格为 84 000 元，由于是成批销售，销货方给购货方 5%的商业折扣，金额为 4 200 元，适用的增值税税率为 13%。编制会计分录如下：

①销售方应当确认的收入金额为 84 000×（1－5%）＝79 800（元）。

借：库存商品　　79 800

　　应交税费——应交增值税（进项税额）　　10 374

　　贷：应付账款　　90 174

②2020 年 8 月 22 日，实际收到货款时。

借：银行存款　　90 174

　　贷：应收账款　　90 174

4.4　零售企业商品购进的会计核算

零售企业商品的购进，一般由实物负责人根据商品库存和销售情况自行组织进货。设有专职采购员的企业，可由实物负责小组提出要货计划，由采购员组织进货。

零售企业一般是由本地的批发企业或生产企业购进商品，但是，为了扩大花色品种、增加货源，也可以从外地组织进货，或是从国外进货。零售企业同城购进商品，一般采用提货制或送货制；异地购进商品，一般采用发货制。

4.4.1　零售企业商品购进流程

零售商品购进，一般由实物负责人根据商品库存和销售情况，自行组织进货。设有专职采购员的企业，可由实物负责小组提出要货计划，由采购员组织进货。

企业购进商品，一般以本地为主，从当地批发企业或生产单位购进，一些规模较大的企业为了扩大花色品种，增加货源，也有从外地购进商品的。

企业在本地购进商品，通常采用提货制和送货制，提货制由企业自行提货，送货制由供货单位根据企业要货单送货上门。不论是提货制还是送货制，其结算方式一般采用支票或网银结算方式，通过购销双方协商，也可采用银行本票和商业汇票结算。

企业从外地购进商品，通常采用发货制，结算方式一般采用银行汇票、汇兑、委托收款和商业汇票等。

不论采用何种商品交接方式，在商品运达后，由实物负责人根据发票所列内容，逐一清点商品数量，检查商品质量，核对商品编号、品名、数量、质量、单价和金额无误后，填制“商品验收单”一式数联，分送有关部门入账。

设有供配货中心的企业，商品运到后，应由仓库保管员负责验收。

不论采用何种商品交接方式，在商品运达后，由实物负责人根据发票所列内容，逐一清点商品的数量，检查商品的质量，核对商品的编号、品名、数量、质量、单价和金额无误后，填制“商品验收单”一式数联，分送有关部门入账。“商品验收单”的格式见表 4-14。

表 4-14 **商品验收单**

发货单位：________

收货单位：________ 验收日期：年 月 日 字第 号

商品编号	等级	品名及规格	实收（原进价）				零售计价				进差价销	附注
			单位	数量	单位	金额	单位	数量	单位	金额		

主管： 会计： 记账： 验收： 制单

4.4.2 零售企业商品购进会计科目设置

零售商品购进核算所涉及的会计科目除批发业务中的在途物资、库存商品、应交税费——应交增值税（进项税额）、销售费用、银行存款、其他货币资金、应付账款、应付票据外，还需设置“商品进销差价”科目等。

“商品进销差价”账户记载售价金额和进价金额之间的差额，定期分摊进销差价，计算已销商品进价成本和结存商品的进价金额。

“商品进销差价”账户，是“库存商品”账户的抵减账户，用于核算商品流通企业商品含税售价与不含税进价之间的差额。如图 4-8 所示。

商品进销差价账户

借方	贷方
期初余额	
本期销售商品分摊的商品进销差价	本期购入商品的价格与对应销售商品价格的差价确认
本期借方发生额合计	本期贷方发生额合计
期末余额	

图 4-8 商品进销差价账户

4.4.3 本地商品购进的核算

购进商品的核算办法实行增值税后，零售商品购销业务的核算比批发商品较为复杂，既要保持多年形成的售价核算方法，又要按照增值税的要求核算进项税额、销项税额、应交税费等有关内容。因此，在核算上要求采用一种简便可行的办法。见表 4-15。

表 4-15　　商品进销差价的账务处理

财务情景		账务处理
付款的同时，商品入库		借：库存商品（按商品售价） 应交税费——应交增值税（进项税额） 贷：银行存款/应付票据等 商品进销差价（按售价与进价之间的差额）
先付款，后验收入库	付款时	借：在途物资 应交税费——应交增值税（进项税额） 贷：银行存款/应付票据等
	入库时	借：库存商品 贷：在途物资 商品进销差价

已销商品应分摊的商品进销差价，按以下公式计算：

商品进销差价率＝月末分摊前本账户余额÷（库存商品账户月末余额＋委托代销商品账户月末余额＋本月主营业务收入账户贷方发生额）×100%

本月销售商品应分摊的商品进销差价＝本月“主营业务收入”科目贷方发生额×商品进销差价率

企业的商品进销差价率各期之间是比较均衡的，也可以采用上月商品进销差价率计算分摊本月的商品进销差价。年度终了，应对商品进销差价进行核实调整。该账户的期末贷方余额，反映企业库存商品的商品进销差价。

本地商品购进，一般是购进和货款结算同时办理的，商品的交接方式一般采用提货制或发货制，货款结算方式可以使用支票、本票或委托收款等。财会部门应根据实物负责小组转来的商品入库验收单、专用发票和付款凭证入账。

【例 4-12】 2019 年 6 月 12 日，红河百货有限公司向本地佳和日化公司购进飞飞牌洗发水 50 箱，每箱 900 元，进价共计 50 850 元，增值税率为 13%，货款以银行存款支付。这批洗涤用品的售价为 85 840 元，商品已经由洗涤组验收入库。相关票据如图 4-9 所示。

深圳增值税专用发票

442018243　　　　发票联　（全国统一发票监制章 深圳 国家税务总局监制）　　　　No：010925451

开票日期：2019 年 6 月 12 日

购货单位	名　　称：红河百货有限公司 统一社会信用代码：34270100580997548A 地 址 、电 话：深圳市龙岗区杏林大街 22 号 0755－88205456 开户行及账号：中国银行深圳市杏林支行 34331476497	密码区	略

货物或应税劳务名称	规格型号	单位	数量	单价	金额	税率（%）	税额
飞飞牌洗发水（100 mL）		箱	50	900	45 000	13%	¥5 850
价税合计（大写）	⊗伍万零捌佰伍拾元整					（小写）¥50 850	

销货单位	名　　称：佳和日化公司 统一社会信用代码：54786875632A 地 址 、电 话：深圳市福田区蓝田大街 123 号 0755-65341290 开户行及账号：中国银行深圳市蓝田支行 957465432	备注	（佳和日化公司 54786875632A 发票专用章）

收款人：高红　　复核：席春江　　开票人：楼天　　销货单位：

网上银行资金划拨申请单	
2019 年 6 月 12 日	
资金划拨内容：支付佳和日化公司货款	
划拨金额（大写）：伍万零捌佰伍拾元整	￥50 850
收款单位户名：佳和日化公司	
收款单位开户银行：中国银行深圳市蓝田支行	
收款单位账号：957465432	
经办人：刘屯　　财务负责人：陈晨　　单位负责人：钟佳铭	
支付操作：冯鑫	支付审批：纪兰
备注：	

图 4-9　相关票据

（2）商品验收入库时，见表 4-16。

表 4-16　商品验收单

发货单位：佳和日化公司

收货单位：红河百货有限公司　验收日期：2019 年 6 月 20 日　　字第 465 号

商品编号	等级	品名及规格	实收（原进价）			零售计价			进差价销	附注
			单位	数量	金额	单位	数量	金额		
3542		飞飞牌洗发水(50 mL)	箱	50	50 850	箱	50	85 840	40 840	

主管：　　会计：　　记账：　　验收：　　制单

（1）6 月 12 日付款时。

借：在途物资　　45 000

　　应交税费——应交增值税（进项税额）　　5 850

　　贷：银行存款　　50 850

（2）6 月 20 日入库时。

借：库存商品——飞飞洗发水　　85 840

　　贷：在途物资　　45 000

　　　　商品进销差价——飞飞洗发水　　40 840

4.4.4 异地商品购进的核算

异地商品购进，由于商品的发运时间和结算凭证的传递时间不一致，通常会发生先付款、后到货，先到货、后付款以及到货与付款同时进行三种情况。见表 4-17。

表 4-17　　零售企业异地购进的账务处理

<table>
<tr><th colspan="2">财务情景</th><th>账务处理</th></tr>
<tr><td rowspan="2">先付货款和运费，货物后到</td><td>付款时</td><td>借：在途物资
应交税费——应交增值税（进项税额）
销售费用——进货运费
贷：银行存款</td></tr>
<tr><td>商品验收入库时</td><td>借：库存商品
贷：在途物资
商品进销差价</td></tr>
<tr><td rowspan="4">商品先到，后付款</td><td>商品运到，验收入库时</td><td>不做账务处理，登记备查簿</td></tr>
<tr><td>月末如仍未付款，按暂估进价入账</td><td>借：库存商品
贷：应付货款
商品进销差价</td></tr>
<tr><td>下月初用红字冲回</td><td>借：库存商品（红字）
贷：应付账款（红字）
商品进销差价（红字）</td></tr>
<tr><td>接到银行转来托收凭证，承付货款时</td><td>借：库存商品（售价）
应交税费——应交增值税（进项税额）
销售费用——进货运费
贷：银行存款/应付票据
商品进销差价</td></tr>
<tr><td colspan="2">承付货款与到货同一天</td><td>借：库存商品（售价）
应交税费——应交增值税（进项税额）
销售费用——进货运费
贷：银行存款
商品进销差价</td></tr>
</table>

【例 4-13】香河超市是一家综合性零售企业，7 月 10 日从外地天雅电子集团公司购进电烤箱 500 台，单价 2 400 元。

(1) 7 月 11 日，收到托收单证，列明货款 1 200 000 元，增值税额 156 000元。通过网银结算，如图 4-10 所示。

借：在途物资——天雅电子集团　　　　1 200 000

　　应交税费——应交增值税（进项税额）　　156 000

　　贷：银行存款　　　　1 356 000

网上银行资金划拨申请单

2019 年 7 月 11 日

资金划拨内容：支付天雅电子集团公司货款		
划拨金额（大写）：壹佰叁拾伍万陆仟元整		￥1 356 000
收款单位户名：天雅电子集团公司		
收款单位开户银行：中行利丰街分理处		
收款单位账号：57209698		
经办人：肖钢	财务负责人：吕娜	单位负责人：宋明
支付操作：马思思		支付审批：章静梅
备注：		

图 4-10　转账单据

(2) 7 月 13 日，收到商品，财会部门收到家电组转来的收货单，列明含税售价 1 989 000 元，根据相关凭证编制会计分录。

借：库存商品——家电组　　　　1 989 000

　　贷：在途物资——天雅电子集团　　　　1 200 000

　　　　商品进销差价——家电组　　　　789 000

4.4.5 购进商品发生溢余和短缺的核算

零售企业在购进商品验收过程中，如发现商品数量有短缺或溢余时，应及时按规定转入“待处理财产损溢”账户，并查明原因进行处理。其具体账务处理见表 4-18。

表 4-18　　　　　　　　购进商品溢余和短缺的账务处理

<table>
<tr><th colspan="4">财务情景</th><th>账务处理</th></tr>
<tr><td rowspan="4">发生溢余</td><td colspan="3">未查明原因前</td><td>借：库存商品
　　贷：在途物资
　　　　待处理财产损溢——待处理流动财产损溢
　　　　商品进销差价</td></tr>
<tr><td rowspan="3">查明原因后</td><td colspan="2">运输途中自然升溢</td><td>借：待处理财产损溢——待处理流动财产损溢
　　贷：销售费用</td></tr>
<tr><td rowspan="2">如系供货单位多发</td><td>补做购进</td><td>借：待处理财产损溢——待处理流动财产损溢
　　应交税费——应交增值税（进项税额）
　　贷：银行存款</td></tr>
<tr><td>退货</td><td>借：待处理财产损溢——待处理流动财产损溢
　　商品进销差价
　　贷：库存商品</td></tr>
<tr><td rowspan="6">发生短缺</td><td colspan="3">购进商品发现短缺时</td><td>借：库存商品
　　待处理财产损溢——待处理流动财产损溢
　　贷：在途物资
　　　　商品进销差价</td></tr>
<tr><td rowspan="5">查明原因后</td><td colspan="2">运输途中自然损耗</td><td>借：销售费用
　　贷：待处理财产损溢——待处理流动财产损溢</td></tr>
<tr><td colspan="2">补发商品</td><td>借：库存商品
　　贷：待处理财产损溢——待处理流动财产损溢
　　商品进销差价</td></tr>
<tr><td colspan="2">退回货款</td><td>借：银行存款/应收账款
　　贷：待处理财产损溢——待处理流动财产损溢
　　　　应交税费——应交增值税（进项税额）</td></tr>
<tr><td colspan="2">如系运输部门或有关经办人员责任事故</td><td>借：其他应收款
　　贷：待处理财产损溢——待处理流动财产损溢
　　　　应交税费——应交增值税（进项税额转出）</td></tr>
<tr><td colspan="2">本单位承担损失</td><td>借：营业外支出
　　贷：待处理财产损溢——待处理流动财产损溢
　　应交税费——应交增值税（进项税额转出）</td></tr>
</table>

购进的商品发生毁损与短缺，属于正常情况的，增值税进项税额可以抵扣；属于非正常情况的，则不得抵扣。

【例 4-14】 2019 年 4 月 4 日，香河超市向春花枣园购入新疆红枣 2 500 千克，每千克进价 8.72 元，售价 12.21 元，货款已经托收承付。5 月 6 日，商品已运到，由干货组验收，实收 2 100 千克，短缺 400 千克，经查，短缺的新疆红枣中有 5 千克是自然损耗，有 395 千克是对方少发，经联系后，对方决定不再补发商品，开来红字专用发票，并汇来退货款 3 160 元，增值税额 347.60 元，已存入银行。根据上述经济业务，作会计分录如下：

（1）购入春花枣园新疆红枣时。

借：在途物资（2 500×8）　　20 000

　　应交税费——应交增值税（进项税额）　　1 800

　　贷：银行存款　　21 800

（2）商品验收入库，发现短缺 400 千克时。

借：库存商品——干货组［(2 500－400）×12.21］　　25 641

　　待处理财产损溢——待处理流动资产损溢（400×8.72）

　　　　3 488

　　贷：在途物资——春花农场　　20 000

　　　　商品进销差价——干货组　　9 129

（3）查明中有 5 千克是自然损耗时，经批准予以转销。

借：销售费用——商品损耗（5×8.72）　　43.6

　　贷：待处理财产损溢——待处理流动资产损溢　　43.6

（4）查明 395 千克是对方少发，且对方决定不再补发商品时。

借：银行存款——春花枣园（395×8.72）　　3 444.40

　　应交税费——应交增值税（进项税额）（红字）　　284.40

　　贷：待处理财产损溢——待处理流动资产损溢　　3 160

4.4.6　购进商品退补价的核算

零售企业购进商品后，有时会收到供货单位开来的更正发票。更正其开错的商品货款。更正商品货款有两种情况：一种是只更正购进价格；另一种是既更正购进价格，又更正零售价格。以下分别讲述这两种情况的核算方法。

当供货单位开来更正发票时。由于只更正购进价格。没有影响到商品的零售价格。因此。核算时应调整“商品进销差价”账户。而不能调整“库存商品”账户。见表 4-19。

表 4-19　　购进商品退补价账务处理

财务情景		账务处理
进货退款	商品尚未售出或已售但未结转成本（或差价）	借：银行存款 应交税费——应交增值税（进项税额）（红字） 贷：商品进销差价
	商品已售并已结转成本（或差价）	借：银行存款 应交税费——应交增值税（进项税额）（红字） 贷：主营业务成本
	商品尚未售出或已售但未结转成本（或差价）	借：商品进销差价 应交税费——应交增值税（进项税额） 贷：银行存款
	商品已售并已结转成本（或差价）	借：主营业务成本 应交税费——应交增值税（进项税额） 贷：银行存款

【例 4-15】 2020 年 8 月 15 日，红河百货有限公司从玉荣服装厂购进女式呢大衣 500 件。进价每件 300 元。货款总计 150 000 元。增值税税率 13%。增值税发票上注明增值税额为 19 500 元。货款已付。商品已验收入库。售价每件 780 元。8 月 28 日。收到玉荣服装厂更正发票。女式呢大衣每件批发价为 270 元。应退货款 15 000 元。增值税 1 950 元。对上述业务。企业财会部门应作如下处理：

借：银行存款　　16 950

　应交税费——应交增值税（进项税额）　　1 950（红字）

　贷：商品进销差价　　15 000

第5章 商品销售会计处理

由于批发企业和零售企业采用的核算方法不同，账务处理也有很大的差别。

5.1 商品销售业务科目设置

商品销售业务涉及的会计科目一般有“主营业务收入”“主营业务成本”“应交税费——应交增值税（销项税额）”“销售费用”“银行存款”“其他货币资金”“应收账款”“应收票据”“预收账款”“库存商品”“发出商品”“受托代销商品款”“长期应收款”“未实现融资收益”“递延收益”等，零售企业还涉及“商品进销差价”科目。

5.1.1 应收款项账户设置

1.“应收账款”账户

“应收账款”账户属于资产类账户，用以核算企业因销售商品、提供劳务等经营活动应收取的款项。

该账户借方登记由于销售商品以及提供劳务等发生的应收账款，包括应收取的价款、税款和代垫款等；贷方登记已经收回的应收账款。期末余额通常在借方，反映企业尚未收回的应收账款；期末余额如果在贷方，反映企业预收的账款。该账户应按不同的债务人进行明细分类核算，如图 5-1 所示。

应收账款账户

借方	贷方
期初余额	
本期增加额	本期减少额
期末余额	

图 5-1　应收账款账户

2. “应收票据”账户

“应收票据”账户属于资产类账户，用以核算企业因销售商品、提供劳务等而收到的商业汇票。

该账户借方登记企业收到的应收票据，贷方登记票据到期收回的应收票据；期末余额在借方，反映企业持有的商业汇票的票面金额，如图 5-2 所示。

应收票据账户

借方	贷方
期初余额	
本期增加额	本期减少额
期末余额	

图 5-2 应收票据账户

该账户可按开出、承兑商业汇票的单位进行明细核算。

3. “合同负债”账户

根据新收入准则的规定，合同负债科目核算企业已收或应收客户对价而应向客户转让商品的义务。本科目应按合同进行明细核算。期末贷方余额，反映企业在向客户转让商品之前，已经收到的合同对价或已经取得的无条件收取合同对价权利的金额。账户结构如图 5-3 所示。

合同负债账户

借方	贷方
	期初余额
反映减少的合同负债	反映增加的合同负债
本期借方发生额合计	本期贷方发生额合计
	已收到的合同对价或已取得的无条件收取合同对价权利的金额

图 5-3 合同负债账户

企业因转让商品收到的预收款适合新收入准则进行会计处理时，不再使用“预收账款”及“递延收益”科目，全部适用“合同负债”科目。“预收账款”科目并没有取消，仍可用于租金、长期股权投资转让款、转让金融资产等。

合同负债与预收账款的核算范围差异：合同负债不但能够核算实际收到的预收款，还能够（且应该）核算未实际到账但已拥有收取权利的预收款。

4. “应收退货成本”账户

“应收退货成本”账户核算销售商品时预期将退回商品的账面价值，扣除收回该商品预计发生的成本（包括退回商品的价值减损）后的余额。本账户可按合同进行明细核算。期末借方余额，反映企业预期将退回商品转让时的账面价值，扣除收回该商品预计发生的成本（包括退回商品的价值减损）后的余额，在资产负债表中按其流动性计入“其他流动资产”或“其他非流动资产”项目。

5. “库存商品”“发出商品”“受托代销商品”等账户

“库存商品”“发出商品”“受托代销商品”账户属于资产类账户，用以核算企业库存的各种商品的实际成本（或进价）或计划成本（或售价），包括库存产成品、外购商品、存放在门市部准备出售的商品、发出展览的商品以及寄存在外的商品等。

该账户借方登记验收入库的库存商品成本，贷方登记发出的库存商品成本。期末余额在借方，反映企业期末“库存商品”“发出商品”“受托代销商品”的实际成本（或进价）或计划成本（或售价）。如图 5-4 所示。

库存商品/发出商品/受托代销商品等账户

借方	贷方
期初余额	
本期增加额	本期减少额
本期借方发生额合计	本期贷方发生额合计
期末余额	

图 5-4　存货类账户

6. “应交税费账户”

商业企业销售商品一般会涉及增值税科目，应交税费明细科目设置如下：

- **销项税额**

  记录一般纳税人销售货物、加工修理修配劳务、服务、无形资产或不动产应收取的增值税额

- **销项税额抵减**

  记录一般纳税人按照现行增值税制度规定因扣减销售额而减少的销项税额

5.1.2 收入类科目设置

企业通常设置以下账户对销售业务进行会计核算。

1. "主营业务收入"账户

"主营业务收入"账户属于损益类账户，用以核算企业确认的销售商品、提供劳务等主营业务的收入。

该账户贷方登记企业实现的主营业务收入，即主营业务收入的增加额；借方登记期末转入"本年利润"账户的主营业务收入（按净额结转），以及发生销售退回和销售折让时应冲减本期的主营业务收入。期末结转后，该账户无余额。

该账户应按照主营业务的种类设置明细账户，进行明细分类核算，如图 5-5 所示。

主营业务收入账户

借方	贷方
本期减少或结转额	本期收入增加额
本期借方发生额合计	本期贷方发生额合计

图 5-5 主营业务收入账户

2. "其他业务收入"账户

"其他业务收入"账户核算企业确认的除主营业务活动以外的其他经营活动实现的收入，包括出租固定资产、出租无形资产、出租包装物和商品、销售材料、用材料进行非货币性交换（非货币性资产交换具有商业实质且公允价值能够可靠计量）或债务重组等实现的收入。该账户可按其他业务的种类进行明细核算，如图 5-6 所示。

其他业务收入

借方	贷方
本期减少额	本期增加额
本期借方发生额合计	本期贷方发生额合计

图 5-6 其他业务收入账户

5.2 批发企业商品销售的会计核算

批发企业按照发货地点的不同，可分为仓库商品销售和直运商品销售两种。仓库商品销售是指批发企业购进商品后先验收入库，销售时再从本企业仓库发运给购货单位的一种销售方式。直运商品销售是指批发企业购进商品后，不经过本企业仓库储备，直接从供货单位发运给购货单位的一种销售方式。

5.2.1 商品销售入账时间

商品销售入账时间一般以支付货款的时间为依据。在商品已经发出，收到货款或者虽未收到货款，但已办妥结算手续或取得购货方的收货证明即可作为销售入账。根据商品交接货方式和货款结算方式的不同，商业企业商品销售入账时间有以下几种情况，见表 5-1。

表 5-1 商品销售入账时间

结算方式	入账时间
采用现金、支票、本票、汇票等结算方式的	在收到现金、支票、本票、汇票时，确认为商品销售入账时间
采用异地托收承付结算方式的	以办妥委托银行收款手续时，确认商品销售入账时间
采用汇兑结算方式的	以发出商品并取得运输部门的商品发运证明时，确认商品销售入账时间
采用送货制销售方式时	以发出商品并取得购货单位的收货凭证或收到货款时，确认商品销售入账时间
采用分期收款销售方式时	以发出商品后，实际收到货款时，确认商品销售入账
采用预收货款销售方式时	以实际发出商品时，确认商品销售入账时间

续上表

结算方式	入账时间
出口销售时	以收到运输部门有关单据并向银行办理交单时间确认入账时间

5.2.2 仓库销售的账务处理

仓库销售是指购进商品储存在本企业的仓库或寄存外库，销售时再将商品从仓库中发出的交易行为。

仓库销售分为同城销售和异地销售。同城商品销售的交接方式一般采用“送货制”或“提货制”，货款结算方式一般采用转账支票和商业汇票结算，也有采用银行本票和现金结算的。异地仓库销售一般采用发货制的商品交接方式，采用委托银行收款、托收承付及银行汇票、商业汇票等货款结算方式。

其具体账务处理见表 5-2。

表 5-2　　仓库销售同城、异地账务处理

财务情景		账务处理
同城	实现销售收入后	借：银行存款/应收票据/应收账款 　贷：主营业务收入 　　应交税费——应交增值税（销项税额）
	结转已售主营业务成本时	借：主营业务成本 　贷：库存商品
异地	商品发出并办妥托收手续时	借：应收账款 　贷：主营业务收入 　　应交税费——应交增值税（销项税额） 　　银行存款（支付运杂费等）
	收回货款时	借：银行存款 　贷：应收账款
	结转已售主营业务成本时	借：主营业务成本 　贷：库存商品

1. 同城商品销售的业务程序及其核算

同城商品销售的业务程序，一般是由购货单位提出要货计划，派采购员去批发企业看样品，由批发企业业务部门根据购货单位选定的商品品种和数量，填制专用发票一式数联，业务部门自留一联外，将其余各联交与采购员，据以向财务部办理结算。财务部根据销售业务的需要，收取转账支票、商业汇票或银行本票，如销售额在银行规定的现金结算限额之内的，也可以收取现金。办好结算后，财务部开具发票并留下记账联，将发票联、抵扣联（开具增值税专用发票）及其他单据退还给采购员。采购员凭借"提货联"和"出库联"向储运部门提运商品或委托其送货，"发票联"和"抵扣联"由采购员带回入账。储运部门发出商品后，根据"提货联"登记商品保管账，将"出库联"转交财会部门据以登记库存商品账户。

【例 5-1】 2019 年 7 月 1 日，红河百货有限公司向阳光宾馆销售海尔电冰箱 600 台，每台 4 600 元，货款共计 2 760 000 元，增值税额358 800元，价税合计 3 118 800 元，收到转账支票存入银行，相关票据如图 5-7所示。

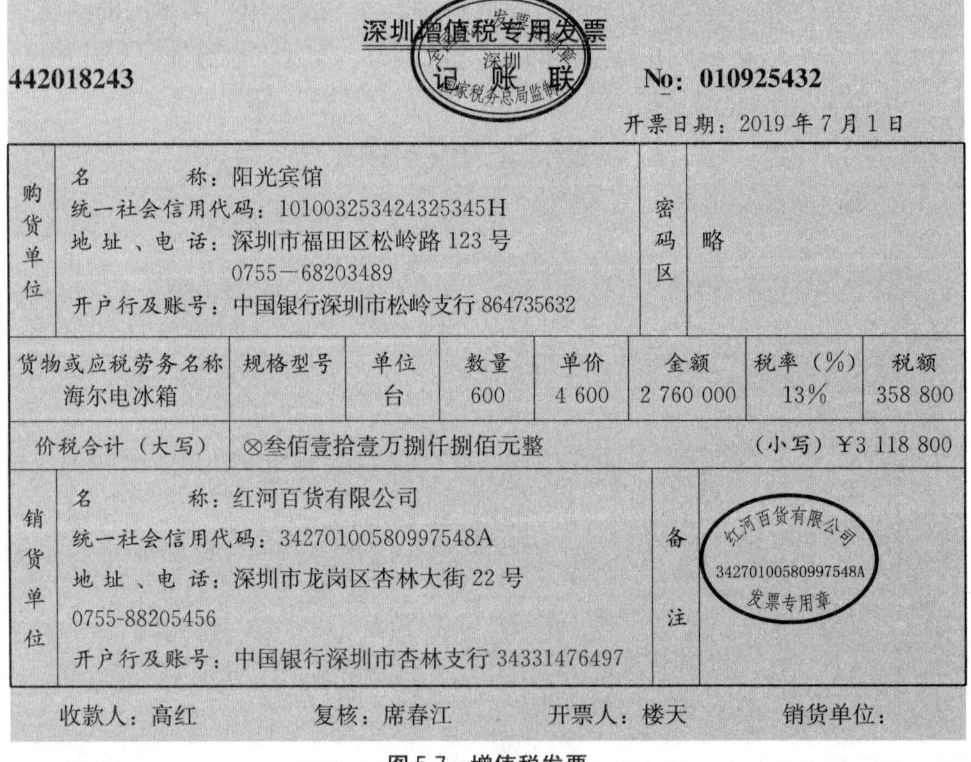

深圳增值税专用发票

442018243 记账联 No：010925432

开票日期：2019 年 7 月 1 日

购货单位	名称：阳光宾馆 统一社会信用代码：101003253424325345H 地址、电话：深圳市福田区松岭路 123 号 0755－68203489 开户行及账号：中国银行深圳市松岭支行 864735632					密码区	略
货物或应税劳务名称	规格型号	单位	数量	单价	金额	税率（%）	税额
海尔电冰箱		台	600	4 600	2 760 000	13%	358 800
价税合计（大写）	⊗叁佰壹拾壹万捌仟捌佰元整					（小写）¥3 118 800	
销货单位	名称：红河百货有限公司 统一社会信用代码：34270100580997548A 地址、电话：深圳市龙岗区杏林大街 22 号 0755-88205456 开户行及账号：中国银行深圳市杏林支行 34331476497					备注	红河百货有限公司 34270100580997548A 发票专用章

收款人：高红　复核：席春江　开票人：楼天　销货单位：

图 5-7　增值税发票

收到转账支票，填写银行进账单，存入基本银行账户，如图 5-8 所示。

借：银行存款　3 118 800

　　贷：主营业务收入——海尔电冰箱　2 760 000

　　　　应交税费——应交增值税（销项税额）　358 800

当计算出销售商品的进价成本，予以结转时，借记“主营业务成本”账户，贷记“库存商品”账户。

中国银行转账支票 XVI768676564534

出票日期（大写）：贰零壹玖年零柒月壹拾日 收款人：红河百货有限公司	付款行名称：中国银行深圳市松岭支行 出票人账号：864735632
人民币 （大写）：叁佰壹拾壹万捌仟捌佰元整	¥311 880 000（千/百/十/万/千/百/十/万/千/百/十/元/角/分）
上列款项请从 我账户支付 出票人盖章：（阳光宾馆 财务专用章）（李明之印）	密码：235457634657678 行号：343 复核：　记账：

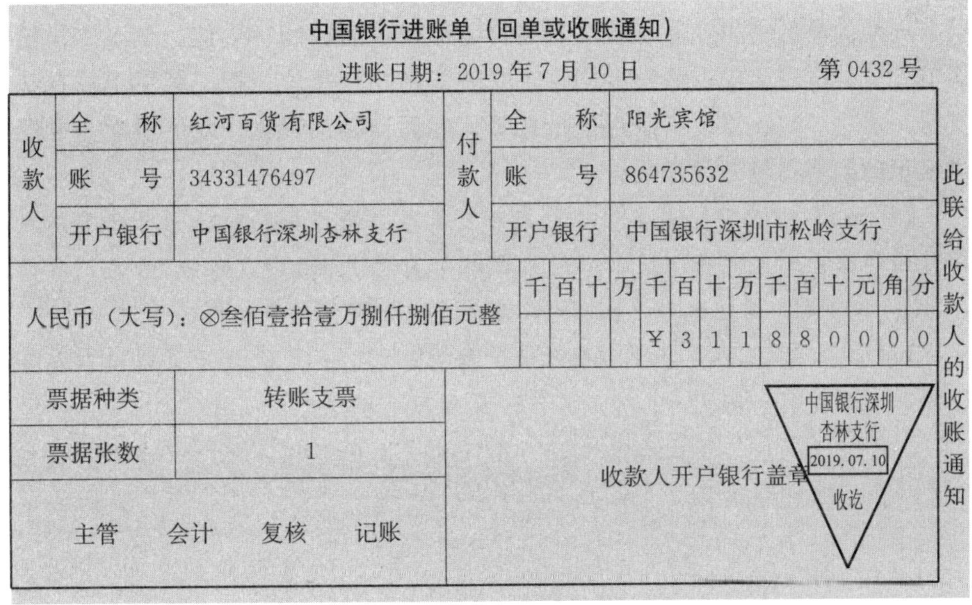

中国银行进账单（回单或收账通知）

进账日期：2019年7月10日　　第0432号

收款人		付款人	
全　称	红河百货有限公司	全　称	阳光宾馆
账　号	34331476497	账　号	864735632
开户银行	中国银行深圳杏林支行	开户银行	中国银行深圳市松岭支行

人民币（大写）：⊗叁佰壹拾壹万捌仟捌佰元整	千	百	十	万	千	百	十	万	千	百	十	元	角	分
					¥	3	1	1	8	8	0	0	0	0

票据种类	转账支票	收款人开户银行盖章（中国银行深圳杏林支行 2019.07.10 收讫）
票据张数	1	
主管　会计　复核　记账		

此联给收款人的收账通知

图5-8　收款票据

【例5-2】接上例，红河百货有限公司销售海尔电冰箱，每箱进价成本为3 800元，计金额2 280 000元，予以结转，作分录如下：

借：主营业务成本——海尔电冰箱　　2 280 000

　　贷：库存商品——海尔电冰箱　　2 280 000

需要注意的是，在实际工作中，由于商品种类繁多，每天计算主营业务成本工作量很大，为了简化核算手续，主营业务成本一般在期末结转。

2. 异地商品销售的业务程序及其核算

批发企业的异地商品销售主要是将商品销售给其他地区的批发企业或零售企业。商品的交接方式，一般采用“发货制”；货款的结算方式，一般采用托收承付结算或委托收款结算。

异地商品销售的业务程序一般是：由业务部门根据购销合同填制专用发票一式数联，业务部门留下存根联备查外，将其余各联转交储运部门。储运部门根据专用发票提货、包装，并委托运输单位发运商品，发货联随货同行，留下提货联登记商品保管账，将发票联、出仓联转交财会部门。运输单位在发运商品后，送来运单，向财会部门结算运费。财会部门收到发票联、出仓联及运单后，一方面支付运输单位运费，另一方面填制托收凭证，附上发票联和运单，向银行办理托收手续，银行受理后，取回托收回单，据以作商品销售的核算，并根据出仓联登记“库存商品”账户。

异地商品的销售业务，商品要委托运输单位运往购货单位，至于支付给运输单位的运费，根据购销合同规定，一般由购货单位负担。销货单位在垫支时，通过“应收账款”账户进行核算，然后连同销货款、增值税额一并通过银行向购货单位办理托收。

【例 5-3】 2019 年 7 月 8 日，红河百货有限公司根据购销合同开出专用发票，销售给山西大同雅路娱乐公司长城红葡萄酒 1 000 瓶，每瓶 60 元，共计货款 60 000 元，增值税额 7 800 元，商品委托太原铁路局运送。

（1）7 月 10 日，太原铁路局开来运费凭证 220 元，红河百货公司当即开出转账支票支付，如图 5-9 所示。作分录如下：

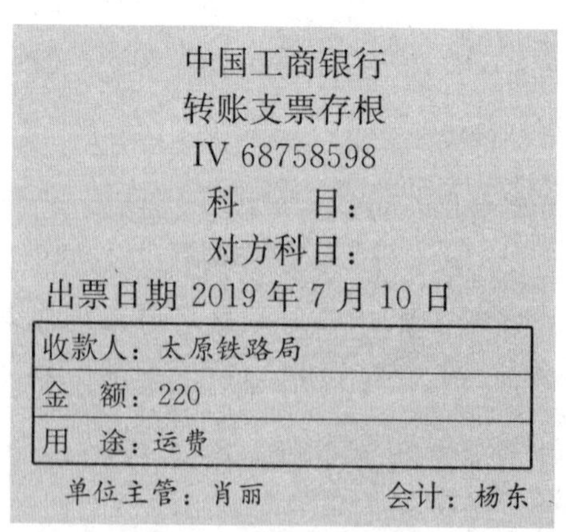
中国工商银行
转账支票存根
IV 68758598
科　　目：
对方科目：
出票日期 2019 年 7 月 10 日

收款人：太原铁路局
金　额：220
用　途：运费

单位主管：肖丽　　会计：杨东

图 5-9　转账支票存根

借：应收账款——代垫运费　220

　　贷：银行存款　220

（2）7月10日，收到雅路娱乐公司专用发票（发票联）及运费凭证，共计69 820元。根据银行托收凭证回单联，如图5-10所示。作商品销售处理，分录如下：

借：应收账款——雅路娱乐公司　68 020

　　贷：主营业务收入——红葡萄酒　60 000

　　　　应交税费——应交增值税（销项税额）　7 800

　　　　应收账款——代垫运费　220

托收凭证（受理回单）　1

委托日期：2019年7月10日

<table>
<tr><td>业务类型</td><td colspan="16">委托收款（☑邮划、□电划）　托收承付（□邮划、□电划）</td></tr>
<tr><td rowspan="3">付款人</td><td>全 称</td><td colspan="4">雅路娱乐公司</td><td rowspan="3">收款人</td><td>全 称</td><td colspan="9">红河百货有限公司</td></tr>
<tr><td>账 号</td><td colspan="4">3424565</td><td>账 号</td><td colspan="9">34331476497</td></tr>
<tr><td>地 址</td><td>省</td><td>深圳市</td><td>开户行</td><td>交通银行</td><td>地 址</td><td>省</td><td>深圳市</td><td>开户行</td><td colspan="6">中国银行</td></tr>
<tr><td rowspan="2">金额</td><td colspan="5" rowspan="2">人民币
（大写）⊗陆万捌仟零贰拾元整</td><td>亿</td><td>千</td><td>百</td><td>十</td><td>万</td><td>千</td><td>百</td><td>十</td><td>元</td><td>角</td><td>分</td></tr>
<tr><td></td><td></td><td></td><td>¥</td><td>6</td><td>8</td><td>0</td><td>2</td><td>0</td><td>0</td><td>0</td></tr>
<tr><td>款项内容</td><td colspan="2">货款</td><td>托收凭据名　称</td><td colspan="3"></td><td colspan="4">附寄单证张数</td><td colspan="6">2</td></tr>
<tr><td>商品发运情况</td><td colspan="6">已发</td><td colspan="4">合同名称号码</td><td colspan="6">JC003</td></tr>
<tr><td colspan="3">备注：
复核　　记账</td><td colspan="4">款项收妥日期
2019年7月10日</td><td colspan="10">收款人开户银行签章
（略）
2018年7月10日</td></tr>
</table>

此联作收款人开户银行给收款人的受理回单

图5-10　托收凭证（受理回单）

（3）7月20日，接到银行转来雅路娱乐公司承付68 020元贷款、增值税额及运费的收款通知，作分录如下。

借：银行存款　68 020

　　贷：应收账款——雅路娱乐公司　68 020

5.2.3 直接商品销售的核算

直接商品销售是指批发企业将其从异地购进的商品直接发运销售给购货单位而不经过批发企业仓库储存的销售方式，采用这种销售方式可以加速商品流转、节约商品流通费用。

1. 直接商品销售特点

批发企业从异地供货单位购进商品直接发给购货单位，办理直运时可以委托供货单位代办，也可以由批发企业派采购员在供货单位所在地监督办理。

直运商品销售涉及批发企业、供货单位和购货单位三方，并且三方不在同一地点，因此，批发企业一般派有采购员驻在供货单位，当供货单位根据购销合同发运商品时，由派驻采购员填制专用发票一式数联，其中发货联随货同行，作为购货单位的收货凭证，其余各联寄回批发企业。

批发企业为了尽快收回结算资金，在征得银行同意后，采购员可以在供货单位所在地委托银行向购货单位办理托收，由购货单位开户银行将货款直接划拨给批发企业。采购员在办妥托收后，将托收凭证回单联寄回批发企业，据以作商品销售处理。在这种情况下，批发企业的购销业务几乎同时发生。

2. 账务处理

采用直运商品销售，商品不通过批发企业仓库的储存环节，这样就可以不通过“库存商品”账户，直接在“在途物资”账户进行核算。由于直运商品购进和销售的专用发票上已经列明商品的购进金额和销售金额，故而主营业务成本可以按照实际进价成本，分销售批次随时进行结转。由于直销商品的业务特点，会计核算有三种情形：①先支付进货款后收销售款；②先收销售款后付进货款；③同时结算进货款与销售款。

直销商品销售业务的核算，见表 5-3。

表 5-3　批发企业直销商品销售账务处理

业务情形		账务处理
先进后销	购进时	借：在途物资 应交税费——应交增值税（进项税额） 贷：银行存款/应付账款

续上表

<table>
<tr><th colspan="2">业务情形</th><th>账务处理</th></tr>
<tr><td>先进后销</td><td>销售实现时</td><td>借：应收账款/银行存款
　　贷：主营业务收入
　　　　应交税费——应交增值税（销项税额）
借：主营业务成本
　　贷：在途物资</td></tr>
<tr><td rowspan="2">先销后进</td><td>销售确认时</td><td>借：应收账款/银行存款
　　贷：主营业务收入
　　　　应交税费——应交增值税（销项税额）
借：主营业务成本
　　贷：在途物资</td></tr>
<tr><td>购进入账时</td><td>借：在途物资
　　应交税费——应交增值税（进项税额）
　　贷：银行存款/应付账款</td></tr>
<tr><td colspan="2">进销同时发生</td><td>同时做以上两种情形下的会计分录</td></tr>
</table>

【例 5-4】 沈阳百货公司向北京张小泉剪刀厂订购剪刀 8 000 把，每把不含税价 13.20 元，直运给天津红衣坊服装有限公司，销售价 20 元，购进、销售的增值税率均为13%，北京张小泉剪刀厂代垫由北京到天津的运费330 元，购销合同规定运费由天津红衣坊服装有限公司负担。

(1) 根据银行转来北京张小泉剪刀厂的托收凭证，内附专用发票，开列剪刀货款 105 600 元、增值税额 13 728 元，运费凭证 330 元，经审核无误，当即承付，作分录如下：

借：在途物资——北京张小泉剪刀厂　　105 600
　　应交税费——应交增值税（进项税额）　　13 728
　　应收账款——代垫运费　　330
　　贷：银行存款　　119 658

(2) 直运销售剪刀 8 000 把，每把 20 元，货款 160 000 元，增值税额 20 800元，连同垫付的运费 330 元，一并向天津红衣坊服装有限公司托收，根据专用发票（记账联）及托收凭证（回单联），作分录如下：

借：应收账款——天津红衣坊服装有限公司　　181 130
　　贷：主营业务收入——刀类　　160 000

应交税费——应交增值税——销项税额　　20 800
应收账款——代垫运费　　330

同时结转主营业务成本，作分录如下：

借：主营业务成本——刀类　　105 600
　贷：在途物资——北京张小泉剪刀厂　　105 600

在以上直运商品销售核算中，商品的运费是全部由购货单位负担的。若合同规定运费由购销双方各负担一部分。那么，批发企业在支付供货单位垫付的运费时，对应由购货单位负担的部分，设通过“应收账款”账户核算，对应由批发企业负担的部分，则列入“销售费用”账户。批发企业采用直运商品销售，可以将商品及时供应给消费市场，防止迂回运输，加速商品流转，降低商品损耗，节约经营费用，增加企业利润，加快流动资产的周转速度。

5.3 零售企业商品销售的核算

零售商品销售以门市销售为主，销货业务频繁，数量零星，一般采用售价金额核算法。在采用售价金额核算的情况下，零售企业每日营业终了时，各营业柜组（实物负责小组）清点销货款，填制商品进销存日报表及内部缴货单，连同销货款送交企业财会部门据以入账。

5.3.1 零售企业商品销售特点

零售商品销售的对象是广大消费者。其销售方式是以门市销售为主，一般为现款交易，具体有以下两种方式。

1. 一手钱，一手货

“一手钱，一手货”销售方式，是指消费者可在同一地点选购商品、付款和取货，手续简便，交易时间短，服务效率高。但由于营业员既发货又收款，容易发生差错。一般适用于品种简单、价格划一、成包成件的，如大量的日用商品销售。

2. 集中收款，货款分管

采用这种销售方式，营业员负责发货，收银员负责收款，钱货分开，责任明确，不易发生差错。但由于开票、交款、取货分处两地，顾客往返比较麻烦，且影响商品销售速度。

对各商业企业来说，不论采用什么销售方式，都必须加强销货款的管理。企业每日销货收入数，必须当天送交财会部门或直接送存银行，销售额大、收入款多的企业，可分次送存银行。每日营业终了，由实物负责人或收银员根据本人销货款收入，填制“内部交款单”和“商品进销有关凭证”，一并交财会部门作为记账依据。

5.3.2 零售商品销售账务处理

零售商品销售的核算业务是通过“主营业务收入”“主营业务成本”和“商品进销差价”科目进行核算的。在实行售价金额核算情况下，“库存商品”科目按零售价（含税）登记，其售价与进价的差额及销项税在“商品进销差价”科目中反映。因此，当已销商品在“库存商品”科目中转销后，理应同时转销这部分已销商品的进销差价，从而求得主营业务成本。但由于逐笔计算已销商品的进销差价工作过于烦琐，所以，在实际工作中，一般是在月末一次计算转账。在平时，为了反映各实物负责人的库存商品收、付、存情况，在商品销售后，从“库存商品”科目上注销已销商品时，直接按零售（含税）价格转入“主营业务成本”科目。这样处理的结果，通常使“主营业务收入”科目和“主营业务成本”科目平时的数额相等，到一定时期（一般是月末），再通过一定的计算方法算出全月已销售商品实现的进销差价后，一次转销“商品进销差价”科目和“主营业务成本”科目。经过调整后，“主营业务成本”科目所反映的是销售商品的进价成本。

零售企业一般不存在异地商品销售业务，故同城销售账务处理，见表5-4。

表5-4　　零售企业同城销售账务处理

同城销售	
业务情形	账务处理
每日营业终了	借：银行存款 　　贷：主营业务收入（含税售价） 借：主营业务成本 　　贷：库存商品

续上表

同城销售	
业务情形	账务处理
若发生长短款时	借：银行存款 　　其他应收款 　　贷：主营业务收入（含税售价） 　　　　营业外收入
月末调整销售收入时	借：主营业务收入 　　贷：应交税费——应交增值税（销项税额）

【例 5-5】2019 年 8 月 10 日，红河百货有限公司共取得含税现金收入 53 110元，其中：电器组 11 300 元，服装组 20 340 元，洗化组 21 470 元，款项于当日全部送存银行。

①取得销售款时：

借：库存现金　　53 110

　　贷：主营业务收入——电器组　　11 300

　　　　　　　　　　——服装组　　20 340

　　　　　　　　　　——洗化组　　21 470

②月终调整已销商品增值税销项税额时：

应交增值税（销项税额）＝月内销售收入发生额÷（1＋13%）×13%

　　＝53 110÷（1＋13%）×13%＝6 110（元）

借：主营业务收入　　6 110

　　贷：应交税费——应交增值税（销项税额）　　6 110

5.4 批发与零售商业特殊销售方式

商业企业由于销售环境的多样性，销售方法也变得很灵活。

5.4.1 预收销售商品款的核算

商业企业通过预付货款方式采购的短线商品，可以采用贷款的方式销售商品，有利于企业流动资产的周转。采用这种销货方式，事先应订立预收货款的销售合同或协议。企业根据合同定预收货款时，并没有转移商品所有权，因此，应借记“银行存款”账户，贷记“合同负债”账户。当企业根据合同规定的日期，开出专用发票交付对方商品时，借记“合同负债”账户，贷记“主营业务收入”账户和“应交税费”账户。

批发企业和零售企业预收货款销售商品账务处理，见表 5-5。

表 5-5　　批发企业和零售企业预收货款销售商品账务处理

业务情形		批发企业	零售企业
预收货款时		借：银行存款 　贷：合同负债	借：银行存款 　贷：合同负债
销售实现时		借：合同负债 　应收账款 　贷：主营业务收入 　　应交税费——应交增值税（销项税额） 借：主营业务成本 　贷：库存商品	借：合同负债 　应收账款 　贷：主营业务收入（含税售价） 借：主营业务成本 　贷：库存商品
结清余款时	补收余款	借：银行存款 　贷：应收账款	借：银行存款 　贷：应收账款
	多收账款退回	借：合同负债 　贷：银行存款	借：合同负债 　贷：银行存款

【例 5-6】 2019 年 6 月 1 日，上海电动车厂采用预收货款方式向红河百货有限公司销售捷达电动车 300 辆，每辆 3 842 元，总货款共计 1 152 600 元。合同规定先预收货款 358 020，在 15 天后交货时，再收取剩余货款。

（1）6 月 2 日，收到上海自行车飞轮厂签发的转账支票一张，金额 358 020元，是预收货款，如图 5-11 所示。编制分录如下：

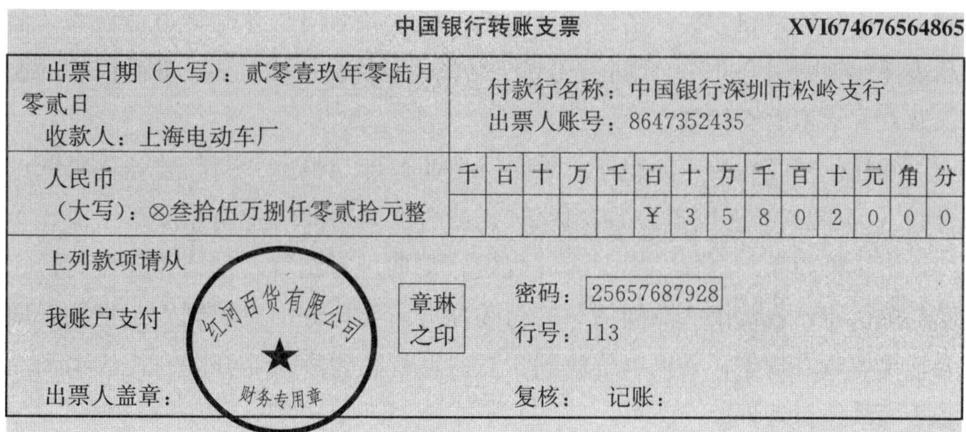

中国银行转账支票　　XVI674676564865

出票日期（大写）：贰零壹玖年零陆月零贰日
收款人：上海电动车厂
付款行名称：中国银行深圳市松岭支行
出票人账号：8647352435

人民币（大写）：⊗叁拾伍万捌仟零贰拾元整	千	百	十	万	千	百	十	万	千	百	十	元	角	分
						¥	3	5	8	0	2	0	0	0

上列款项请从
我账户支付
出票人盖章：

密码：25657687928
行号：113
复核：　记账：

图 5-11　转账支票

借：银行存款　　358 020
　　贷：合同负债——红河百货有限公司　　358 020

(2) 2 月 17 日，收到其余 70%的货款及全部增值税额，作分录如下：

借：银行存款　　794 580
　　合同负债——红河百货有限公司　　358 020
　　贷：主营业务收入　　1 020 000
　　　　应交税费——应交增值税（销项税额）　　132 600

5.4.2 视同买断代销商品销售的核算

代销商品是销售商品的一种方式，牵涉委托方和受托方，处在委托方立场上的商品称为委托代销商品，处在受托方立场上的商品称为受托代销商品。

代销商品销售后有两种不同的处理方法。一种是受托方和委托方分别作商品购销处理；另一种是受托方根据销售额向委托方结算代销手续费，委托方作商品销售处理。

1. 委托方的核算

批发企业对于新产试销商品、季节性商品、呆滞积压商品等，为了加速商品流转、推销新产品和呆滞积压商品、合理地使用仓位和节约仓储费用，可以将商品先发往购货单位，委托其代销，等商品销售后，再定期结算货款。

采取委托代销方式销售商品，一般先由业务部门确定委托代销商品的品种、规格、数量和金额，经领导批准后，由业务部门与各购货单位订立“商品委托代销购销合同”。合同上注明结算方式、货款清偿时间、商品保管的要求及双方承担的责任等。

委托代销商品的业务程序一般是：由业务部门根据“商品委托代销购销合同”，填制“委托代销商品发货单”；然后由储运部门将商品发运给受托单位，不转移商品所有权，根据合同规定，定期进行结算；到结算届期时，由受托单位将已售代销商品的清单交付委托方，委托方据以填制专用发票，向受托单位收取货款；委托单位收到货款时，将收到货款部分的委托代销商品作为商品销售处理。

两种代销方式的账务处理，见表 5-6。

表 5-6　　受托方两种代销方式的账务处理

<table>
<tr><th colspan="2">业务情形</th><th>批发企业</th><th>零售企业</th></tr>
<tr><td rowspan="4">视同买断</td><td>收到委托方发来商品时</td><td>借：委托代销商品
　　贷：受托代销商品款</td><td>借：受托代销商品
　　贷：受托代销商品款
　　　　商品进销差价</td></tr>
<tr><td>售出代销商品时</td><td>①确认销售收入
借：银行存款
　　贷：主营业务收入
　　　　应交税费——应交增值税（销项税额）
②结转商品销售成本
借：主营业务成本
　　贷：受托代销商品
③结转代销商品款
借：受托代销商品款
　　贷：应付账款</td><td>①确认销售收入
借：银行存款
　　贷：主营业务收入
②结转商品销售成本
借：主营业务成本
　　贷：受托代销商品
③结转代销商品款
借：受托代销商品款
　　贷：应付账款</td></tr>
<tr><td>月末开出代销清单，收到增值税发票时</td><td>借：应交税费——应交增值税（进项税额）
　　贷：应付账款</td><td>借：应交税费——应交增值税（进项税额）
　　贷：应付账款</td></tr>
<tr><td>结算代销货款时</td><td>借：应付账款
　　贷：银行存款</td><td>借：应付账款
　　贷：银行存款</td></tr>
</table>

【例 5-7】华星电子有限公司根据商品委托代销合同，将 300 部夏普牌计算机委托红河百货有限公司代销，其购进单价为 3 500 元，销售单价为 4 900 元，增值税率为 13%，合同规定每个月末结算一次货款。

（1）7 月 5 日，发运商品时。委托代销商品协议书如图 5-12、图 5-13 所示。作分录如下：

委托代销商品协议书

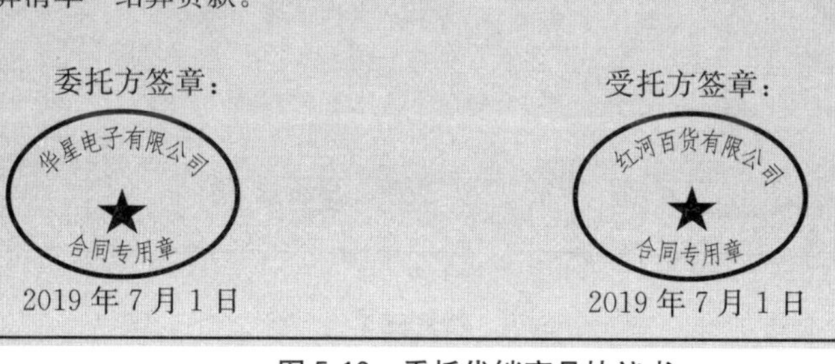
2019 年 7 月 1 日，华星电子有限公司委托红河百货有限公司代销 300 台夏普牌计算机，以每件不含税价 4 900 元出售。每月末结算一次，双方以华星电子有限公司每月开具的“代销商品结算清单”结算货款。

委托方签章：　　　　受托方签章：

2019 年 7 月 1 日　　　　2019 年 7 月 1 日

图 5-12　委托代销商品协议书

代销商品结算清单

2019 年 7 月 5 日

被委托单位：红河百货有限公司　　　　单位：元

品名	单位	数量	单价	金额	委托价格	增值税金额	进价成本	
							单价	金额
夏普牌计算机	台	300			4 900		3 500	1 050 000

图 5-13　代销商品结算清单

借：发出商品——委托代销商品　　1 050 000

　　贷：库存商品——夏普牌计算机　　1 050 000

(2) 7 月 31 日，收到红河百货有限公司转账支票一张，金额 1 107 400 元，系付已售代销的 200 台夏普牌计算机货款 980 000 元、增值税额 127 400 元，支票已存入银行，如图 5-14 所示。作分录如下：

中国银行转账支票　　XVI768676564534

出票日期（大写）：贰零壹玖年零柒月叁拾壹日 收款人：华星电子有限公司	付款行名称：中国银行深圳市杏林支行 出票人账号：8647356213													
人民币 （大写）：⊗壹佰壹拾万柒仟肆佰元整	千	百	十	万	千	百	十	万	千	百	十	元	角	分
					¥	1	1	0	7	4	0	0	0	0
上列款项请从 我账户支付 出票人盖章：红河百货有限公司 财务专用章　徐清之印	密码：23542347568978098 行号：114 复核：　记账：													

图 5-14　转账支票

借：银行存款　　　　　　　　　　　　　　　　1 107 400
　　贷：主营业务收入——夏普牌计算机　　　　　　　　980 000
　　　　应交税费——应交增值税（销项税额）　　　　127 400

同时结转已售委托代销商品的销售成本700 000元，作分录如下：

借：主营业务成本（3 500×200）　　　　　　　　700 000
　　贷：库存商品——委托代销商品　　　　　　　　　700 000

2. 受托方的核算

接受代销商品的企业在收到代销商品并已验收入库时，虽然企业尚未取得商品的所有权，但是企业对代销商品有支配权，可以开展商品销售业务，有效地利用供货单位的资金开展经营业务。受托单位为了加强对代销商品的管理和核算，在收到商品时，应借记“受托代销商品”账户，贷记“代销商品款”账户。

代销商品在销售后，应填制专用发票，据以借记“银行存款”或“应收账款”账户；贷记“主营业务收入”账户和“应交税费”账户。并按进价货款借记“主营业务成本”账户；贷记“受托代销商品”账户。同时借记“代销商品款”账户；贷记“应付账款”账户。待结算期满时，将代销商品清单交付委托方，当收到其开来的专用发票时，据以支付货款和增值税额。届时借记“应付账款”账户和“应交税费”账户；贷记“银行存款”账户。

【例5-8】 接【例5-7】(1) 7月5日，收到300台夏普牌计算机，作分录如下：

借：受托代销商品——华星电子有限公司　　　　　147 000
　　贷：代销商品款——华星电子有限公司　　　　　　147 000

(2) 7月15日，销售夏普牌计算机300台，计货款162 000元，增值税额210 600元，收到转账支票存入银行。

①反映主营业务收入和销项税额，作分录如下：

借：银行存款　　　　　　　　　　　　　　　　1 830 600
　　贷：主营业务收入——夏普牌计算机　　　　　　1 620 000
　　　　应交税费——应交增值税（销项税额）　　　　210 600

②结转主营业务成本，作分录如下：

借：主营业务成本——夏普牌计算机　　　　　　　147 000
　　贷：受托代销商品——华星电子有限公司　　　　　147 000

借：受托代销商品款　　　　　　　　　　　　　　147 000

　　贷：应付账款　　　　　　　　　　　　　　　　　147 000

(3) 7 月 31 日，按合同协议价将款项支付给华星电子有限公司。

借：应付账款——华星电子有限公司　　　　　　　147 000

　　应交税费——应交增值税（进项税额）　　　　19 110

　　贷：银行存款　　　　　　　　　　　　　　　　　166 110

“受托代销商品”是资产类账户，用以核算企业接受其他单位委托代销或寄销的商品。企业收到代销或寄销商品时，记入借方接受代销商品销售后，结转其销售成本时，记入贷方；余额在借方表示企业尚未销售的代销商品数额，该账户应按委托单位进行明细分类核算。

“代销商品款”是负债类账户，用以核算企业接受代销、寄销商品的货款。企业在收到代销、寄销的商品时，记入贷方；在销售代销、寄售商品时，记入借方；余额在贷方，表示尚未销售的代销、寄销商品的货款。该账户应按委托单位进行明细分类核算。

5.4.3 代销手续费的核算

收取代销手续费方式是指受托方根据所代销的商品数量向委托方收取手续费的销售方式。在这种方式下，委托方应在受托方将商品销售后。并向委托方开具清单时，确认收入，受托方在商品销售后，按应收取的手续费确认收入。收取代销手续费账务处理见表 5-7。

表 5-7　　收取手续费的账务处理

业务情形		批发企业	零售企业
收取手续费	收到委托方发来商品时	借：受托代销商品 　　贷：受托代销商品款	借：受托代销商品 　　贷：受托代销商品款
	售出代销商品时	①确认销售 借：银行存款 　　贷：应付账款 　　　　应交税费——应交增值税（销项税额） ②注销代销商品 借：受托代销商品款 　　贷：受托代销商品	①确认销售 借：银行存款 　　贷：应付账款 　　　　应交税费——应交增值税（销项税额） ②注销代销商品 借：受托代销商品款 　　贷：受托代销商品

续上表

业务情形		批发企业	零售企业
收取手续费	月末开出代销清单及手续费发票时	①核算进项税额 借：应交税费——应交增值税（进项税额） 贷：应付账款 ②确认代销收入 借：应付账款 贷：其他业务收入	①核算进项税额 借：应交税费——应交增值税（进项税额） 贷：应付账款 ②确认代销收入 借：应付账款 贷：其他业务收入
	结算代销货款时	借：应付账款 贷：银行存款	借：应付账款 贷：银行存款

1. 委托方的核算

在委托其他企业代销商品时，采取支付代销手续费方式，其业务程序与代销商品销售的核算方法，与做商品购销业务处理的方式基本相同。所不同的是，由于受托方是商品购销双方的中介人，委托方要根据合同的规定，按销售额的一定比例，支付受托方代销手续费，借记“销售费用”账户。

【例 5-9】 华星电子有限公司将 1 500 台 700 ml 空气净化器委托红河百货有限公司代销，该空气净化器购进单价为 1 800 元（不含税），销售单价为 2 700元，增值税率为 13%，合同规定每月末结算一次，代销手续费为 8%。

（1）6 月 1 日，将空气净化器交付红河百货有限公司时，作分录如下：

借：发出商品　　2 700 000

　　贷：库存商品——空气净化器　　2 700 000

（2）6 月 30 日，对方送来代销商品清单，如图 5-15 所示，代售空气净化器 800 台，货款总计 2 160 000 元、增值税额 280 800 元。

①根据专用发票，据以按销售处理，作分录如下：

借：应收账款——红河百货有限公司　　2 440 800

　　贷：主营业务收入——空气净化器　　2 160 000

　　　　应交税费——应交增值税（销项税额）　　280 800

②同时结转已售委托代销商品成本，作分录如下：

借：主营业务成本——空气净化器　　1 440 000

　　贷：库存商品——委托代销商品　　1 440 000

代销商品结算清单

2019 年 6 月 30 日

被委托单位：红河百货有限公司　　　　单位：元

品名	单位	数量	单价	金额	手续费 8%	增值税金额	应付委托单位金额	进价成本	
								单价	金额
700 mL 空气净化器	台	800	2 700	2 160 000	172 800	280 800	172 800	1 800	1 440 000

图 5-15　代销商品结算清单

(3) 6 月 30 日，红河百货有限公司扣除了代销手续费 172 800 元后，寄来了已售代销货款及增值税，存入银行，作分录如下：

借：银行存款　　2 268 000

　　销售费用——劳务手续费（800×2 700×8%）　　172 800

　　贷：应收账款——华星电子有限公司　　2 440 800

2. 受托方的核算

接受代销商品的企业，采用收取代销手续费方式，在收到代销商品时的核算方法与作商品购销业务处理的方法，完全相同，在此不再重述。

代销商品在销售后，应根据规定向购货方填制专用发票，按价税合计收取的款项借记“银行存款”账户；按实现的销售收入，贷记“应付账款”账户；按收取的增值税额，贷记“应交税费”账户。同时注销代销商品，借记“代销商品款”账户，贷记“受托代销商品”账户。

企业根据合同规定在向委托方结算代销手续费时，作为代购代销收入处理。

【例 5-10】红河百货有限公司根据受托代销合同接受华星电子有限公司代销 1 000 台高冷空调，每台售价 4 000 元（不含税），增值税率 13%。合同规定，按售价 10%收取手续费，每月末结算一次。

（1）收到代销商品，作分录如下：

借：受托代销商品　　4 000 000

　　贷：代销商品款　　4 000 000

（2）1 月 15 日，销售高冷空调 1 000 台，货款计 4 000 000 元，增值税额 520 000 元，收到支票存入银行，作分录如下：

借：银行存款　　4 520 000

　　贷：应付账款——华星电子有限公司　　4 000 000

　　　　应交税费——应交增值税——销项税额　　520 000

借：受托代销商品款　　4 000 000

　　贷：受托代销商品　　4 000 000

（3）1 月 30 日，收到委托方开来专用发票，货款 4 000 000 元、增值税额 520 000 元。

①根据专用发票中的增值税额，作为进项税额入账，作分录如下：

借：应交税费——应交增值税（进项税额）　　520 000

　　贷：应付账款——华星电子有限公司　　520 000

②根据代销收入的 10％应向委托方收取代销手续费 400 000 元，扣除代销手续费后签发转账支票 4 240 000 元，支付华星电子有限公司已售代销商品货款及增值税额，作分录如下：

借：应付账款——华星电子有限公司　　4 520 000

　　贷：其他业务收入　　400 000

　　　　银行存款　　4 120 000

零售企业代销商品收取手续费的核算

【例 5-11】 接上例，假定代销协议约定该批空调的销售单价（含税）为 4 520元，代销手续费为 9％。

根据相关资料，恒通电器城做如下会计处理。

（1）1 月 2 日收到代销商品，编制会计分录如下：

借：受托代销商品（4 520×1 000）　　4 520 000

　　贷：受托代销商品款　　4 520 000

（2）2 月 1 日，销售 60 台空调，收到现金 271 200 元，存入银行，编制会计分录如下：

借：银行存款　　271 200

　　贷：应付账款——天一电器厂［271 200÷（1+13%）］　　240 000

　　　　应交税费——应交增值税（销项税额）　　31 200

（3）注销受托代销商品：

借：受托代销商品　　271 200

　　贷：受托代销商品　　271 200

（4）2 月 15 日，通过网银支付代销商品款，编制会计分录如下：

①核算增值税：

借：应交税费——应交增值税（进项税额）　　31 200

　　贷：应付账款——天一电器厂　　31 200

②确认收入：

借：应付账款（271 200×9%）　　24 408

　　贷：其他业务收入　　24 408

③向天一电器厂转账：

借：应付账款——天一电器厂（271 200－24 408）　　246 792

　　贷：银行存款　　246 792

5.4.4　新收入准则下对商业折扣的处理

新收入准则对“合同折扣”有了更明确、细致的规定：

1 对于合同折扣，企业应当在各单项履约义务之间按比例分摊

2 有确凿证据表明合同折扣仅与合同中的一项或多项（而非全部）履约义务相关的，企业应当将该合同折扣分摊至相关一项或多项履约义务

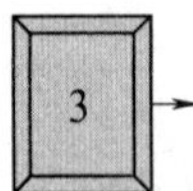

3 合同折扣仅与合同中的一项或多项（而非全部）履约义务相关，且企业采用余值法估计单独售价的，应当按照前款规定在一项或多项（而非全部）履约义务之间分摊合同折扣，然后采用余值法估计单独售价

综上所述，企业在确定“商业折扣”时，需要先将“商业折扣”分摊到与之相联系的商品上，后采用“单独售价法”“市场调整法”“余值法”等方法确定与“商业折扣”相关商品以及非相关商品的收入。

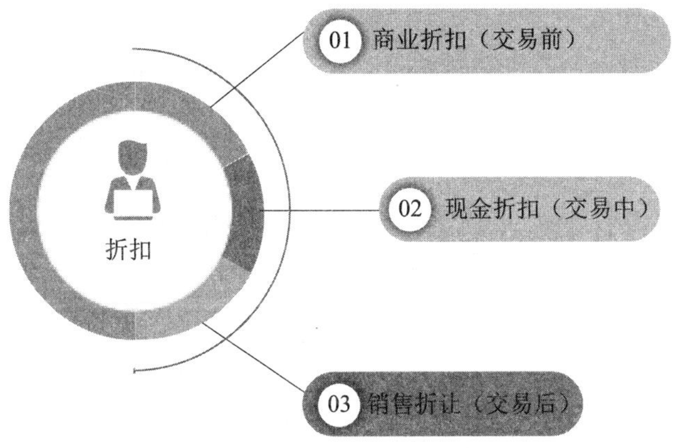

1. 现金折扣

现金折扣，是指债权人为鼓励债务人在规定的期限内付款，而向债务人提供的债务扣除。现金折扣通常发生在以赊销方式销售商品及提供劳务的交易中。

企业为了鼓励客户提前偿付货款，通常与债务人达成协议，债务人在不同期限内付款可享受不同比例的折扣。现金折扣一般用符号“折扣/付款期限”表示。例如，买方在 10 天内付款可按售价给予 2%的折扣，用符号“2/10”表示；在 20 天内付款按售价给予 1%的折扣，用符号“1/20”表示；在 30 天内付款，则不给折扣优惠，用符号“n/30”表示。

存在现金折扣的情况下，我国的会计实务中通常采用总价法确认应收账款入账金额，即将未减去现金折扣前的金额作为实际售价，记作应收账款的入账价值。现金折扣只有客户在折扣期内支付货款时，才予以确认。在这种方法下，企业把给予客户的现金折扣视为融资的理财费用，会计上作为财务费用处理。

根据《国际财务报告准则第 15 号——客户合同收入》规定，如果合同各方商定的付款时间为客户或主体提供涉及向客户转让商品服务的重大融资利益，则在确定交易价格时，主体应当就货币的时间价值影响对已承诺的对价金额做出调整。在这种情况下，合同包含重大融资成分。无论融资的承诺是在合同中明确列示或是隐含于合同各方商定的付款条款，重大融资成分均可能存在。

【例 5-12】2019 年 4 月 15 日，林河县布匹批发市场向红河百货有限公司购入纯棉布料800米，含税价格为108 480元，林河县布匹批发市场现金折扣条件为2/10，n/30，适用的增值税税率为13%，产品交付并办妥托收手续。编制会计分录如下：

借：应收账款　108 480

　贷：主营业务收入　96 000

　　应交税费——应交增值税（进项税额）　12 480

4月24日，收到货款时，编制会计分录如下：

借：银行存款　106 310.40

　财务费用——利息费用（108 480×2%）　2 169.60

　贷：应收账款　108 480

需要注意的是，客户应向红河百货公司开具金额2 169.60元的利息发票；应当在综合收益表中将融资影响（利息收入或利息费用）同客户合同收入分开列报，如图5-16所示。

利润表

会企02表

编制单位：　　　　____年____月　　　　单位：元

项目	本期金额	上期金额
一、营业收入		
减：营业成本		
税金及附加		
销售费用		
管理费用		
研发费用		
财务费用		
其中：利息费用	2 169.60	
利息收入		
加：其他收益		
投资收益（损失以"—"号填列）		
其中：对联营企业和合营企业的投资收益		
以摊余成本计量的金融资产终止确认收益（损失以"—"号填列）		
净敞口套期收益（损失以"—"号填列）		

图5-16　期末在利润表中列示

2. 销售折让的会计处理

销售折让是指因为供应商的商品出现质量、品种、规格等问题，为避免出现退货或损伤信誉而给予客户在商品价格上的减让。商业企业应直接以商品的买价扣除折让后的净额入账。

销售折让涉及可变对价，如果对价是可变的，则销售方有权获得的对价金额可能低于合同规定的价格，因为销售方可能会向客户提供价格折让。

《国际财务报告准则》规定，销售方应当使用下列方法之一估计可变对价的金额：

（1）预期价值。预期价值是一系列可能发生的对价金额的概率加权金额的总和。如果主体拥有大量的具有类似特征的合同，则预期价值可能是可变对价金额的恰当估计。

（2）最可能的金额。最可能的金额是一系列可能发生的对价金额中最可能发生的单一金额（即合同最可能产生的单一结果）；如果合同仅有两个可能结果（如销售方能够实现或未能实现业绩奖金目标），则最可能的金额可能是可变对价金额的恰当估计。

【例 5-13】 2019 年 5 月 21 日，红河百货有限公司向朝阳百货公司出售一批纯棉布料，该批商品的价格为 94 920 元，根据历史经验统计，退货率为 5%，因为产品瑕疵需要给予销售折让的概率见表 5-8。

表 5-8　　期望值计算

瑕疵程度	概率	折让比率
外观小瑕疵	1%	2%
外观瑕疵严重	1%	10%
未退货，稍微影响使用	1%	20%
期望值	E=1%×2%+1%×10%+1%×20%=0.32%	

①当月预计退货。

借：银行存款　　94 920

　贷：主营业务收入　　79 531.20

　　应交税费——应交增值税（销项税额）　　10 920

　　预计负债——预计退货［94 920÷（1+13%）×5%］

　　4 200

　　应付账款——销售折让［94 920÷（1+13%）×0.32%］

　　268.80

②次月发生折让 2 599 元。

借：应付账款——销售折让　　［2 599÷（1+13%）］2 300

应交税费——应交增值税（进项税额）

[2 599÷（1+13%）×13%] 299

贷：银行存款 2 599

③2019 年 8 月 22 日，发生销售让 3 051 元，上述货物不会再发生折让。

借：应付账款——销售折让 （4 200−2 300）1 900

应交税费——应交增值税（销项税额）

[3 051÷（1+13%）×13%] 351

主营业务收入 800

贷：银行存款 3 051

3. 商业折扣的会计处理

商业折扣，是指企业根据市场供需情况，或针对不同的顾客，在商品标价上给予的扣除，商业折扣是企业最常用的促销方式之一。新收入准则将“商业折扣”转换成“合同折扣”，因为新收入准则对于收入的确认和计量都是以“合同”为依据，不论该合同是否真正存在。

商业折扣一般在交易发生时即已确定，它仅仅是确定实际销售价格的一种手段，不需在买卖双方任何一方的账上反映，所以商业折扣对应收账款的入账价值没有什么实质性的影响。因此，在存在商业折扣的情况下，企业应收账款入账金额应按扣除商业折扣以后的实际售价确认。

【例 5-14】 2019 年 5 月 21 日，红河百货有限公司向朝阳百货公司销售一批纯棉布料，该批商品的价格为 84 000 元，由于是成批销售，给予购货方 5%的商业折扣。该批商品成本为 72 000 元，适用的增值税税率为 13%。编制会计分录如下：

①销售方应当确认的收入金额为 84 000×（1−5%）=79 800（元）。

借：应收账款 90 174

贷：应交税费——应交增值税（销项税额） 10 374

主营业务收入 79 800

月末结转成本。

借：主营业务成本 72 000

贷：库存商品 72 000

② 2019 年 8 月 22 日，实际收到货款时。

借：银行存款 90 174

贷：应收账款 90 174

5.4.5 销售返利的会计处理

销售返利是企业销售政策的重要部分，体现了企业对经销商的激励。一般是要求经销商或代理商在一定市场、一定时间范围内达到指定的销售额的基础上给予几个百分点的奖励，所以称为返点或返利，形式主要分为现金或实物等。

企业根据商家的销售情况计算返点，年末根据返点情况以现金形式返还商家。企业应当作为预计负债进行计提，同时冲减所确认的当期销售收入，待实际享受返利时，转销该预计负债。

实务中，对这类业务的处理部分企业会采取直接以下一期采购抵减货款的形式计量，但这可能会高估当期销售收入，也面临着收入的截止时间问题，同时又因市场环境等因素导致收入不断减少，会加剧收入的减少幅度，并产生应收账款的风险。

【例 5-15】 2019 年 1 月 3 日，红河百货有限公司与客户签订合同，以每件产品 200 元的价格向其销售产品；如果客户在 2019 年全年的采购量超过 100 万件，该产品的销售价格将追溯下调至每件 180 元。该产品的控制权在交付时转移给客户。在合同开始日，红河百货有限公司估计该客户全年的采购量能够超过 100 万件。2019 年 1 月 31 日，红河百货有限公司交付了第一批产品共 10 万件。上述价格均不包含增值税。

红河百货有限公司将产品交付给客户时取得了无条件的收款权，即红河百货有限公司有权按照每件产品 180 元的价格向客户收取款项，直到客户的采购量达到 100 万件为止。由于红河百货有限公司估计客户的采购量能够达到 100 万件，因此，根据将可变对价计入交易价格的限制，要求红河百货有限公司确定每件产品的交易价格为 180 元。

（1）2019 年 1 月 31 日，红河百货有限公司交付产品时，按每件 200 元计算增值税额，按每件 20 元计算预计退货的数额，账务处理如下：

借：应收账款　　22 600 000

　贷：主营业务收入（180×100 000）　　18 000 000

　　预计负债——应付退货款［（200－180）×100 000］　　2 000 000

应交税费——应交增值税（销项税额）[200×13%×100 000]

2 600 000

（2）2019 年 12 月 31 日，客户的采购量能够达到 100 万件，全年金额汇总：

借：应收账款　　226 000 000

　　贷：主营业务收入（180×1 000 000）　　180 000 000

　　　　预计负债——应付退货款　　20 000 000

　　　　应交税费——应交增值税（销项税额）　　26 000 000

（3）开具增值税红字发票，返利（180－160）×1 000 000＝20 000 000（元），作账务处理：

借：应交税费——应交增值税（销项税额）（20 000 000×13%）

2 600 000

　　预计负债——应付退货款　　20 000 000

　　贷：应收账款　　22 600 000

5.4.6 销售退回的会计处理

销售退回是顾客向卖方购买后又退回的商品，是指卖方售出的商品由于质量、品种不符合要求等原因而发生的退货。

新收入准则规定："对于附有销售退回条款的销售，企业应当在客户取得相关商品（或服务）控制权时按照因向客户转让商品（或提供服务）而预期有权收取的对价金额（扣除预期因销售退回将退还的金额）确认收入，按照预期因销售退回将退还的金额确认负债；同时，按照所销售商品（或提供服务）的成本（扣除预期将退回商品的成本）结转成本，按照预期将退回商品的成本扣减收回该商品预计发生的成本（包括退回商品潜在减值）后的余额确认一项资产。"因此，需要相应地确认合同负债和合同资产科目。

实务中，企业进行虚假销售时经常在会计期末的销售退回异常变动中暴露，或是通过分销商下期采购数量的减少、折扣、回购等方式消化。

销售退回账务处理如下：

①取得商品控制权时

借：应收账款

  贷：主营业务收入

    预计负债——应付退货款

    应交税费——应交增值税（销项税额）

同时结转成本：

借：主营业务成本

  应收退货成本

  贷：库存商品

②资产负债表日，对退货率重估

借：预计负债——应付退货款

  贷：主营业务收入

借：主营业务成本

  贷：应收退货成本

③收到货款时

借：银行存款

  贷：应收账款

④发生销售退回

借：库存商品

  应交税费——应交增值税（销项税额）

  预计负债——应付退货款

  贷：应收退货成本

    主营业务收入

    银行存款

借：主营业务成本

  贷：应收退货成本

【例 5-16】 红河百货有限公司向远大公司销售 50 台冰箱，每台冰箱的价格为 2 400 元，成本为 1 700 元。根据合同约定，远大公司有权在收到商品的 30 日内退货，但是需要向红河百货有限公司支付 10%的退货费（即每台冰箱的退货费为 240 元）。根据历史经验，红河百货有限公司预计的退货率为 10%，且退货过程中，红河百货有限公司预计为每台退货的冰箱发生的成本为 30 元。上述价格均不包含增值税，假定不考虑相关税费影响，红河百货有限公司在将冰箱的控制权转移给远大公司时的账务处理为：

应收退货成本＝［（50×1 700×10%－50×30×10%）］＝8 500－150＝8 350（元）

确认收入＝2 400×50－50×2 400×10%－120 000－12 000－108 000（元）

借：应收账款	120 000	
贷：主营业务收入		108 000
预计负债——应付退货款（50×2 400×10%）		12 000
借：主营业务成本	76 650	
应收退货成本	8 350	
贷：库存商品（50×1 700）		85 000

5.4.7 销售带保修业务的会计处理

一般来说，商业企业在向客户销售商品时，根据合同约定、法律规定或以往的习惯做法等，可能会为所销售的商品提供质量保证，其中，有一些质量保证是为了向客户保证所销售的商品符合既定标准，即保证类质量保证；而另一些质量保证则是在向客户保证所销售的商品符合既定标准之外提供了一项单独的服务，即服务类质量保证。

企业应当对其所提供的质量保证的性质进行分析，对于客户能够选择单独购买质量保证的，表明该质量保证构成单项履约义务；对于客户虽然不能选择单独购买质量保证，但是，如果该质量保证在向客户保证所销售的商品符合既定标准之外提供了一项单独服务的，也应当作为单项履约义务。作为单项履约义务的质量保证应当按新收入准则规定进行会计处理，并将部分交易价格分摊至该项履约义务。对于不能作为单项履约义务的质量保证，企业应当按照《企业会计准则第 13 号——或有事项》的规定进行会计处理。

企业在评估一项质量保证是否在向客户保证所销售的商品符合既定标准之外提供了一项单独的服务时，应当考虑的因素包括：

该质量保证是否为法定要求

当法律要求企业提供质量保证时，该法律规定通常表明企业承诺提供的质量保证不是单项履约义务。这是因为，这些法律规定通常是为了保护客户，以免其购买瑕疵或缺陷商品，而并非为客户提供一项单独的服务

质量保证期限

企业提供质量保证的期限越长，越有可能表明企业向客户提供了保证商品符合既定标准之外的服务。因此，企业承诺提供的质量保证越有可能构成单项履约义务

企业承诺履行任务的性质

如果企业必须履行某些特定的任务以保证所销售的商品符合既定标准（例如，企业负责运输被客户退回的瑕疵商品），则这些特定的任务可能不构成单项履约义务

【例 5-17】甲公司与客户签订合同，销售一部手机。该手机自售出起一年内如果发生质量问题，甲公司负责提供质量保证服务。此外，在此期间内，由于客户使用不当（例如手机进水）等原因造成的产品故障，甲公司也免费提供维修服务。该维修服务不能单独购买。

本例中，甲公司的承诺包括：销售手机、提供质量保证服务以及维修服务。甲公司针对产品的质量问题提供的质量保证服务是为了向客户保证所销售商品符合既定标准，因此不构成单项履约义务；甲公司对由于客户使用不当而导致的产品故障提供的免费维修服务，属于在向客户保证所销售商品符合既定标准之外提供的单独服务，尽管其没有单独销售，该服务与手机可明确区分，应该作为单项履约义务。因此，在该合同下，甲公司的履约义务有两项：销售手机和提供维修服务，甲公司应当按照其各自单独售价的相对比例，将交易价格分摊至这两项履约义务，并在各项履约义务履行时分别确认收入。甲公司提供的质量保证服务，应当按照《企业会计准则第 13 号——或有事项》的规定进行会计处理。

5.4.8　客户奖励积分会计处理

“客户奖励积分”属于新收入准则中“附有客户额外购买选择权的销售”的一种具体体现方式。依据上述规定，对于客户选择权的“客户奖励积分”，企业应当分析判断该积分兑换的选择权是否向客户提供了一项重大权利（具有实质性）。如果客户行使该选择权能兑换到额外有价值商品时，则通常认为该选择权向客户提供了一项重大权利。该选择权向客户提供了重大权利的，应当作为单项履约义务。在判断该权利是否重大时，应该考虑金额和性质进行综合判断。

实务中，其具体的会计处理需要分情况考虑：当不需要消费获取积分时，企业按积分公允价值及预计的兑换率确认负债和销售费用，使用积分时按积分的公允价值冲减负债；当积分需要通过消费获取并且可以在此次消费中使用积分抵扣购买价款时，企业可以作为销售折扣处理，按照实际收款金额确认收入；当积分需要通过消费获取并且不可以在此次消费中使用积分抵扣时，应将此次销售取得的价款在本次销售和服务收入与积分价值间进行分配，即视为一项单项履约义务，积分对应的价值部分确认为递延收益，剩余部分确认为销售收入，使用积分时再将递延收益转入销售收入中。

对于会员积分的税务处理：根据《增值税暂行条例》规定，“销售货物或者应税劳务，为收讫销售款项或者取得索取销售款项凭据的当天；先开具发票的，为开具发票的当天”。因此企业应当在收取客户款项时全额缴纳增值税，当年所得税汇算时对未兑换的积分应做纳税调增收入处理，待以后年度该笔积分兑换时做纳税调减收入处理。

【例5-18】 2019年1月1日，广发超市开始推行一项奖励积分计划。根据该计划，客户在广发超市每消费10元可获得1个积分，每个积分从次月开始在购物时可以抵减1元。截至2019年1月31日，客户共消费6 000元，可获得600个积分，根据历史经验，广发超市估计该积分的兑换率为80%。上述金额均包含增值税，增值税率为6%。

本例中，广发超市认为其授予客户的积分为客户提供了一项重大权利，应当作为单项履约义务。客户购买商品的单独售价合计为5 000元，考虑积分的兑换率，广发超市估计积分的单独售价为480元（1×600×80%）。广发超市按照商品和积分单独售价的相对比例对交易价格进行分摊：

商品分摊的交易价格=［6 000÷（6 000+480）］×6 000=5 555.55（元）

积分分摊的交易价格=［480÷（6 000+480）］×6 000=444.44（元）

因此，甲公司应当在商品的控制权转移时确认收入5 241.08［5 555.55÷（1+6%）］元，同时，确认合同负债419.29［444.44÷（1+6%）］元。

借：银行存款　　6 000

　贷：合同负债　　419.29

　　主营业务收入　　5 241.08

　　应交税费——应交增值税（销项税额）（5 241.08×6%）　　314.47

　　应交税费——应交增值税（待转销项税额）（419.28×6%）　　25.16

截至2019年12月31日，客户共兑换了400个积分，广发超市对该积分的兑换率进行了重新估计，仍然预计客户将会兑换的积分总数为600个。因此，广发超市以客户兑换的积分数占预期将兑换的积分总数的比例为基础确认收入。积分当年应当确认的收入为296.29元（400÷600×444.44）；剩余未兑换的积分为148.15元（444.44−296.29），仍然作为合同负债。

借：合同负债　　148.15

　贷：主营业务收入　　148.15

截至2020年12月31日，客户累计兑换了500个积分。广发超市对该积分的兑换率进行了重新估计，预计客户将会兑换的积分总数为600个。积分当年应当确认的收入为222.22元（500÷600×444.44−148.15）；剩余未兑换的积分为 74.07 元（444.44－ 148.15－222.22），仍然作为合同负债。

借：合同负债　　　　　　　　　　　　　　　　　　　74.07

　贷：主营业务收入　　　　　　　　　　　　　　　　　　74.07

5.4.9 购物卡、储值卡的会计处理

企业因销售商品向客户收取的预收款，赋予了客户一项在未来从企业取得该商品的权利，并使企业承担了向客户转让该商品的义务，因此，企业应当将预收的款项确认为合同负债，待未来履行了相关履约义务，即向客户转让相关商品时，再将该负债转为收入。

某些情况下，企业收取的预收款无须退回，但是客户可能会放弃其全部或部分合同权利，例如，放弃储值卡的使用等。企业预期将有权获得与客户所放弃的合同权利相关的金额，应当按照客户行使合同权利的模式按比例将上述金额确认为收入；否则，企业只有在客户要求其履行剩余履约义务的可能性极低时，才能将相关负债余额转为收入。企业在确定其是否预期将有权获得与客户所放弃的合同权利相关的金额时，应当考虑将估计的可变对价计入交易价格的限制要求。

如果有相关法律规定，企业所收取的、与客户未行使权利相关的款项须转交给其他方的（例如，法律规定无人认领的财产需要上交政府），企业不应将其确认为收入。

【例 5-19】好吉利商场开展优惠活动，发售储值卡。2019 年，好吉利商场向客户销售了 1 000 张储值卡，每张卡的面值为 300 元，总额为 300 000 元。客户可在好吉利商场经营的任何一家门店使用该储值卡进行消费。根据历史经验，好吉利商场预期客户购买的储值卡中将有大约相当于储值卡面值金额 5%（即 15 000 元）的部分不会被消费。截至 2019 年 12 月 31 日，客户使用该储值卡消费的金额为 200 000 元。好吉利商场为增值税一般纳税人，在客户使用该储值卡消费时发生增值税纳税义务。为计算方便，增值税率为 13%。

本例中，好吉利商场预期将有权获得与客户未行使的合同权利相关的金额为 15 000 元，该金额应当按照客户行使合同权利的模式按比例确认为收入。

因此，好吉利商场在 2019 年销售的储值卡应当确认的收入＝［200 000＋15 000×200 000÷（300 000－15 000）］÷（1＋13%）

＝210 526.32÷（1＋13%）

＝186 306.48（元）

好吉利商场的账务处理如下：

(1) 当年销售1 000张储值卡，取得的收入300 000元：

借：库存现金　　300 000

　　贷：合同负债　　265 486.73

　　　　应交税费——待转销项税额　　34 513.27

(2) 根据储值卡的消费金额确认收入，同时将对应的待转销项税额确认为销项税额：

借：合同负债　　186 306.48

　　应交税费——待转销项税额（186 306.48×13%）

　　　　24 219.84

　　贷：主营业务收入　　186 306.48

　　　　应交税费——应交增值税（销项税额）　　24 219.84

5.4.10 分期收款商品销售的核算

批发企业对于产销具有季节性的商品、呆滞积压商品等，还可以采取先发商品、分期收款的销售方式。采用这种销售方式事先由业务部门订立“分期收款商品购销合同”，合同内应注明发货日期、分期收款的期限和金额。

分期收款销售商品可以分以下两种：一是类似赊销性质的分期收款销售；二是实质上具有融资性质的分期收款销售。

批发企业和零售企业分期收款销售商品的账务处理，见表5-9。

表5-9　　批发企业和零售企业分期收款销售商品的账务处理

业务情形		批发企业	零售企业
不具融资性质	销售完成时	①确认收入 借：应收账款 　　贷：主营业务收入 　　　　应交税费——应交增值税（销项税额） ②结转商品销售成本： 借：主营业务成本 　　贷：库存商品	①确认收入 借：应收账款 　　贷：主营业务收入（含税售价） ②结转商品销售成本： 借：主营业务成本 　　贷：库存商品
	分期收到货款时	借：银行存款 　　贷：应收账款	借：银行存款 　　贷：应收账款

续上表

业务情形		批发企业	零售企业
具有融资性质	销售完成时	①确认收入 借：长期应收款 　　贷：主营业务收入 　　　　应交税费——应交增值税 　　　　（销项税额） 　　　　未确认融资收益 ②结转商品销售成本 借：主营业务成本 　　贷：库存商品	①确认收入 借：长期应收款 　　贷：主营业务收入 　　　（含税售价） 　　　未确认融资收益 ②结转商品销售成本 借：主营业务成本 　　贷：库存商品
	分期收到货款时	借：银行存款 　　贷：长期应收款	借：银行存款 　　贷：长期应收款
	分期摊销未确认融资收益时	借：财务费用 　　贷：未确认融资费用	借：财务费用 　　贷：未确认融资费用

【例 5-20】 京东商城采用分期付款方式向暄阳五星级宾馆销售 1 000 套实木家具，由于金额较大，双方协议约定 3 年付清，付款期从 2018 年 1 月 1 日，每年年末收回货款 100 000 元。合同约定的利率为 6%，假设该批商品的现销价格 350 000 元。

最低收款额＝各期收回货款之和＋承租人担保的资产余值

＝100 000×3＋0＝300 000（元）

最低收款额的现值＝100 000×（P/A，6%，3）

＝100 000×2.6 730＝267 300（元）

根据孰低原则，该批商品入账价值应为其折现值 267 300 元。

（1）计算未确认融资费用：

未确认融资费用＝最低收款额－最低收款额现值

＝300 000－267 300＝32 700（元）

借：长期应收款——暄阳五星级宾馆　　300 000

　　贷：主营业务收入　　267 300

　　　　未确认融资费用　　32 700

在分期收款期间采用实际利率法分摊未确认融资费用，见表 5-10。

表 5-10　　分摊未确认融资费用　　单位：元

日期	收回本息	利息收息	收回本金	剩余本金
	(1)	(2) =期初 (4) ×6%	(3) = (1) −(2)	(4) =期初 (4) − (3)
2018 年 1 月 1 日				267 300
2018 年 12 月 31 日	100 000	16 038	83 962	183 338
2019 年 12 月 31 日	100 000	11 000.28	88 999.72	94 338.28
2020 年 12 月 31 日	100 000	5 661.72 *	94 338.28	0
合计	30 0000	32 700	267 300	—

注：* 此数字为 32 700−16 038−11 000.28=5 661.72（元）

(2) 2018 年 12 月 31 日，收取货款并摊销未实现融资收益时。

借：银行存款　　113 000

　　贷：长期应收款　　100 000

　　　　应交税费——应交增值税（销项税额）　　13 000

借：财务费用　　16 038

　　贷：未确认融资收益　　16 038

(3) 2019 年 12 月 31 日，收取货款并摊销未实现融资收益时。

借：银行存款　　113 000

　　贷：长期应收款　　100 000

　　　　应交税费——应交增值税（销项税额）　　13 000

借：财务费用　　11 000.28

　　贷：未确认融资收益　　11 000.28

(4) 2020 年 12 月 31 日，收取货款并摊销未实现融资收益时。

借：银行存款　　113 000

　　贷：长期应收款　　100 000

　　　　应交税费——应交增值税（销项税额）　　13 000

借：财务费用　　5 661.72

　　贷：未确认融资收益　　5 661.72

5.4.11　销售商品退补价的核算

批发企业在商品销售后，发现商品的规格和等级错发、货款计算错误或先按暂定价结算后又正式定价等原因，需要向购货单位退还或补收货款。

实际销售价格低于已经结算货款的价格是销货退价，销货单位应将多收的差额退还给购货单位。实际销售价格高于已经结算货款的价格是销货补价，销货单位应向购货单位补收少算的差额。销售商品发生退补价时，先由业务部门填制专用发票予以更正，财会部门审核无误后，据以结算退补价款并进行账务处理。

批发企业和零售企业商品销售退补业务处理，见表5-11。

表5-11　　批发企业和零售企业商品销售退补业务处理

业务情形	批发企业	零售企业
销货后，退回多余货款差价时	借：主营业务收入 　贷：应交税费——应交增值税（销项税额） 　　银行存款	借：主营业务收入 　贷：银行存款
销货后，补收不足货款差价时	借：银行存款/应收账款 　贷：主营业务收入 　　应交税费——应交增值税（销项税额）	借：银行存款/应收账款 　贷：主营业务收入

【例5-21】 2019年5月15日，红河百货有限公司销售给沈阳电器城的100台游戏机，其单价为2 480元，增值税率为13%。5月17日，财务部发现单价开错，该游戏机单价应为2 180元，开出红字专用发票，应退对方货款30 000元、增值税额3 900元，签发转账支票付讫，作分录如下：

借：主营业务收入——游戏机　　30 000
　　应交税费——应交增值税（销项税额）　　3 900
　贷：银行存款　　33 900

5.4.12　购货单位拒付货款和拒收商品的核算

企业在异地商品销售业务中，一般采用发货制，并采用托收承付结算或委托收款结算方式，在商品已发运，并向银行办妥托收手续后，即作为商品销售处理。当购货单位收到托收凭证时，发现内附专用发票开列的商品与合同不符，或者与收到的商品数量、品种、规格、质量不符等原因，就会发生购货单位拒付货款和拒收商品。当财会部门接到银行转来购货单位的“拒绝付款理由书”时，暂不作账务处理，但应立即通知业务部门，及时查明原因，并尽快与购货单位联系进行协商，然后根据不同的情况作出处理。

批发企业和零售企业拒收商品和拒付货款业务处理，见表5-12。

表5-12　　批发企业和零售企业拒付货款业务处理

<table>
<tr><th colspan="2">业务内容</th><th>批发企业</th><th>零售企业</th></tr>
<tr><td rowspan="2">商品少发原因导致</td><td>做补发商品处理</td><td>由于销售时一般已经按实际成本结转，故无须处理</td><td>不做账务处理</td></tr>
<tr><td>做销售退回处理</td><td>借：主营业务收入
应交税费——应交增值税（销项税额）
贷：应收账款
借：库存商品
贷：主营业务成本</td><td>借：主营业务收入
贷：应收账款
借：库存商品
贷：主营业务成本</td></tr>
<tr><td>计价错误原因导致</td><td>做销货退价处理</td><td>借：主营业务收入
应交税费——应交增值税（销项税额）
贷：银行存款</td><td>借：主营业务收入
贷：银行存款</td></tr>
<tr><td>商品质量或发错货导致</td><td>做销售退回处理</td><td>借：主营业务收入
应交税费——应交增值税（销项税额）
贷：应收账款
借：库存商品
贷：主营业务成本</td><td>借：主营业务收入
贷：应收账款
借：库存商品
贷：主营业务成本</td></tr>
<tr><td rowspan="2">运输途中短缺导致</td><td>先转入待处理财产损溢处理</td><td>借：主营业务收入
应交税费——应交增值税（销项税额）（红字）
贷：应收账款
借：待处理财产损溢
贷：主营业务成本</td><td>借：主营业务收入
贷：应收账款
借：待处理财产损溢
贷：主营业务成本</td></tr>
<tr><td>再查明原因进行处理</td><td>借：营业外支出（自担损失）
其他应收款（运输单位担责）
贷：待处理财产损溢
应交税费——应交增值税（进项税额转出）</td><td>借：营业外支出（自担损失）
其他应收款（运输单位担责）
贷：待处理财产损溢</td></tr>
</table>

【例 5-22】双城批发有限公司销售给福州百货公司景泰花瓶 200 个，货款 400 000 元、增值税额 52 000 元，代垫运费 440 元。

（1）6 月 11 日，向银行办妥托收货款、增值税额和代垫运费的手续，作分录如下：

借：应收账款——福州百货公司　　452 440

　贷：主营业务收入——景泰花瓶　　400 000

　　应交税费——应交增值税（销项税额）　　52 000

　　应收账款——代垫运费　　440

（2）6 月 20 日，银行转来收账通知，福州百货公司支付货款、增值税额及运费 429 840 元，同时收到“拒绝付款理由书”，拒付其中 10 个花瓶货款、增值税额共计 22 600 元。作分录如下：

借：银行存款　　429 840

　贷：应收账款——福州百货公司　　429 840

（3）查明原因后，针对不同情况，分别进行账务处理。

①如查明花瓶质量不好，经协商后决定给予 10%的销货折让，业务部门转来专用发票，退还其货款 2 000 元、增值税额 260 元。

借：主营业务收入　　[2 000]

　应交税费——应交增值税（销项税额）　　[260]

　贷：应收账款——福州百货公司　　[2 260]

②如查明 10 个花瓶是质量不好，商品已退回，业务部门转来红字专用发票，财会部门审核无误后，作分录如下；

借：主营业务收入——景泰花瓶　　[20 000]

　应交税费——应交增值税（销项税额）　　[2 600]

　贷：应收账款——福州百货公司　　[22 600]

5.4.13　发出商品的核算

企业在日常的销售活动中，有时会出现对外销售已发出商品、但不满足收入确认条件的情况，因而不能结转主营业务成本。企业需要设置“发出商品”账户，本科目可按购货单位、商品类别和品种进行明细核算，期末一般为借方余额，反映企业发出商品的实际成本（进价）或售价。

批发企业和零售企业发出商品业务账务处理，见表5-13。

表5-13　　批发企业和零售企业发出商品账务处理

<table>
<tr><th colspan="2">业务情形</th><th>批发企业</th><th>零售企业</th></tr>
<tr><td colspan="2">商品发出但已开票，不能确认收入时</td><td>借：发出商品（实际进价）
　贷：库存商品
借：应收账款
　贷：应交税费——应交增值税（销项税额）</td><td>借：发出商品（含税售价）
　贷：库存商品</td></tr>
<tr><td rowspan="2">后续账务处理</td><td>收入未实现，商品退回</td><td>借：库存商品
　贷：发出商品（实际进价）</td><td>借：库存商品
　贷：发出商品（含税售价）</td></tr>
<tr><td>收入实现时</td><td>借：应收账款
　贷：主营业务收入
借：主营业务成本
　贷：发出商品</td><td>借：应收账款
　贷：主营业务收入
借：主营业务成本
　贷：发出商品</td></tr>
</table>

批发企业发出商品案例

【例5-23】 2019年4月20日，天一电器厂向梨树商场销售一批商品，开出的增值税专用发票上注明销售价格240 000元，增值税税额31 200元，款项尚未收到，纳税义务已经发生。该批商品成本为156 000元。但梨树商场资金周转困难，暂时无法支付货款。天一电器厂账务处理如下：

(1) 2019年1月20日，发出商品时，编制会计分录。

借：发出商品　　　　156 000

　贷：库存商品　　　　156 000

同时，借：应收账款　　　　31 200

　　贷：应交税费——应交增值税（销项税额）　　31 200

(2) 2019年4月30日，梨树商场经营情况好转，承诺尽快付款。天一电器厂编制会计分录如下：

借：应收账款　　　　240 000

　贷：主营业务收入　　　　240 000

借：主营业务成本　　　　156 000

　贷：发出商品　　　　156 000

（3）2019年5月11日，收到货款。

借：银行存款　　　　　　　　　　271 200

　　贷：应收账款（240 000+31 200）　　　　271 200

零售企业发出商品案例

【例5-24】红河百货有限公司"中秋"节期间促销电冰箱，承诺购买后一个月内不满意则无条件退货。2019年"中秋"期间共销售电冰箱100台，每台售价4 859元，进价3 729元。

（1）9月24日，由于无法判定退货的可能性，不能确认收入。

借：银行存款（4 859×100）　　　　485 900

　　贷：合同负债　　　　　　　　　　485 900

借：发出商品　　　　　　　　　　485 900

　　贷：库存商品　　　　　　　　　　485 900

（2）9月30日，收到退回电冰箱两台，共计9 718元。

借：合同负债　　　　　　　　　　9 718

　　贷：银行存款　　　　　　　　　　9 718

借：库存商品　　　　　　　　　　9 718

　　贷：发出商品　　　　　　　　　　9 718

（3）10月24日，确认收入。

借：合同负债　　　　　　　　　　476 182

　　贷：主营业务收入　　　　　　　　476 182

借：主营业务成本　　　　　　　　365 442

　　贷：发出商品　　　　　　　　　　365 442

第6章 商业企业商品储存业务核算

商品储存是指商品流通企业已经购进而尚未销售的商品，主要包括库存商品、委托代销商品、受托代销商品、分期收款发出商品等。对库存商品的核算应通过“库存商品”账户进行。

6.1 批发企业商品储存的会计核算

实际工作中，一般在业务部门设置“商品调拨账”，以便业务部门掌握库存商品的进、销、存情况，及时购调商品，防止库存商品的积压或脱销，该账户只记数量，不记金额；在仓库设置“商品保管账”，以便仓库据以作为保管商品、办理发货及安排仓位的依据，该账户也只登记数量；在财会部门设置“库存商品总账”“库存商品类目账”及“库存商品明细账”，用以反映库存商品的进、销、存情况，“库存商品总账”和“库存商品类目账”只记金额，“库存商品明细账”既记金额，也记数量。

1. 库存商品的明细分类核算

批发企业财会部门为了加强对库存商品的管理和控制，正确计算库存商品的期末结存额与主营业务成本，采取数量进价金额核算，对库存商品实行总账、类目账、明细账三级控制。库存商品总账与库存商品类目账及库存商品明细账三者之间的相互关系如图 6-1 所示。

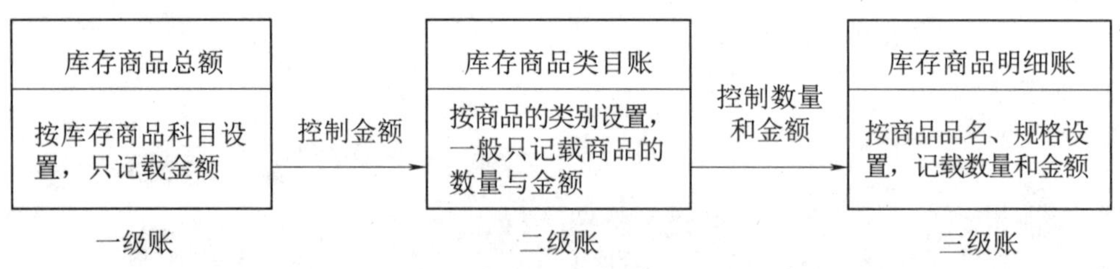

图 6-1 库存商品总账与库存商品类目账及库存商品明细账关系图

（1）库存商品类目账的设置与登记方法。

对经营品种较多的企业，除设置“库存商品总账”控制“库存商品明细账”外，还需按商品大类设置“库存商品类目账”，借以反映某一大类商品的收入、发出与结存情况。各类目账受库存商品总账的控制，同时对所属明细账起控制作用。该账一般只记金额，不记数量。如商品类别计量单位相同，也可增设数量栏登记数量（见表 6-1）。

表 6-1 **库存商品类目账**

年		凭证字号	摘要	增加（借方）	减少（贷方）	结存（余额）
月	日					

注：该账户一般是依进销货的凭证按商品的大类进行汇总登记的。

（2）库存商品明细账的登记。

库存商品明细账是指按商品的品名、规格、等级分户设置，登记其收入、发出和结存情况的账簿。一般采用数量金额三栏式账页，以反映和控制每一种商品的数量和金额。库存商品明细账的格式，见表 6-2。

表 6-2 **库存商品明细账**

类别：酒类

货号：1232

品名：红星二锅头　　单位：元

摘要	收入				发出				结存	存放地点	
	购进数量	其他数量	单价	金额	销售数量	其他数量	单价	金额	数量	第一仓库	待运
购进	1 400		45	63 000					1 400	1 400	
进货补价			8.50	11 900					1 400	1 400	
进货退出	30		53.50	1 605					1 370	1 370	
销售					800				570	570	
销货退回					10				580	580	
分期收款发出						70	53.50	11 200	510	510	
加工收回		400	53.50	21 400					910	910	
发出加工						100	53.50	5 350	810	810	
盘点盈余		180	53.50	9 630					990	990	
盘点短缺						160	53.50	8 560	830	830	
开单待运									830	830	

注：框内为红字。

由于企业的主营业务成本主要是通过库存商品明细账进行计算的，因此要求库存商品明细账能够正确地反映商品的购进、销售和结存的情况。而库存商品明细账的记账方法与一般明细账有所不同，见表 6-3。

表 6-3　　库存商品明细账记账方法

项目	记账方法
购进	根据商品入库凭证记入该账户收入方的购进数量、单价和金额栏
销售	根据商品销售的发货凭证，记入该账户的发出方。若逐日结转成本的，应登记销售数量、单价和金额栏；若定期结转成本的，则平时只登记销售数量栏，不登记单价和金额栏，销售成本金额在月末一次登记
进货退出	根据进货退出凭证，用红字记入该账户收入方的购进数量和金额栏，表示购进的减少，并用蓝字登记单价
销货退回	根据销货退回凭证记入该账户的发出方。若逐日结转成本的，用红字登记销售数量栏和金额栏，用蓝字登记单价栏；若定期结转成本的，平时只用红字登记销售数量栏，不登记单价和金额栏，红字表示销售的减少
购进商品退补价	将退补价款的差额记入收入方的单价和金额栏，退价用红字反映，补价用蓝字反映
分期收款发出商品	根据分期收款商品发出凭证记入该账户发出方的其他数量、单价和金额栏
商品加工收回	根据商品加工成品收回单记入该账户收入方的其他数量、单价和金额栏
商品发出加工	根据商品加工发料单记入该账户发出方的其他数量、单价和金额栏
商品溢余	根据商品溢余报告单记入该账户收入方的其他数量、单价和金额栏
商品短缺	根据商品短缺报告单记入该账户发出方的其他数量、单价和金额栏

6.2　零售企业商品储存的核算

由于零售企业采用售价金额核算，平时应特别加强对库存商品的管理和监督，以保护企业财产的安全与完整。商品储存核算内容具体如图 6-2 所示。

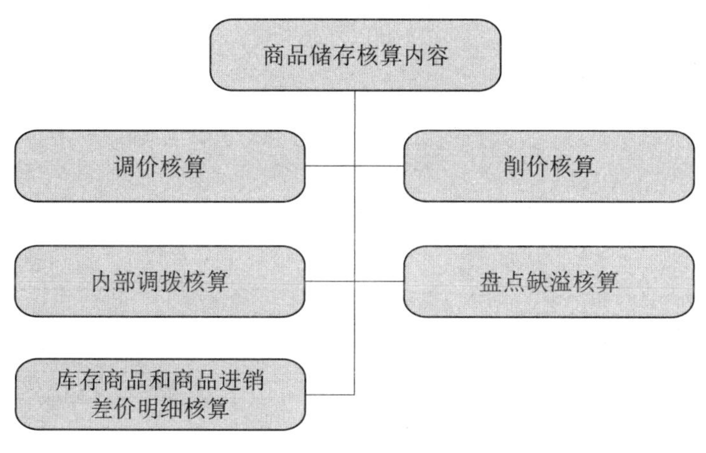

图 6-2　商品储存核算内容

6.2.1　商品调价的核算

商品调价是商品流通企业根据国家物价政策或市场情况，对某些正常商品的价格进行适当地调高或调低。

由于以售价金额核算的企业平时不核算商品的数量，因此，在规定调价日期的前一天营业结束后，由核价人员、财会人员会同营业柜组对调价商品进行盘点，按照实际库存数量由营业柜组填制“商品调价差额调整单”一式数联，其中一联送交财会部门。财会部门复核无误后，将调价差额全部体现在商品经营损益内。

商品调价的账务处理，见表 6-4。

表 6-4　　商品调价的账务处理

业务情景	账务处理
调高售价金额时	借．库存商品 　贷：商品进销差价
调低售价金额时	借：商品进销差价 　贷：库存商品

【例 6-1】红河百货有限公司根据市场情况将部分夏装于 8 月 1 日起调整零售价格，经盘点，编制“零售商品调价盘点表”，见表 6-5。

根据上述业务，编制会计分录如下：

借：商品进销差价　　31 000

　　贷：库存商品　　31 000

表 6-5　　**零售商品调价盘点表**

实物负责人：

品名	单位	盘存数量	零售单价		调价差额		调价总额	
			调减	调增	调减	原售价	新售价	调增
女式短裙	件	400	240	200		40		16 000
女式连衣裙	件	300	320	270		50		15 000
合计								31 000

柜长：　核算员：　监盘人：　物价员：　复核：　制表：

6.2.2　商品削价的核算

商品削价是对库存中呆滞、冷背、残损、变质的商品作一次性降价出售的措施。残损变质商品削价时，一般由有关营业柜组盘点数量后，填制商品削价报告单一式数联，报经有关领导批准后，进行削价处理。

商品削价后的新售价高于原进价时，将削价减值的金额借记“商品进销差价”账户；贷记“库存商品”账户，其削价损失体现在商品经营损益内。商品削价后的新售价低于原进价时，除了要冲转原商品进销差价外，还要将其低于原进价的部分以商品削价准备金进行弥补。

【例 6-2】2018 年 12 月 20 日，艺福服装大厦年终处理旧货，发现 5 月购进的高档男式西装还剩 300 件。其零售单价为 1 582 元，购进单价为 1 017 元，经批准削价为 791 元出售。根据上述经济业务做会计分录如下。

(1) 冲销商品进销差价时［(1 582−791)×300］=237 300（元）

借：商品进销差价——男式西装　　237 300

　　贷：库存商品——男式西装　　237 300

(2) 出售 300 件男式西装，收入现金 237 300 元。

借：库存现金　　237 300

　　贷：主营业务收入——男式西装　　237 300

（3）同时注销库存商品。

借：主营业务成本——男式西装　　237 300

　　贷：库存商品——男式西装　　237 300

（4）上项销售男式西装的收入是含税收入，以商品削价准备金弥补时装削价损失［（791÷1.13−1 017）×300］=−95 100（元）。

借：商品削价准备　　95 100

　　贷：主营业务成本——男式西装　　95 100

6.2.3　商品内部调拨的核算

商品内部调拨是指零售企业在同一独立核算单位内部各实物负责小组之间的商品转移。商品内部调拨不作为商品销售处理，也不进行结算，而只是转移各实物负责小组所承担的经济责任。

在调拨商品时，一般由调出部门填制商品内部调拨单一式数联，调出部门在各联上签章后，连同商品一并转交调入部门。调入部门验收无误后，在调入部门处签章，表示商品已收讫，然后调入与调出部门各留一联，作为商品转移的依据，另一联转交财会部门入账。商品内部调拨，在核算时借记调入部门库存商品的明细分类账户，贷记调出部门库存商品的明细分类账户，“库存商品”账户的总额保持不变。采取分柜组差价率推算法分摊已销商品进销差价的企业，还要相应调整“商品进销差价”账户。

6.2.4　商品盘点溢余或短缺的核算

零售企业每个月至少要进行一次定期的全面盘点。在发生部门实物负责人调动、企业内部柜组调整、商品调价等情况时，也要进行不定期的全面盘点或局部盘点。商品盘点发生账实不符时，若账存金额大于实存金额为商品短缺，反之，账存金额小于实存金额为商品溢余。

在商品短缺或溢余原因尚未查明前，应将短缺或溢余商品的进价金额先转入“待处理财产损溢”账户，以确保账实相符，等原因查明后，再根据具体情况转入各有关账户。

商品盘点溢余或短缺的账务处理，见表 6-6。

表 6-6　　　　商品盘点溢余或短缺的账务处理

业务情形			批发企业	零售企业
商品溢余	盘点溢余时		借：库存商品 贷：待处理财产损溢——待处理流动资产损溢	借：库存商品 贷：待处理财产损溢——待处理流动资产损溢 商品进销差价
	少发货	自然升溢	借：待处理财产损溢——待处理流动资产损溢 贷：销售费用	借：待处理财产损溢——待处理流动资产损溢 贷：销售费用
		补发商品	借：待处理财产损溢——待处理流动资产损溢 贷：库存商品	借：待处理财产损溢——待处理流动资产损溢 商品进销差价 贷：库存商品
		退回货款	借：主营业务收入 应交税费——应交增值税额（销项税额） 贷：银行存款 借：待处理财产损溢——待处理流动资产损溢 贷：主营业务成本	借：主营业务收入 贷：银行存款 借：待处理财产损溢——待处理流动资产损溢 商品进销差价 贷：主营业务成本
商品短缺	发生时		借：待处理财产损溢——待处理流动资产损溢 贷：库存商品	借：待处理财产损溢——待处理流动资产损溢 商品进销差价 贷：库存商品
	自然损耗时		借：销售费用 贷：待处理财产损溢——待处理流动资产损溢	借：销售费用 贷：待处理财产损溢——待处理流动资产损溢
	多发货	补做销售	借：银行存款 贷：主营业务收入 应交税费——应交增值税额（销项税额） 借：主营业务成本 贷：待处理财产损溢——待处理流动资产损溢	借：银行存款 贷：主营业务收入 借：主营业务成本 贷：待处理财产损溢——待处理流动资产损溢 商品进销差价
		退回商品	借：库存商品 贷：待处理财产损溢——待处理流动资产损溢	借：库存商品 贷：待处理财产损溢——待处理流动资产损溢 商品进销差价

续上表

业务情形		批发企业	零售企业
商品短缺	人为事故	借：其他应收款 贷：待处理财产损溢——待处理流动资产损溢 应交税费——应交增值税额（进项税额转出）	借：其他应收款 贷：待处理财产损溢——待处理流动资产损溢 应交税费——应交增值税额（进项税额转出）
	非正常损失	借：营业外支出 贷：待处理财产损溢——待处理流动资产损溢 应交税费——应交增值税额（进项税额转出）	借：营业外支出 贷：待处理财产损溢——待处理流动资产损溢 应交税费——应交增值税额（进项税额转出）

1. 库存商品盘点溢缺的会计核算

商品流通企业应当定期或至少于每年年末，对库存商品进行全面清查，发现溢缺时，编制“商品盘点溢缺报告单”，通过“待处理财产损溢——待处理流动资产损溢”账户处理。

【例 6-3】2019 年 10 月 31 日，好佳友超市根据对库存商品盘点的结果填制“商品盘点短缺溢余报告单”见表 6-7，进销差价率 10%。

（1）根据短缺金额调整账存。

借：待处理财产损溢——待处理流动资产损溢　　280.80

　　商品进销差价　　31.20

　　贷：库存商品——粮食类　　312

（2）根据溢余金额调整账存。

借：库存商品——粮食类　　160

　　贷：待处理财产损溢——待处理流动资产损溢　　144

　　　　商品进销差价　　16

（3）经查盘锦大米短缺 50 千克是自然损耗，经批准予以转账。

借：销售费用——商品损耗　　160

　　贷：待处理财产损溢——待处理流动资产损溢　　160

（4）经查圆粒糯米短缺 40 千克是商品收发过程中的差错，经批准作企业损失处理。

借：其他应收款　　152

　　贷：待处理财产损溢——待处理流动资产损溢　　143.40

　　　　应交税费——应交增值税（进项税额转出）　　8.60

（5）经查红小豆溢余 20 千克，系自然升溢。

借：待处理财产损溢——待处理流动资产损溢　　160

　　贷：销售费用——商品损耗　　160

表 6-7　**商品盘点短缺溢余报告单**

2018 年 10 月 31 日

品名	计量单位	单价	账存数量	实存数量	短缺		溢余		原因
					数量	金额	数量	金额	
盘锦大米	千克	3.2	500	450	50	160			待查
圆粒糯米	千克	3.8	700	660	40	152			
红小豆	千克	8	460	480			20	160	
合计			1 660	1 590	90	312	20	160	

2. 库存商品串号调整的核算

由于库存商品在收发过程中的差错，而导致同一类商品货号、规格、等级之间此多彼少，即为库存商品串号。因串号，可能使这一种库存商品金额增加，而另一种库存商品金额减少。对此，会计人员需根据原因及时调整记录。

因库存商品串号而导致库存商品金额增加或减少均通过“待处理财产损溢——待处理流动资产损溢”账户进行核算。其具体方法，见表 6-8。

表 6-8　**因库存商品串号而导致的库存商品增加或减少的账务处理**

<table>
<tr><th colspan="3">财务情景</th><th>账务处理</th></tr>
<tr><td rowspan="4">库存商品金额增加</td><td colspan="2">未查明原因前</td><td>记入该账户的贷方，同时调整“库存商品”账户记录</td></tr>
<tr><td rowspan="3">查明原因</td><td>增加的金额（能分清具体商品），若为供货方错发的</td><td>应补付价税款</td></tr>
<tr><td>若为出售商品时错发了商品</td><td>应将多收的价税款退还给买方</td></tr>
<tr><td>若无法查清原因或金额不大的</td><td>经批准后，调整“管理费用”账户</td></tr>
</table>

续上表

财务情景			账务处理
库存商品金额减少	未查明原因前		记入该账户的借方，同时调整“库存商品”账户记录
	查明原因	减少的金额（能分清具体商品），若为供货方错发的	应向供货方索取价税款
		若为出售商品时错发了商品	应向买方索取价税款
		若无法查清原因或金额不大的	经批准后调整“管理费用”账户

6.2.5 库存商品和商品进销差价账户的明细分类核算

零售企业库存商品明细分类账是按营业柜组或门市部设置的，在账户中反映按售价计算的总金额，用以控制各营业柜组或门市部的库存商品数额。采取分柜组差价率推算法调整主营业务成本的企业，还必须按营业柜组或门市部设置“商品进销差价”明细账户，由于“商品进销差价”是“库存商品”账户的抵减账户，在发生经济业务时，这两个账户往往同时发生变动，为了便于记账，可以将“库存商品”与“商品进销差价”账户的明细账合在一起，设置“库存商品和商品进销差价联合明细分类账”。

各营业柜组或门市部为了掌握本部门商品进、销、存的动态和销售计划的完成情况，便于向财会部门报账，每天营业结束后，应根据商品经营的各种原始凭证，编制“商品进销存日报表”一式数联，营业柜组或门市部自留一联，另一联连同有关的原始凭证一并送交财会部门。财会部门复核无误后，据以入账。

由于“商品进销存日报表”反映的是各营业柜组或门市部库存商品每天的收发变动和结存情况，其反映的内容与库存商品明细分类账核算的内容是一致的。因此，可以将该表分营业柜组或门市部按时间顺序装订成册，代替库存商品明细分类账，以简化核算手续。

6.3 商业企业包装业务的核算

商品流通企业除批发、零售外，还会发生一些特殊业务，如包装业务、加工业务等。商品流通企业会计也应掌握这些特殊业务的特殊核算方法。

包装物，是指商品流通企业在组织商品流通过程中用于盛装或包扎商品的物资。如桶、箱、瓶、坛、袋等。商品流通企业的包装物具有以下两个特点：一是通常意义上所说的包装物只包括包装容器，不包括纸、绳等之类的包装材料；二是会计上单列的包装物是指与商品有关的包装物，储存和保管商品而不对外出售、出租、出借的包装物。

6.3.1 包装物购进的账务处理

为了反映和监督包装物的使用和结存情况，应设置“周转材料——包装物”账户，并根据包装物的品种、类别或规格设置明细账，进行明细分类核算。

1. 单独购进的包装物

单独购进的包装物，应按包装物的购进价、增值税和运费作为实际成本入账。如果运费数额较小，又无法划分摊销到某一种包装物的成本上，可以直接在“销售费用——运杂费”账户中核算。

2. 随同商品购进的包装物

随同商品购进的包装物又可分为以下两种情况，即随同商品购进但单独计价的包装物和随同商品购进但不单独计价的包装物。

第一，对于随同商品购进但单独计价的包装物，商品流通企业应根据供货单位发票上所列的商品价款和包装物价款单独单价，分别记账，所支付的全部运费可以列入“销售费用——运杂费”账户核算。

【例 6-4】鸿运商贸有限公司按进价数量金额核算，购入一批甲商品，价税合计 33 900 元。随同甲商品购进包装容器 400 只，计价 1 200 元，支付运费 327 元，增值税为 3 927 元（含运费中应交的税金 27 元）。价税已通过银行转付。其账务处理如下：

借：库存商品——甲商品	30 000	
周转材料——包装物（容器）	1 200	
应交税费——应交增值税（进项税额）	3 927	
销售费用——运杂费	300	
贷：银行存款		35 427

第二，随同商品购进但不单独计价的包装物，一般来讲，其价值已包含

在商品的价值内。因此，不应单独核算包装物。当商品出售以后，包装物腾出来以后，如果还能作为包装继续使用，应按估价借记“包装物”账户；如果可以作为材料物资使用，则应按估价借记“原材料”账户。

【例 6-5】 2019 年 5 月 1 日，鸿运商贸有限公司购入 100 箱红酒，价款 400 000 元，增值税额 52 000 元，随商品购进但不单独计价的包装木箱 100 只，运费 218 元，价税款已通过银行转付。账务处理如下：

（1）购入商品时：

借：库存商品——红酒　　400 000

　　应交税费——应交增值税（进项税额）　　52 018

　　销售费用——运杂费　　200

　　贷：银行存款　　452 218

（2）假设商品出售后，包装木箱仍能作为包装物使用，按 1 000 元估价入账，账务处理如下：

借：周转材料——包装物（木箱）　　1 000

　　贷：其他业务收入　　1 000

（3）假设商品出售后，包装木箱作为废料出售，收到现金 339 元，账务处理如下：

借：库存现金　　339

　　贷：其他业务收入　　300

　　　　应交税费——应交增值税（销项税额）（300×13%）　　39

一般纳税人出售使用过的旧物品（不作为固定资产核算的包装物等），按 13%计算销项税额。

6.3.2 包装物领用的账务处理

业务经营部门需要领用包装物时，应办理相应的包装物领用手续，财务部门以“包装物领用单”为依据进行相应的账务处理，借记“销售费用——包装费”账户，贷记“周转材料——包装物”账户。

【例 6-6】 商品流通企业业务部门领用一次性消耗的包装塑料盒一批，其价值为 300 元。账务处理如下：

借：销售费用——包装费　　300

　　贷：周转材料——包装物（塑料盒）　　300

6.3.3　包装物摊销的账务处理

周转材料可以采用一次转销法、五五摊销法、分次摊销法进行摊销，计入相关资产的成本或当期损益。但在实际操作中，由于周转材料价值较小，一般企业均采用一次转销法进行摊销。账务处理如图 6-3 所示。

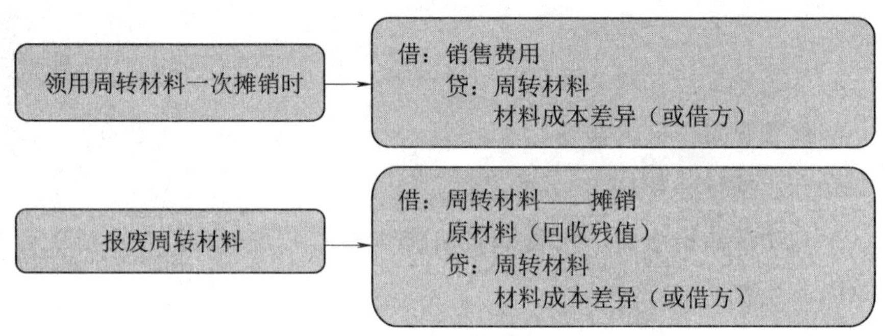

图 6-3　周转材料的账务处理

【例 6-7】 2019 年 6 月 1 日，鸿运商贸有限公司购入包装木箱 1 000 个，单价为 100 元，增值税率为 13%，价税已通过银行转付。这批木箱预计可使用 10 个月，每个木箱净残值为 15 元。

（1）购入木箱时，账务处理如下：

借：周转材料——包装物（木箱）　　100 000

　　应交税费——应交增值税（进项税额）　　13 000

　　贷：银行存款　　113 000

（2）木箱摊销时，账务处理如下。

木箱每月摊销额＝1 000×（100－15）＝85 000（元）

借：销售费用——包装费　　85 000

　　贷：周转材料——包装物（木箱）摊销　　85 000

第7章
连锁店业务核算

19世纪中后期，商业企业连锁经营兴起于美国，通常是以企业的“总部”“配送中心”和若干数量的“连锁分店”为基础，统一店名、统一装修、统一采购、统一配送、统一经营、统一价格、统一管理等方式，达到降低经营成本、提高规模效益的目的。目前，比较典型的连锁企业有家乐福、苏宁、物美、沃尔玛等。

7.1 连锁企业的经营形式

连锁经营企业根据资产所有权与合作方式的不同，分为直营连锁、特许连锁和自由连锁。

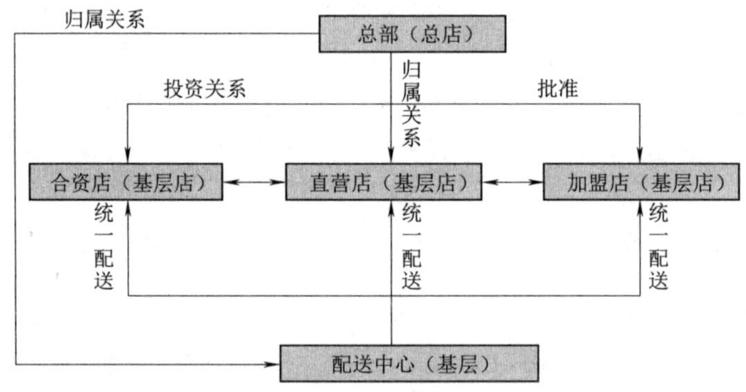

7.1.1 直营连锁

直营连锁（或正规连锁），是连锁经营的基本形态。这是连锁企业总部通过独资、控股或兼并等途径开设门店、发展壮大自身实力和规模的一种连锁形式。连锁企业的所有门店在总部的直接领导下统一经营，总部对各门店实施人、财、物及商流、物流、信息流、资金流等方面的统一管理。

1. 直营连锁的特点

（1）集中所有。公司总部、店铺及各种营业设施都是由同一资本所有者出资购置的，其产权（包括有形资产和无形资产，以及经营权和收益权）归该出资者所有。

（2）统一管理。各店铺无独立资产和法人地位，在公司统一管理下运营。

总部对分店的商号、定位、配送、销售、价格、财务、人力资源等具有直接、全面的控制权。

（3）集中权利。分店店长由总部直接任命，分店与分店之间的任何经营活动都必须在总部管理制度所规定的管理框架内进行协调。每个分店的经营盈亏由总部直接承担。

2. 直营连锁的优缺点

直营连锁的优点是：

（1）能够确保所有分店的管理水平的一致性与规范性；

（2）便于统一调配资源，提高公司整体运营效率，可以实现较高的规模经济性；

（3）可以较好地兼顾短期利益与长期利益，全面落实公司的发展战略。

直营连锁的缺点是：

（1）由于直营连锁扩张往往需要大量的资金投入，运行成本很高，因而风险较大；

（2）管理跨度拓宽，管理难度加大。

7.1.2 自愿连锁

自愿连锁（或自由连锁经营业），自由连锁是企业之间为了共同利益结合而成的事业合作体，各成员店是独立法人，具有较高的自主权，只是在部分业务范围内合作经营，已达到共享规模效益的目的。即各店铺资本所有权独立，采用共同进货，协议定价的一种商业横向联合。

自由连锁的特点：

（1）成员店拥有独立的所有权、经营权和核算权；

（2）总部与成员店之间的关系是协商与服务的关系；

（3）维系自由连锁经营的经济关系纽带是协商制订的合同。

自由连锁的优点：

门店独立性强、有自主权、有利于调动员工的积极性和创造性；连锁系统集中管理指导，有利于提高门店的经营管理水平；统一进货、统一促销，有利于各门店降低成本，享受规模效益的好处。既具有连锁经营的规模优势，又能保持独立小商店的某些经营特色。

自由连锁的缺点：

连锁经营连接纽带不紧，凝聚力相对较弱；各门店的独立性大，总部集中统一运作的作用受到限制，因而组织不够稳定，发展规模和地域有一定的局限性；由于过于民主，决策迟缓，相对来说竞争力受到影响。

7.1.3 特许连锁

特许连锁（或合同连锁，契约连锁，加盟连锁），这是总部与加盟店之间依靠契约结合起来的一种形式，即以单个店铺经营权的授权为核心的连锁经营。肯德基、麦当劳在全球的连锁方式就是采用特许连锁，飞速壮大的。

特许连锁的特点：

（1）特许连锁经营的核心是特许权的转让；

（2）总部与加盟店之间的关系是通过签订特许合约而形成的纵向关系；

（3）特许连锁经营的所有权是分散的，但经营权高度集中，对外要形成一致形象；

（4）加盟总部提供特许权许可和经营指导，加盟店要为此支付一定费用。

特许连锁经营的优点：

特许连锁经营可以突破资金和时间限制，迅速扩张规模。刺激加盟店主更加积极肯干，有助于事业发展。可以降低经营费用，集中精力提高企业管理水平。

特许连锁经营的缺点：加盟店有时闹独立，难以控制。个别经营失败的加盟店会连累总部声誉和使总部形象受损。当总部发现加盟者不能胜任时，无法更换加盟者。

7.2 连锁经营企业的会计处理

连锁企业由总部或地区总部采取集中核算制，具体有两种会计核算模式。

1. “总部—分店”管理模式

同一地区或城市的连锁企业，实行“总部—分店”管理模式。即门店的所有账目必须并入总部账目，门店为报账单位，同时门店应根据管理的需要设置必要的辅助账目，并定期与总部对账，门店所有的资产、负债和损益，都归总部统一核算，此模式适用于同一地区或城市的直营连锁企业。

2. 账户设置

总部与各基层应该分别设置各自的会计科目、记账凭证、账户、账簿、报表体系等。与一般商业企业之间的应收应付账户不同，连锁企业总部与基层单位之间的往来账户，用于核算它们之间的所有业务往来。一般总部设置"基层往来"账户，相应的在基层单位设置"总部往来"账户。

（1）基层往来——在总部设置。

"基层往来"账户应按基层单位名称、门店名称或者编号设置明细账等。基层往来账户结构如图 7-1 所示，总部与基层单位往来核算示意图如图 7-2 所示。

基层往来（总部设置）

总部拨付基层单位资金 ①拨付门店商品 ②拨付门店现金（银行存款） ③拨付门店固定资产等 ④代门店支付费用	总部从基层单位收回资金 ①门店交回的销售款 ②门店退回总部的商店 ③从门店调回的固定资产等
总部对门店的债权	总部对门店的债务

图 7-1 "基层往来" 账户结构

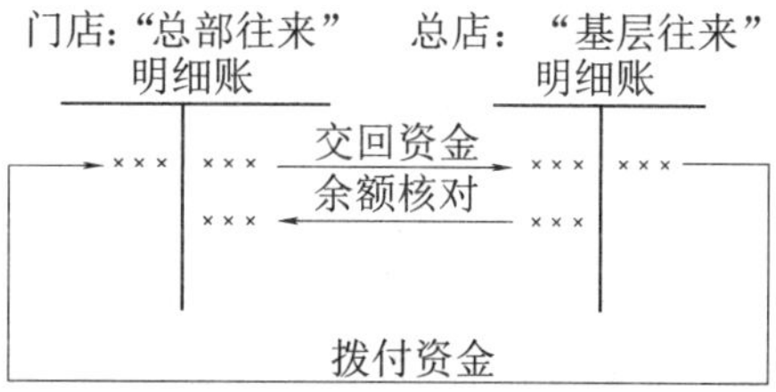

图 7-2 总部与基层单位往来核算示意图

（2）总部往来——在基层设置。

在基层单位要设置一个对应的账户"总部往来"账户。"总部往来"账户结构如图 7-3 所示，基层单位之间往来核算如图 7-4 所示。

总部往来（基层门店设置）

基层单位退还或转给总部的资金 ①门店向总部退回商品或门店之间调商品 ②将营业款送交总部 ③总部从基层单位调出资产 ④通过总部调拨给其他门店资产	
门店对总部的债权	门店对总部的债务

图 7-3 "总部往来" 账户结构

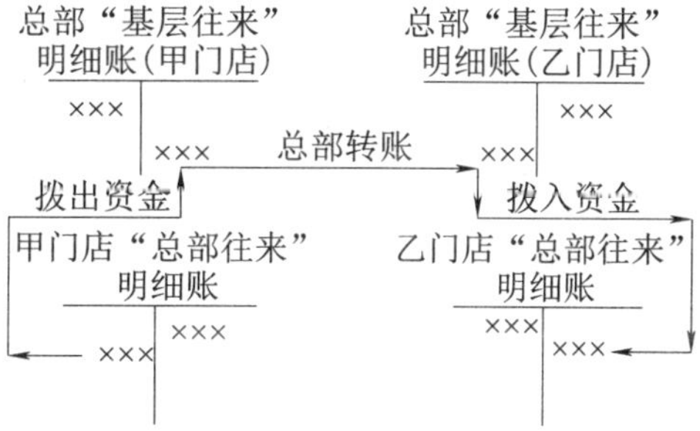

图 7-4 基层单位之间往来核算示意图

7.2.1 采购业务账务处理

连锁经营企业的商品采购业务一般涉及总部财务部门、配送中心和门店，核算方法可以用进价核算，也可以用售价核算。

连锁商业企业采购业务账务处理，见表7-1。

表7-1　　连锁商业企业采购业务账务处理

<table>
<tr><th colspan="3">业务情形</th><th>进价核算</th><th>售价核算</th></tr>
<tr><td rowspan="4">总部</td><td colspan="2">收到发票时</td><td>借：在途物资——××供应商（进价）
应交税费——应交增值税（进项税额）
销售费用（采购费用）
贷：应付账款/银行存款</td><td></td></tr>
<tr><td rowspan="3">验收入库时</td><td>送达配送中心</td><td>借:基层往来——配送中心(进价)
贷:在途物资——××供应商</td><td></td></tr>
<tr><td>直达门店</td><td>借:基层往来——直营店(进价)
贷:在途物资——××供应商</td><td></td></tr>
<tr><td>直达加盟店</td><td>借:基层往来——加盟店
贷:主营业务收入(调拨价)
应交税费——应交增值税(销项税额)
借:主营业务成本
贷:在途物资——××供应商</td><td></td></tr>
<tr><td>配送中心</td><td colspan="2">收到商品</td><td>借:库存商品——××类(进价)
贷:总部往来——在途物资</td><td>借:库存商品——××类(售价)
贷:商品进销差价——××类
总部往来——在途物资（进价）</td></tr>
<tr><td>门店</td><td colspan="2">直营店</td><td>借:库存商品——××类(商品进价)
贷:总部往来——在途物资</td><td>借:库存商品——××类(售价)
贷:商品进销差价——××类
总部往来——在途物资（进价）</td></tr>
</table>

续上表

业务情形		进价核算	售价核算
门店	加盟店	借:库存商品(内部调拨价) 应交税费——应交增值税(进项税额) 贷:总部往来	借:库存商品——××类(售价) 应交税费——应交增值税(进项税额) 贷:总部往来(调拨价+进项税额) 商品进销差价

7.2.2 商品配送业务会计处理

在总部统一采购制度下,商品的采购是集中在总部统一进行的,而商品销售则是分散在数量众多的门店中实现的。所以,在集中采购和分散销售之间必须要有中转站,才能完成商品由集中采购至分散销售的环节,这个中转站就是商品配送(或者商品调拨)。

连锁商业企业对门店配送商品业务账务处理,见表7-2。

表7-2　　连锁商业企业对门店配送商品业务账务处理

业务情形		进价核算	售价核算
总部	商品配送直营店	借:基层往来——直营店(进价) 贷:基层往来——配送	与按照进价的核算相同
	商品配送加盟店	借:基层往来——加盟店 贷:主营业务收入(调拨价) 应交税费——应交增值税(销项税额) 借:主营业务成本 贷:基层往来——配送	
配送中心	发出配送商品	借:总部往来——商品配送 贷:库存商品(进价)	借:总部往来——商品配送(进价) 商品进销差价——××类 贷:库存商品——××类(售价)

续上表

业务情形		进价核算	售价核算
门店	直营店收到配送商品	借:库存商品——××类(进价) 　贷:总部往来——商品配送(进价)	借:库存商品——××类(售价) 　贷:商品进销差价——××类 　　总部往来——商品配送(进价)
	加盟店收到配送商品	借:库存商品(内部调拨价) 　应交税费——应交增值税(进项税额) 　贷:总部往来	借:库存商品——××类(售价) 　应交税费——应交增值税(进项税额) 　贷:商品进销差价——××类 　　总部往来(调拨价+进项税额)

【例 7-1】2019 年 6 月，大福园连锁超市有限责任公司的配送中心向有关门店配送林海牌葵花籽油，按数量进价金额核算法核算，相关资料见表 7-3。

表 7-3　　配送林海牌葵花籽油资料表

单位：元

门店名称	门店性质	配送数量（箱×桶）	进价（桶）		调拨价（桶）		零售价（包）	
			单价	总额	单价	总额	单价	总额
解放路店	直营店	300×5	32.00	48 000	34.50	51 750	45.00	67 500
北安街店	直营店	250×5		40 000	34.50	43 125	45.00	56 250
太平路店	加盟店	400×5		64 000	34.50	69 000	45.00	90 000
合计		4 750		152 000		163 875		213 750

(1) 配送中心配送商品后的会计分录：

借：总部往来——商品配送　　152 000

　贷：库存商品——葵花籽油　　152 000

(2) 总部财会部门的会计分录：

①当配送中心对直营店配送商品时。

借：基层往来——解放路店　　48 000

　　　　　　——北安街店　　40 000

　贷：基层往来——配送中心　　88 000

②当配送中心向加盟店配送商品时。

借：基层往来——太平路店　　77 970

　贷：主营业务收入　　69 000

　　应交税费——应交增值税（销项税额）（69 000×13%）

　　　　8 970

③进价结转成本：

借：主营业务成本　　64 000

　　贷：基层往来——配送中心　　64 000

（3）解放路、北安街直营店的会计分录：

借：库存商品——葵花籽油　　48 000

　　贷：总部往来——商品配送　　48 000

借：库存商品——葵花籽油　　40 000

　　贷：总部往来——商品配送　　40 000

（4）加盟店的会计分录：

借：库存商品——葵花籽油　　69 000

　　应交税费——应交增值税（进项税额）　　8 970

　　贷：总部往来——商品调拨　　77 970

7.2.3 商品调拨业务会计处理

1. 直营店之间商品调拨

连锁企业的商品一般是总部集中采购，然后由配送中心纵向配送到各个销售门店进行销售，门店与门店之间一般不进行商品的横向调拨。但有时可能发生门店之间的横向商品调拨：第一，临时需要；第二，调节余缺。

商品调拨账务处理，见表 7-4。

表 7-4　连锁企业直营店之间商品调拨业务账务处理

业务情形	进价核算	售价核算
总部	借：基层往来——调入门店（进价） 贷：基层往来——调出门店（进价）	与按照进价的核算相同
调入直营店	借：库存商品——××类（进价） 贷：总部往来——商品调拨	借：库存商品——××类（售价） 贷：总部往来——商品调拨（进价） 商品进销差价——××类（差额）
调出直营店	借：总部往来——商品调拨 贷：库存商品——××类（进价）	借：总部往来——商品调拨（进价） 商品进销差价——××类 贷:库存商品——××类(售价)

【例 7-2】2020 年 1 月，大福园连锁超市有限责任公司的北安街店（直营店）向解放路店（直营店）调拨林海牌葵花籽油 5 箱。相关资料见表 7-5。

表 7-5　　配送林海牌葵花籽油资料表　　单位：元

门店名称	门店性质	配送数量（箱×桶）	进价（桶）		调拨价（桶）		零售价（桶）	
			单价	总额	单价	总额	单价（不含税）	总额
北安街店	直营店	250×5	32.00	40 000	34.50	43 125	45.00	56 250
合计		250×5		40 000		43 125		56 250

（1）假设各门店均采用数量进价金额核算法：

①调出北安街店（直营）的会计分录：

借：总部往来——商品调拨　　40 000

　　贷：库存商品——葵花籽油　　40 000

②总部会计分录：

借：基层往来——解放路店　　40 000

　　贷：基层往来——北安街店　　40 000

③调入解放路店的会计分录：

借：库存商品——葵花籽油　　40 000

　　贷：总部往来——商品调拨　　40 000

（2）按售价金额核算。

①调出北安街店（直营）。

借：总部往来——商品调拨　　40 000

　　商品进销差价　　16 250

　　贷：库存商品——葵花籽油　　56 250

②总部会计分录：

借：基层往来——解放路店（商品调拨）　　40 000

　　贷：基层往来——北安街店（商品调拨）　　40 000

③调入解放路店的会计分录：

借：库存商品——葵花籽油　　56 250

　　贷：总部往来——商品调拨　　40 000

　　　　商品进销差销——葵花籽油　　16 250

2. 加盟店之间商品调拨

加盟店是独立经营的实体，不存在产权归属关系，但加盟店之间商品调拨也应当在总部的统一安排和监控下有序进行。账务处理见表 7-6。

表 7-6 加盟店之间商品调拨账务处理

业务情形	进价核算	售价核算
总部	借：基层往来——调入门店（调拨价） 应交税费——应交增值税（进项税额转出） 贷：基层往来——调出门店（调拨价） 应交税费——应交增值税（进项税额转出）	与按照进价的核算相同
调入加盟店	借：库存商品——××类（调拨价） 应交税费——应交增值税（进项税额） 贷：总部往来——商品调拨	借：库存商品——××类（售价） 应交税费——应交增值税（进项税额） 贷：总部往来——商品调拨 商品进销差价（差额）
调出加盟店	借：总部往来——商品调拨 贷：库存商品——××类（调拨价） 应交税费——应交增值税（进项税额）	借：总部往来——商品调拨 商品进销差价 贷：库存商品——××类（调拨价） 应交税费——应交增值税（进项税额）

【例 7-3】2020 年 1 月，大福园连锁超市有限责任公司从汉水街（加盟店）向太平路店（加盟店）调拨葵花籽油 5 箱，见表 7-7。

表 7-7 配送洗衣粉资料表 单位：元

门店名称	门店性质	配送数量（箱×桶）	进价（桶）		调拨价（桶）		零售价（桶）	
			单价	总额	单价	总额	单价（不含税）	总额
汉水街店	加盟店	250×5	32.00	40 000	34.50	43 125	45.00	56 250
合计		250×5		40 000		43 125		56 250

(1) 按进价金额核算时。

①调出汉水街门店（加盟）的会计分录：

借：总部往来——商品调拨　　48 731.25

　　贷：库存商品（5×250×34.50）　　43 125

　　　　应交税费——应交增值税（销项税额）（5×250×34.50×13%）　　5 606.25

②总部财务部门的会计分录：

借：基层往来——太平路店　　43 125

　　应交税费——应交增值税（进项税额转出）　　5 606.25

　　贷：基层往来——汉水街店　　43 125

　　　　应交税费——应交增值税（进项税额转出）　　5 606.25

③调入门店（加盟）的会计分录：

借：库存商品——葵花油　　43 125

　　应交税费——应交增值税（进项税额）　　5 606.25

　　贷：总部往来——商品调拨　　48 731.25

(2) 按售价金额核算。

①调出汉水街加盟店：

借：总部往来——商品调拨　　43 125

　　商品进销差价　　18 731.25

　　贷：库存商品　　56 250

　　　　应交税费——应交税费（进项税额转出）　　5 606.25

②总部财务部门：

借：基层往来——太平路店　　43 125

　　应交税费——应交增值税（进项税额转出）　　5 606.25

　　贷：基层往来——汉水街店　　43 125

　　　　应交税费——应交增值税（进项税额转出）　　5 606.25

③调入太平路店加盟店：

借：库存商品——葵花油　　56 250

　　应交税费——应交增值税（进项税额）　　5 606.25

　　贷：总部往来——商品调拨　　43 125

　　　　商品进销差价——葵花油　　5 606.25

3. 直营店与加盟店之间的商品调拨

当直营店从加盟店调入商品时，涉及商品所有权转移问题，加盟店将商品调拨给直拨店，相当于加盟店将商品退回给原销售的连锁企业，因此连锁企业应当将原来确认的销售收入予以冲回。账务处理见表 7-8。

表 7-8　　直营店与加盟店调拨业务账务处理

<table>
<tr><th colspan="2">业务情形</th><th>进价核算</th><th>售价核算</th></tr>
<tr><td rowspan="2">总部</td><td>直营店从加盟店调拨商品</td><td>借：主营业务收入（调拨）
应交税费——应交增值税（销项税额）
贷：基层往来——加盟店（调拨价＋增值税额）
借：基层往来——商品调拨（调入门店）
贷：主营业务成本</td><td>与按照进价的核算相同</td></tr>
<tr><td>加盟店从直营店调拨商品</td><td>借：基层往来——加盟店（调拨价＋增值税）
贷：主营业务收入
应交税费——应交增值税（销项税额）
借：主营业务成本
贷：基层往来——××门店（进价）</td><td>与按照进价的核算相同</td></tr>
<tr><td rowspan="2">调入门店</td><td>直营店</td><td>借：库存商品（进价）
贷：总部往来——商品调拨（进价）</td><td>借：库存商品（售价）
贷：总部往来——商品调拨（进价）
商品进销差价</td></tr>
<tr><td>加盟店</td><td>借：库存商品（调拨价）
应交税费——应交增值税（进项税额）
贷：总部往来——商品调拨（调拨价＋增值税）</td><td>借：库存商品（售价）
应交税费——应交增值税（进项税额）
贷：总部往来——商品调拨（调拨价＋增值税）
商品进销差价</td></tr>
</table>

续上表

业务情形		进价核算	售价核算
调出门店	加盟店	借：总部往来——商品调拨（调拨价+增值税） 贷：库存商品（调拨价） 应交税费——应交增值税（进项税额转出）	借：总部往来——商品调拨（调拨价+增值税） 商品进销差价 贷：库存商品（调拨价） 应交税费——应交增值税（进项税额转出）
	直营店	借：总部往来——商品调拨（进价） 贷：库存商品（进价）	借：总部往来——商品调拨（进价） 商品进销差价 贷：库存商品（进价）

【例 7-4】2020 年 1 月，大福园连锁超市有限责任公司从解放路店（直营店）向太平路店（加盟店）调拨葵花籽油 5 箱。增值税税率 13%。见表 7-9。

表 7-9　　配送葵花籽油资料表（表中单价为不含税价）　　单位：元

门店名称	门店性质	配送数量（箱×桶）	进价（桶）		调拨价（桶）		零售价（桶）	
			单价	总额	单价	总额	单价（不含税）	总额
解放路店	直营店	250×5	32.00	40 000	34.50	43 125	45.00	56 250
合计		250×5		40 000		43 125		56 250

（1）按照进价金额核算，会计分录如下。

①调出解放路直营店。

借：总部往来——商品调拨　　40 000

　　贷：库存商品——葵花籽油　　40 000

②总部会计处理。

借：基层往来——汉水街加盟店（商品调拨）　　48 731.25

　　贷：主营业务收入　　43 125

　　　　应交税费——应交增值税（销项税额）（43 125×13%）

　　　　　　5 606.25

借：主营业务成本　　40 000

　　贷：基层往来——解放路店　　40 000

③调入汉水街加盟店。

借：库存商品——葵花籽油　　43 125

　　应交税费——应交增值税（进项税额）　　5 606.25

　　贷：总部往来——商品调拨　　48 731.25

（2）若按售价金额核算：

①调出解放路店。

借：总部往来——商品调拨　　40 000

　　商品进销差价——葵花籽油　　16 250

　　贷：库存商品——葵花籽油　　56 250

②总部与进价金额核算相同，略。

③汉水街店会计处理。

借：库存商品——葵花籽油　　56 250

　　应交税费——应交增值税（进项税额）　　5 606.25

　　贷：总部往来——商品调拨　　48 731.25

　　　　商品进销差价——葵花籽油　　13 125

第8章 商业企业销售成本的核算

一般商业企业在销售商品后并不逐日逐笔地结转商品销售成本和注销库存商品，而是等到月末采用一定的方法计算并结转全月已售商品的销售成本。

商品销售成本有两种结转方式：一是分散结转，二是集中结转。无论企业采取哪一种销售成本的计算方式和结算方式，都要根据其计算结果结转商品的销售成本，结转时，借记“主营业务成本”账户，贷记“库存商品”账户。

8.1 批发企业主营业务成本计算

根据现行会计制度，商品流通企业在商品销售后，一方面要核算取得商品销售收入，另一方面要计算主营业务成本。主营业务成本的计算方法如下：

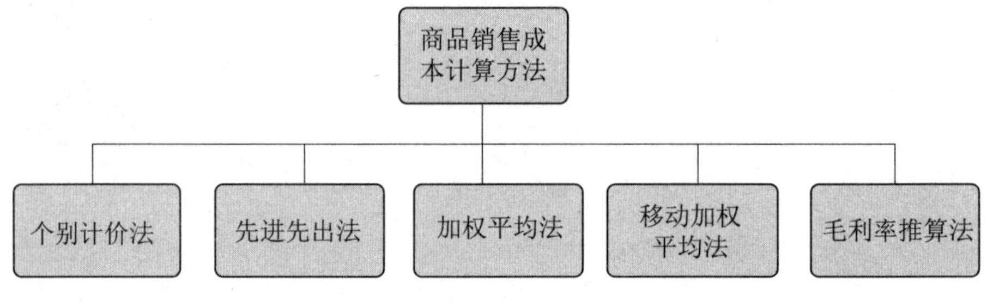

8.1.1 个别计价法

个别计价法是指假设商品的成本流转与实物流转相一致，按照各种商品，逐一辨认各批发出商品和期末商品所属的购进批别，分别将其购入时所确定的单位成本作为计算各批发出商品和期末商品成本的方法。采用这种方法，必须有详细的进货和出货数量和单价的记录，商品存放位置也要有准确的记录。

个别计价法的计算公式如下：

发出商品的实际成本＝各批次商品发出数量×该批次商品实际进货单价

【例 8-1】千禧商贸有限公司本月共销售休闲躺椅 1 000 张，确认其中 500 张属于第一批入库，单位进价成本为 240 元；其中 300 张属于第二批入库的，单位成本为 260 元；剩余 200 张属于第三批入库，单位成本为 270 元。本月销售休闲躺椅成本计算如下：

休闲躺椅销售成本＝500×240＋300×260＋200×270＝252 000（元）

8.1.2 加权平均法

加权平均法是以期初存货数量和本期购入存货数量作为权数，计算发出存货单价的一种方法。

1. 月末一次加权平均法

月末一次加权平均法，是指以当月全部进货数量加上月初存货数量作为权数，除以当月全部进货成本加上月初存货成本，计算出存货的加权平均单位成本，以此为基础计算当月发出存货的成本和期末存货成本的一种方法。

存货加权平均单价＝(期初库存存货的实际成本＋本期进货的实际成本）÷期初库存存货数量＋本期进货数量

期末结存存货成本＝期末结存存货数量×加权平均单价

本月发出存货成本＝本月发货数量×加权平均单价

或：本期发出存货成本＝期初结存存货成本＋本期进货存货成本－期末结存存货成本

2. 移动加权平均法

移动加权平均法，是指以每次进货的成本加上原有库存存货的成本，除以每次进货数量与原有库存存货的数量之和，据以计算加权平均单位成本，作为在下次进货前计算各次发出存货成本的依据。计算公式如下：

存货移动平均单价＝(本次收入前库存存货的实际成本＋本次收入的实际成本）÷本次收入前库存存货数量＋本次收入数量

本次收入存货成本＝本次销售数量×存货移动加权平均单价

【例 8-2】红河百货有限公司 2019 年 9 月原材料购入、发出情况见表 8-1。

表 8-1 原材料收发明细账 单位：元

2019 年		摘要	收入			发出			结存		
月	日		数量（千克）	单价	金额	数量（千克）	单价	金额	数量（千克）	单价	金额
		期初余额							1 400	10	14 000
9	1	购入	1 600	8	12 800				3 000		26 800

续上表

2018年		摘要	收入			发出			结存		
月	日		数量（千克）	单价	金额	数量（千克）	单价	金额	数量（千克）	单价	金额
9	4	购入	1 100	9	9 900				4 100		36 700
9	6	领用				2 400			1 700		
9	15	购入	900	12	10 800				2 600		
9	28	领用				1 500			1 100		

（1）月末一次加权平均法

材料单位成本＝(14 000＋12 800＋9 900＋10 800）÷（1 400＋1 600＋1 100＋900)

＝47 500÷5 000

＝9.50（元/千克）

发出材料成本＝（2 400＋1 500）×9.50＝37 050（元）

（2）移动加权平均法

9月1日，购入材料单位成本＝(14 000＋12 800）÷（1 400＋1 600)

＝8.93（元/千克）

9月4日，购入材料单位成本＝（26 800＋9 900）÷4 100

＝8.95（元/千克）

9月6日，发出材料单位成本＝8.95×2 400＝21 480（元）

9月6日，结存材料成本＝1 700×8.95＝15 215（元）

9月15日，购入材料单位成本＝(15 215＋10 800）÷（1 700＋900)

＝10.01（元/千克）

9月28日，发出材料单位成本＝1 500×10.01＝15 015（元）

9月28日，结存材料成本＝1 100×10.01＝11 011（元）

本月发出材料成本总计＝21 480＋11 011＝32 491（元）

8.1.3 先进先出法

先进先出法是假设先购入的商品应先发出（销售或耗用）这样一种存货实物流转假设为前提，对发出存货和期末结存存货进行计价。

【例 8-3】接例【8-2】相关资料，计算用先进先出法计算主营业务成本。

发出材料成本＝1 400×10＋1 000×8＋600×8＋900×9

＝14 000＋8 000＋4 800＋8 100

＝34 900（元）

8.1.4 毛利率计算法

毛利率计算法是根据本月销售收入，按照上季实际毛利率（或本季计划毛利率）计算商品销售毛利，再计算出本月商品销售成本的计算方法。它的计算公式如下：

本期商品销售毛利＝本期商品销售收入×上季实际或本季计划毛利率

本期商品销售成本＝本期商品销售收入－本期商品销售毛利

这种方法计算简便，但由于各季度的商品结构不完全相同，其毛利率也不完全相同，因而按上季度毛利率计算本期商品销售成本，其结果不够准确，所以，只能在每个季度的前两个月采用该方法，最后一个月采用前述的加权平均计算方法或用最后一批进货单价调整。这种方法适用于经营品种较多，按月计算销售成本有一定的困难的企业。

【例 8-4】绿原洲商贸有限公司 2017 年第四季度实际毛利率为 15%，2018 年初结存成本为 200 000 元，2018 年 1 月、2 月、3 月商品销售收入净额分别为 580 000 元、790 000 元、900 000 元；2018 年 1 月、2 月、3 月商品进货金额分别为 340 000 元、600 000 元、780 000 元。2018 年 3 月末对商品进行实地盘点确定期末结存成本为 154 000 元。

1 月商品销售成本＝580 000×（1－15%）＝493 000（元）

2 月商品销售成本＝790 000×（1－15%）＝671 500（元）

第一季度商品销售总成本＝200 000＋（340 000＋600 000＋780 000）－154 000

＝1 766 000（元）

3 月商品销售成本＝1 766 000－493 000－671 500＝601 500（元）

第一季度实际毛利率＝1－1 766 000÷（580 000＋790 000＋900 000）×100%＝22.20%

毛利率推算法的优点：由于不是按库存商品品名、规格逐一计算商品销售成本，而是按商品类别进行计算，大大简化企业的计算工作。

毛利率推算的缺点：由于企业各期商品销售受到多种因素的影响，采用上期毛利率计算本期商品销售成本和期末结转商品成本，其成果往往不够准确。

毛利率推算法一般适用于经营商品品种较多、按月计算商品销售成本有困难的企业。

8.2　零售企业主营业务成本的计算

零售企业主营业务成本中包含了已实现的商品销售毛利，即商品进销差价，每月末应将已实现的商品进销差价从售价成本中转出，以便使主营业务成本账上反映已销商品的进价成本。所以，零售企业的成本计算，实际上就是对已销商品进销差价的计算。商品销售实际成本、主营业务收入和已销商品实现的进销差价的关系可用以下公式表示：

商品销售实际成本＝主营业务收入－已销商品实现的进销差价

从以上公式可知，要求得商品销售实际成本，关键是计算已销商品实现的进销差价。

计算已销商品实现的进销差价主要有以下三种方法。

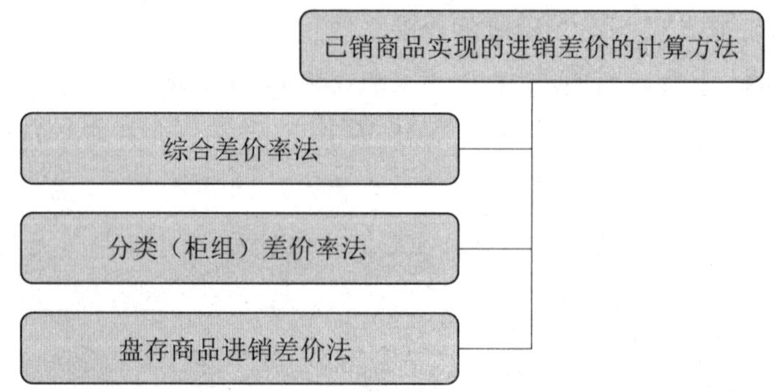

8.2.1　综合差价率法

综合差价率法是按企业全部商品的销售及库存比例计算差价率的一种方法。计算公式如下：

$$综合差价率=\left[\frac{月末调整前“商品进销差价”账户余额}{\begin{matrix}“库存商品”\\账户余额\end{matrix}+\begin{matrix}“受托代销商品”\\账户余额\end{matrix}+\begin{matrix}本期“主营业务收入”\\账户贷方发生额\end{matrix}}\right]\times100\%$$

本月已销商品应分摊的进销差价＝本月“主营业务收入”账户净额×综合差价率

综合差价率法一般适用于经营的商品各品种进销差价相差不大、销售量又较均匀的企业。

【例 8-5】 好佳联超市月末有关账户余额为："主营业务收入" 650 000 元，"主营业务成本" 220 000 元，"受托代销商品" 30 000 元，调整前的"商品进销差价" 90 000 元，则用综合差价率计算法计算如下：

$$综合差价率=\frac{90\ 000}{220\ 000+30\ 000+650\ 000}\times 100\%=10\%$$

本月已销商品应分摊的进销差价＝650 000×10%＝65 000（元）

根据计算结果应做如下会计分录：

借：商品进销差价　　　　65 000

　　贷：主营业务成本　　　　65 000

8.2.2 分类（柜组）差价率法

分类（柜组）差价率法是按企业各类商品或各营业柜组的销售及库存比例计算差价率的一种方法。该方法的计算原理与综合差价率法相同，只是将计算对象的范围缩小了。在这种计算方式下，"主营业务收入""主营业务成本""库存商品""商品进销差价"账户必须按大类（或柜组）设置明细账进行明细核算。

由于同一大类商品的进销差价比较接近，因此，分类（柜组）差价率法的计算结果比综合差价率法相对准确些。

【例 8-6】 华欣超市 2019 年 5 月末有关明细资料，见表 8-2。

表 8-2　　　　华欣超市 2019 年 5 月相关明细账资料　　　　单位：元

小　组	月末分摊前"商品进销差价"账户余额	月末"库存商品"账户余额	本月"主营业务收入"账户净额
日用品组	28 000	54 000	126 000
水果组	32 000	65 000	149 000
鲜肉组	16 900	46 800	156 000
熟食组	13 500	63 200	85 000
合　计	90 400	229 000	516 000

已销商品进销差价计算表，见表 8-3。

表 8-3　　已销商品进销差价计算表　　单位：元

小组	商品进销差价账户余额	库存商品账户余额	主营业务收入净额	分类差销率（%）	已销商品进销差价	库存商品进销差价
①	②	③	④	⑤=②÷（③+④）	⑥=④×⑤	⑦=②−⑥
日用品组	28 000	54 000	126 000	15.56%	19 605.60	8 394.40
水果组	32 000	65 000	149 000	14.95%	22 275.50	9 724.50
鲜肉组	16 900	46 800	156 000	8.33%	12 994.80	3 905.20
熟食组	13 500	63 200	85 000	9.10%	7 735	5 765
合计	90 400	229 000	516 000	—	62 610.90	27 789.10

根据上表，编制会计分录。

借：商品进销差价——日用品组　　19 605.60
　　　　　　　　——水果组　　22 275.50
　　　　　　　　——鲜肉组　　12 994.80
　　　　　　　　——熟食组　　7 735
　贷：主营业务成本——日用品组　　19 605.60
　　　　　　　　——水果组　　22 275.50
　　　　　　　　——鲜肉组　　12 994.80
　　　　　　　　——熟食组　　7 735

8.2.3　盘存商品进销差价法

盘存商品进销差价法是结合商品盘点工作进行的，即以盘存数量分别乘以商品的单位进价和单位售价，求出结存商品应保留的差价，然后再倒求已销商品进销差价的一种计算方法。计算公式如下：

期末库存商品进价总额＝$\sum$(期末各种商品数量×各种商品进货单价)

期末库存商品售价总额＝$\sum$(期末各种商品数量×各种商品销售单价)

库存商品应保留差价＝期末库存商品售价总额－期末库存商品进价总额

已销商品进销差价＝月末商品进销差价账户余额－库存商品应保留差价

盘存商品进销差价法的计算结果比前两种方法更准确，但由于要查找各种商品的原进价，并且要盘点，工作量较大。按现行会计制度规定，零售企业一般只在年终决算时采用。

【例 8-7】 华欣超市 2019 年年末商品盘点情况及进销价格资料，见表 8-4。

表 8-4　　商品盘存及进销价格计算表

日化组　　单位：元

商品品种	单位	盘存数量	零售价（含税）		购进价		库存商品进销差价（含税）
			单价	金额	单价	金额	
①	②	③	④	⑤＝③×④	⑥	⑦＝③×⑥	⑧＝⑤－⑦
洗衣粉	袋	500	15	7 500	10	5 000	2 500
洗发水	瓶	600	26	15 600	18	10 800	4 800
洗手液	瓶	300	13	3 900	9	2 700	1 200
护肤品	瓶	200	25	5 000	20	4 000	1 000
合计				32 000		22 500	9 500

已知 2019 年年末分摊前“商品进销差价——日化组”账户余额为 10 900 元。采用盘存商品进销差价法计算日化组已销商品进销差价＝10 900－9 500＝1 400(元)

借：商品进销差价——日化组　　1 400

　　贷：主营业务成本——日化组　　1 400

盘存商品进销差价法的优点：计算结果最接近实际。

缺点：必须在年终对库存商品进行全面盘点的基础上来计算商品进销差价，工作量很大。

盘存商品进销差价法适合经营商品品种较少或者管理比较完善的零售企业。

8.3　存货跌价准备的计提

商品流通企业应当定期或者至少于每年年度终了，对库存商品进行全面清查，如由于商品遭受毁损、全部或部分陈旧过时或销售价格低于成本等原因，使库存商品成本高于可变现净值（指企业在正常生产经营过程中，以存货的估计售价减去至完工估计将要发生的成本、估计的销售费用以及相关税金后的金额），应按库存商品成本高于可变现净值部分提取存货跌价准备。

8.3.1　计提存货跌价准备的确认与计提方法

当企业存在下列情况之一时，应当计提存货跌价准备：

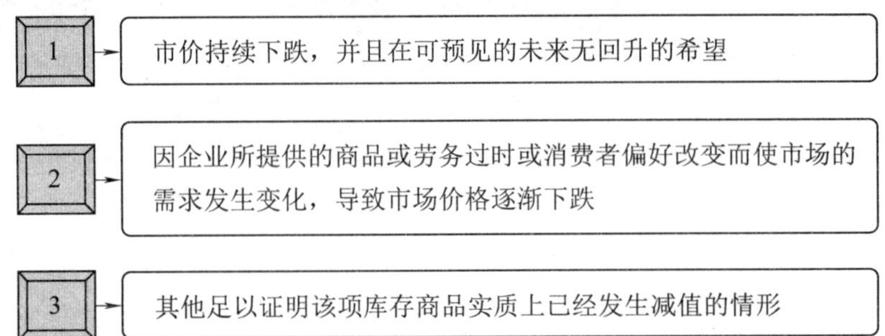

存货跌价准备应按单个库存商品项目计提，对于数量繁多、单价较低的库存商品，也可以按库存商品类别计提。

当存在以下一项或若干项情况时，应将库存商品账面价值全部转入当期损益。

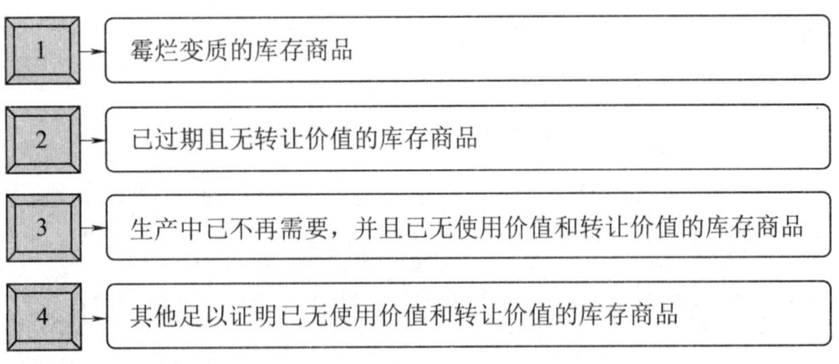

8.3.2　库存商品跌价的账务处理

企业库存商品发生跌价，应在“存货跌价准备”账户核算。“存货跌价准备”账户核算企业提取的存货跌价准备，其贷方登记计提存货跌价准备的数额，借方登记冲减、转销、转回存货跌价准备的数额，其期末贷方余额，反映企业已提取的存货跌价准备。见表 8-5。

表 8-5　　库存商品跌价的账务处理

财务情景	账务处理
期末，企业计算出库存商品可变现净值低于成本的差额	借：资产减值损失——计提的存货跌价准备 　贷：存货跌价准备
如已计提存货跌价准备的库存商品的价值以后又得以恢复	借：存货跌价准备（应按恢复增加的数额） 　贷：资产减值损失——计提的存货跌价准备

当已计提存货跌价准备的库存商品的价值以后又得以恢复，其冲减的跌价准备金额，应以存货跌价准备账户的余额冲减至零为限。

【例 8-8】 2019 年 12 月 31 日，蓝枫叶批发公司对库存商品进行盘点时，发现从西达公司采购的红薯全部霉烂变质：其账面余额 39 000 元，红薯原来计提有存货跌价准备 8 800 元。根据上述业务，编制会计分录如下。

借：资产减值损失——计提的存货跌价准备　　30 200
　　存货跌价准备　　8 800
　　贷：库存商品——乙商品　　39 000

第 9 章
商业企业固定资产的核算

本章主要介绍固定资产科目设置、初始计量、折旧方法、后续支出、期末计量及处置的账务处理。

9.1 固定资产定义及科目设置

固定资产是企业生产经营过程中的重要生产资料。同时具有下列特征的有形资产。

(1) 为生产商品，提供劳务、出租或经营管理而持有的。

(2) 使用寿命超过一个会计年度。

(3) 固定资产为有形资产。

为了对固定资产进行会计核算，企业一般需要设置"固定资产""累计折旧""工程物资""在建工程""固定资产清理"等科目，核算固定资产取得、计提折旧、处置等情况。

固定资产科目借方登记企业增加的固定资产原价，贷方登记企业减少的固定资产原价，期末借方余额，反映企业期末固定资产的账面原价。"固定资产"科目一般分为三级，企业除了应设置"固定资产"总账科目，还应设置"固定资产登记簿"和"固定资产卡片"，按固定资产类别、使用部门和每项固定资产进行明细核算。见表 9-1。

表 9-1　　固定资产会计科目编码的设置

科目代码	总分类科目（一级科目）	明细分类科目		是否辅助核算	辅助核算类别
		二级科目	三级科目		
1601	固定资产				
160101	固定资产	房屋及建筑物	项目	是	部门
160102	固定资产	机器设备	项目	是	部门
160103	固定资产	运输设备	项目	是	部门
160104	固定资产	办公设备	项目	是	部门
160105	固定资产	电子设备	项目	是	部门
160106	固定资产	融资租入固定资产	项目	是	部门

9.2 固定资产初始计量

固定资产应当按照取得时成本进行初始计量。对于特定行业的特定固定资产（如核工业反应堆），确定其初始入账成本时还应考虑弃置费用。

9.2.1 外购固定资产的账务处理

企业外购固定资产的成本，包括购买价款、相关税费和使固定资产达到预定可使用状态前所发生的可归属于该项资产的运输费、装卸费、安装费和专业人员服务费（不含可抵扣的增值税进项税额）等。

固定资产入账成本＝买价＋装卸费＋运输费＋安装费＋专业人员服务费等

提示：一般纳税人购入固定资产支付的增值税，可以作为进项税抵扣。小规模纳税人购入固定资产支付的增值税不可以抵扣，直接计入固定资产的成本。账务处理如图 9-1 所示。

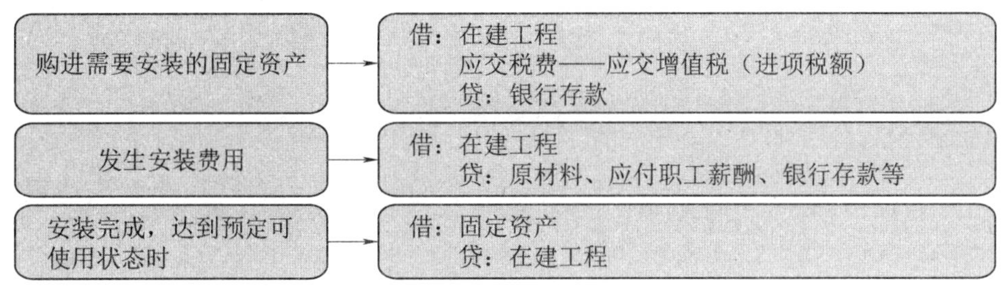

图 9-1 外购固定资产账务处理

【例 9-1】 2019 年 10 月 15 日，百佳艺商贸有限公司从宏峰机械厂购入一台需要安装的中央空调，买价 500 000 元，增值税 65 000 元，运杂费 1 308 元（运输公司增值税率为 9%）。按合同约定，空调由供货方安装，安装费4 400 元。全部款项中买价和增值税尚未支付，其余用银行存款付讫，设备安装并交付使用。见表 9-2。

（1）购入设备时，采购成本＝500 000＋1 308÷（1＋9%）＝501 200（元）；运费的进项增值税额＝1 308÷（1＋9%）×9%＝108（元）。

借：在建工程　　501 200

　　应交税费——应交增值税（进项税额）（65 000＋108）

　　65 108

贷：应付账款　　565 000

　　银行存款　　1 308

表 9-2　　固定资产（设备）验收交付使用交接单

编号：NO. 00433　　2019 年 12 月 26 日　　金额单位：元

<table>
<tr><td>供货商</td><td>宏峰机械厂</td><td>合同科目代码</td><td colspan="2">GT0112</td><td colspan="2">发票科目代码</td><td>略</td><td>收货日期</td><td colspan="2">2018 年 12 月 26 日</td></tr>
<tr><td>资金来源</td><td>银行存款</td><td>用途</td><td colspan="8">办公使用</td></tr>
<tr><td>序号</td><td>固定资产（设备）名称</td><td>设备类别</td><td>设备科目代码</td><td>规格型号</td><td>单位</td><td>数量</td><td>单价</td><td>安装费</td><td>运费</td><td>总计</td></tr>
<tr><td>1</td><td>中央空调</td><td></td><td></td><td></td><td>台</td><td>1</td><td>500 000</td><td>4 400</td><td>1 200</td><td>505 600</td></tr>
<tr><td>2</td><td></td><td></td><td></td><td></td><td></td><td></td><td></td><td></td><td></td><td></td></tr>
<tr><td>3</td><td></td><td></td><td></td><td></td><td></td><td></td><td></td><td></td><td></td><td></td></tr>
<tr><td>4</td><td></td><td></td><td></td><td></td><td></td><td></td><td></td><td></td><td></td><td></td></tr>
<tr><td>5</td><td></td><td></td><td></td><td></td><td></td><td></td><td></td><td></td><td></td><td></td></tr>
<tr><td>合计</td><td></td><td></td><td></td><td></td><td></td><td></td><td></td><td></td><td></td><td>505 600</td></tr>
<tr><td colspan="2">部　门</td><td colspan="2">部门负责人</td><td colspan="2">经办人</td><td colspan="2">部　门</td><td></td><td>经办人</td><td></td></tr>
<tr><td colspan="2">采购部门</td><td colspan="2">采购部</td><td colspan="2"></td><td colspan="2">使用部门</td><td colspan="3">办公大楼</td></tr>
<tr><td colspan="2">验收部门</td><td colspan="2">质检部</td><td colspan="2"></td><td colspan="2">财务部门</td><td colspan="3"></td></tr>
</table>

（2）支付安装费用时。

借：在建工程　　4 400

　　贷：银行存款　　4 400

（3）2019 年 12 月 26 日，设备安装完毕并交付使用时。

借：固定资产　　505 600

　　贷：在建工程　　505 600

9.2.2　自行建造不动产账务处理

自行建造不动产的成本，由建造该项资产达到预定可使用状态前所发生的必要支出构成，包括直接材料、直接人工、直接机械施工费等。在建造时，通过“在建工程”科目进行归集，自行建造不动产完工时，借记“固定资产”

科目，贷记“在建工程”科目。2019 年 3 月 20 日，国务院常务委员会围绕更大规模减税进行了部署，其中一项内容就是把纳税人取得不动产支付的进项税由分两年抵扣改为一次性全额抵扣，增加纳税人当期可抵扣进项税。具体账务处理如图 9-2 的所示。

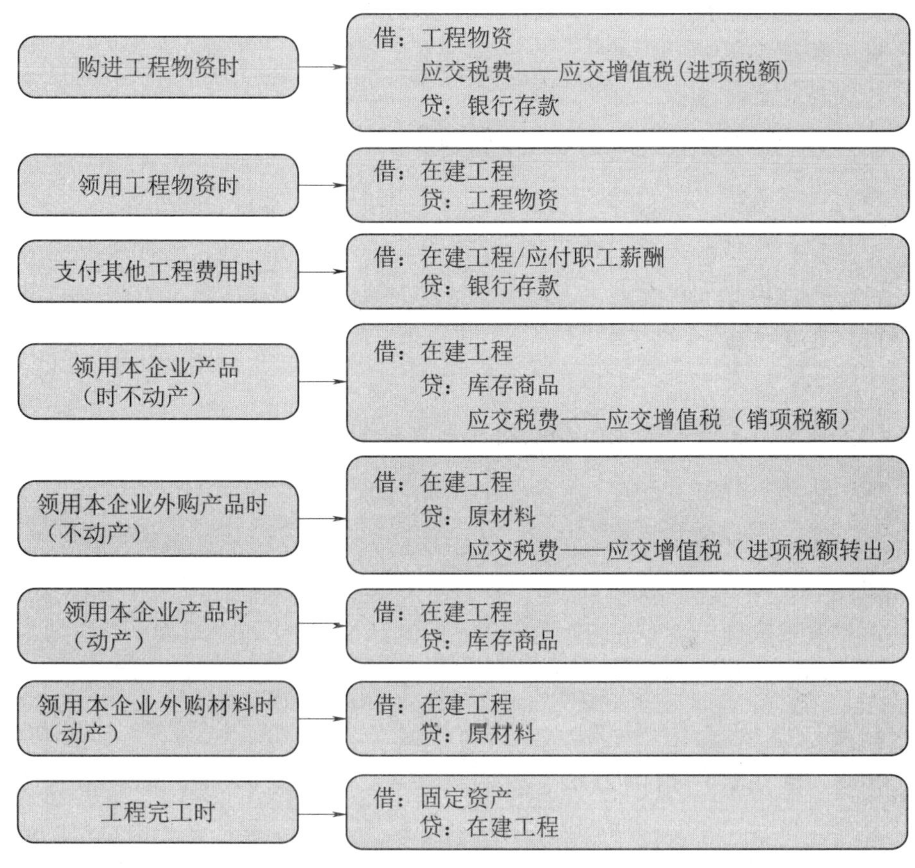

图 9-2 自行建造固定资产

【例 9-2】2018 年 6 月 1 日，联合商贸有限公司采用自营方式建造厂房一座，发生如下有关业务：以银行存款 1 808 000 元购入一批工程专用物资，增值税专用发票上注明的买价为 1 600 000 元，增值税税额为 208 000 元。所购入物资全部投入工程建设，分配工程建设人员的职工薪酬 22 900 元。以银行存款支付工程管理费用 21 500 元，应由工程成本负担的长期借款利息 65 000 元（假定按合同利率当利息计算）。工程完工，经验收交付使用。

（1）购入工程物资时。

借：工程物资　　1 600 000

　　应交税费——应交增值税（进项税额）　　208 000

　　贷：银行存款　　1 808 000

（2）领用工程物资时。

借：在建工程——厂房　　1 600 000

　　贷：工程物资　　1 600 000

（3）分配工程建设人员的职工薪酬时。

借：在建工程——厂房　　22 900

　　贷：应付职工薪酬　　22 900

（4）支付工程管理费时。

借：在建工程——厂房　　21 500

　　贷：银行存款　　21 500

（5）计算应由工程成本负担的借款利息时。

借：在建工程——厂房　　65 000

　　贷：应付利息　　65 000

（6）工程完工使用时。

借：固定资产　　1 709 400

　　贷：在建工程——厂房　　1 709 400

9.3 固定资产折旧方法

根据（财税〔2018〕54 号《关于设备、器具扣除有关企业所得税政策的通知》）规定，企业在 2018 年 1 月 1 日至 2020 年 12 月 31 日期间新购进的设备、器具（是指除房屋、建筑物以外的固定资产），单位价值不超过 500 万元的，允许一次性计入当期成本费用在计算应纳税所得额时扣除，不再分年度计算折旧；单位价值超过 500 万元的，仍按《中华人民共和国企业所得税法实施条例》、《财政部 国家税务总局关于完善固定资产加速折旧企业所得税政策的通知》(财税〔2014〕75 号)、《财政部、国家税务总局关于进一步完善固定资产加速折旧企业所得税政策的通知》（财税〔2015〕106 号）等相关规定执行。

固定资产折旧方法可以采用年限平均法、工作量法、双倍余额递减法、年数总和法等。固定资产折旧方法一经确定，不得随意变更。

1. 年限平均法

年限平均法又称直线法，是将固定资产的应计折旧额在固定资产使用寿命内平均分摊到各期的一种方法。采用这种方法各期计算的折旧额相等。年限平均法的计算公式如下：

年折旧率＝（1－预计净残值率）÷预计使用年限

月折旧率＝年折旧率÷12

月折旧额＝固定资产原价×月折旧率

2. 工作量法

工作量法是将固定资产的应计提折旧额，在固定资产的使用寿命内按各期完成的工作量进行分摊的一种方法。

工作量法的计算公式如下：

单位工作量折旧额＝固定资产原价×（1－预计净残值率）÷预计总工作量

某项固定资产月折旧额＝该项固定资产当月工作量×单位工作量折旧率

【例 9-3】红河百货有限公司购入一辆汽车，原值 600 000 元，预计总行驶 400 000 千米，预计净残值率为 5％。该汽车本月实际行驶 18 000 千米，本月折旧计算如下：

每公里折旧率＝600 000×（1－5％）÷400 000＝1.425（元/千米）

本月折旧额＝18 000×1.425＝25 650（元）

3. 双倍余额递减法

双倍余额递减法是指在不考虑固定资产预计净残值的情况下，根据每期期初固定资产原价减去累计折旧后的金额和双倍的直线法折旧率计算固定资产折旧的一种方法。计算公式如下：

年折旧率＝2÷预计使用年限×100％

月折旧率＝年折旧率÷12

月折旧额＝每月月初固定资产账面净值×月折旧率

【例 9-4】红河百货有限公司的生产设备固定资产原值为 580 000 元，预计使用年限为 5 年，预计净残值 5 000 元，采用双倍余额递减法计提折旧。

年折旧率＝2÷5×100％＝40％

第一年折旧额＝580 000×40%＝232 000（元）

第二年折旧额＝(580 000－232 000) ×40%＝139 200（元）

第三年折旧额＝(580 000－232 000－139 200) ×40%＝83 520（元）

第四年折旧额＝(580 000－232 000－139 200－83 520－5 000) ÷2
＝60 140（元）

第五年折旧额＝(580 000－232 000－139 200－83 520－5 000) ÷2
＝60 140（元）

注意：为简化计算，每年各月折旧额可根据年折旧额除以 12 个月 计算。

4. 年数总和法

年数总和法又称年限合计法，是指将固定资产的原值减去预计净残值后的余额，乘以一个以固定资产尚可使用寿命为分子、以预计使用寿命逐年数字之和为分母的逐年递减的分数计算每年的折旧额。计算公式如下：

年折旧率＝尚可使用年限÷预计使用寿命的年数总和×100%

月折旧率＝年折旧率÷12

月折旧额＝（固定资产原价－预计净残值）×月折旧率

【例 9-5】红河百货有限公司的一项机器设备原值为 1 240 000 元，预计使用年限为 4 年，预计净残值 4 000 元，采用年数总和法计提折旧。

第一年折旧额＝（1 240 000－4 000）×4÷10＝494 400（元）

第二年折旧额＝（1 240 000－4 000）×3÷10＝370 800（元）

第三年折旧额＝（1 240 000－4 000）×2÷10＝247 200（元）

第四年折旧额＝（1 240 000－4 000）×1÷10＝123 600（元）

5. 固定资产折旧的核算

固定资产按月计提折旧，企业通过编制“固定资产折旧计算表”作为固定资产折旧账务处理的依据，每月计提折旧时，可以在上月计提的折旧额的基础上，根据上月固定资产的增减变动情况调整计算出当月应计提的折旧额，计算方法如下：

当月应计提折旧额＝上月计提的折旧额＋上月增加固定资产应计提的折旧额－上月减少固定资产应计提的折旧额

每月计提的折旧额应按固定资产用途计入相关资产的成本或者当期损益费用。

【例 9-6】2019 年 5 月 31 日，红河百货有限公司编制的固定资产折旧计算表，见表 9-3。

表 9-3　　固定资产折旧计算表　　单位：元

使用部门	上月折旧额	上月增加固定资产应提折旧额	上月减少固定资产应提折旧额	本月折旧额
日化柜组	133 000	5 650	7 890	130 760
电器柜组	114 000	6 120	55 300	64 820
行政管理部门	44 000	2 340	5 170	41 170
经营性租出	14 210	—	—	14 210
合计	305 210	14 110	68 360	250 960

借：生产成本——日化柜组　　130 760
　　　　　　——电器柜组　　64 820
　　管理费用　　41 170
　　其他业务成本　　14 210
　　贷：累计折旧　　250 960

9.4　固定资产减值的核算

资产负债表日，固定资产可收回金额低于其账面价值的，企业应将该固定资产的账面价值减记至可收回金额，同时确认为资产减值损失，计提固定资产减值准备。固定资产减值损失一经确认，在以后会计期间不得转回。账务处理如图 9-3 所示。

账面净值＝固定资产的折余价值＝固定资产原价－计提的累计折旧

账面价值＝固定资产的账面原价－计提的累计折旧－计提的减值准备

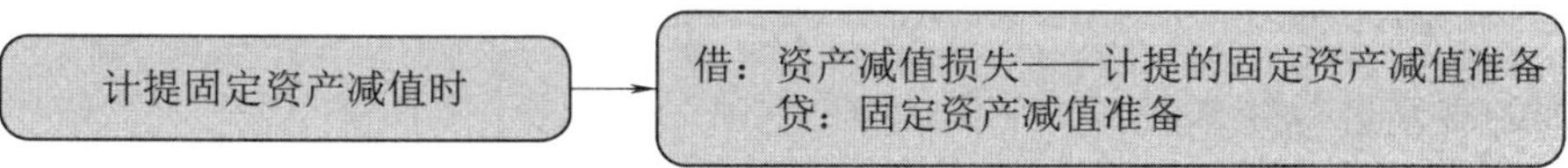

图 9-3　固定资产减值的账务处理

【例 9-7】红河百货有限公司 2015 年 12 月购入设备价值 770 000 元，预计使用5年，预计净残值3 000元，采用年限平均法计提折旧。2017年年末清查时发现，该设备市价大幅度下跌且近期内无望恢复。经计算该设备可回收金额为220 000元，此前未计提过减值准备。

已计提折旧额＝（770 000－3 000）÷5×2＝306 800（元）

2017年末应计提固定资产减值准备＝（770 000－306 800）－220 000＝243 200（元）

借：资产减值损失——固定资产减值损失　　243 200

　　贷：固定资产减值准备　　243 200

自2018年起，每年计提折旧额应调整为（243 200－3 000）÷4＝60 050（元）。

9.5 固定资产的处置

（1）固定资产的处置及其终止确认。

固定资产处置，通常就是指企业固定资产的出售和对报废、毁损固定资产的处理。此外，企业因对外投资、非货币性资产交换、债务重组等原因转出固定资产，也属于固定资产处置。

（2）固定资产出售、报废或毁损的核算。

企业对出售固定资产设置"资产处置损益"账户；报废或毁损的固定资产，设置"固定资产清理"账户进行核算。具有使用价值计入"资产处置损益"科目；报废和毁损固定资产所得净收益，应计入营业外收入（"非流动资产处置利得"项目），如为净损失应计入营业外支出（属于正常的处理损失，计入"非流动资产处置损失"项目）。如果企业在筹建期间发生出售、报废和毁损固定资产处置业务，其净损益应计入或冲减管理费用。

（3）企业因对外投资、非货币性资产交换、债务重组等原因转出的固定资产，一般也通过"固定资产清理"账户进行核算，具体处理应按有关会计准则的规定进行处理。

【例9-8】红河百货有限公司报废一台生产设备，无可再利用价值。原价1 120 000元，已提折旧760 000元，未计提减值准备，报废资产的残料变价13 000元已存入银行，支付清理费用5 900元，设备清理完毕。

（1）结转固定资产账面价值。

借：固定资产清理　　360 000

　　累计折旧　　760 000

　　贷：固定资产　　1 120 000

（2）支付清理费用。

借：固定资产清理　　5 900

　　贷：银行存款　　5 900

（3）残料变价收入存入银行。

借：银行存款　　13 000

　　贷：固定资产清理　　13 000

（4）结转固定资产清理。

借：营业外支出——非流动资产处置损失　　352 900

　　贷：固定资产清理　　352 900

第 10 章 期间费用的核算

期间费用是企业日常活动发生的不能计入特定核算对象的成本，而应计入发生当期损益的费用，主要包括销售费用、管理费用和财务费用。

10.1 销售费用

销售费用是企业销售商品和材料、提供劳务的过程中发生的各种费用，包括保险费、包装费、展览费和广告费、商品维修费、预计产品质量保证损失、运输费、装卸费等以及为销售本企业商品而专设的销售机构（含销售网点、售后服务网点等）的职工薪酬、业务费、折旧费等经营费用。企业发生的与专设销售机构相关的固定资产修理费用等后续支出属于销售费用。

销售费用是与企业销售商品活动有关的费用，但不包括销售商品本身的成本和劳务成本。销售的产品的成本属于“主营业务成本”，提供劳务所发生的成本属于“劳务成本”。

本科目可按费用项目进行明细核算。期末，应将本科目余额转入“本年利润”科目，结转后本科目无余额。见表 10-1。

表 10-1　　　　销售费用会计科目编码的设置

科目代码	总分类科目（一级科目）	明细分类科目			是否辅助核算	辅助核算类别
		二级科目	三级科目	四级明细科目		
6601	销售费用					
660101	销售费用	职工薪酬	工资		是	
66010102	销售费用	职工薪酬	社会保险费		是	部门
66010103	销售费用	职工薪酬	社会保险费	养老保险	是	部门
66010104	销售费用	职工薪酬	社会保险费	工伤保险	是	部门
66010105	销售费用	职工薪酬	社会保险费	失业保险	是	部门
66010105	销售费用	职工薪酬	社会保险费	医疗保险	是	部门
66010106	销售费用	职工薪酬	社会保险费	计划生育保险	是	部门

续上表

科目代码	总分类科目（一级科目）	明细分类科目			是否辅助核算	辅助核算类别
		二级科目	三级科目	四级明细科目		
66010107	销售费用	职工薪酬	住房公积金		是	部门
66010108	销售费用	职工薪酬	职工福利		是	部门
66010109	销售费用	职工薪酬	辞退费用		是	部门
660102	销售费用	折旧费			是	部门
660103	销售费用	费用摊销			是	部门
660104	销售费用	办公费用			是	部门
660105	销售费用	车辆费用			是	
660106	销售费用	业务招待费			是	部门
660107	销售费用	会议费			是	部门
660108	销售费用	劳动保护费			是	部门
660109	销售费用	广告宣传费			是	部门
660110	销售费用	业务推广费			是	部门
660111	销售费用	包装费			是	部门
660112	销售费用	差旅费			是	部门
660113	销售费用	培训费			是	部门
660114	销售费用	财产保险费			是	部门
660115	销售费用	退休人员补贴			是	部门

企业应通过“销售费用”科目，核算销售费用的发生和结转情况。账务处理如图 10-1 所示。

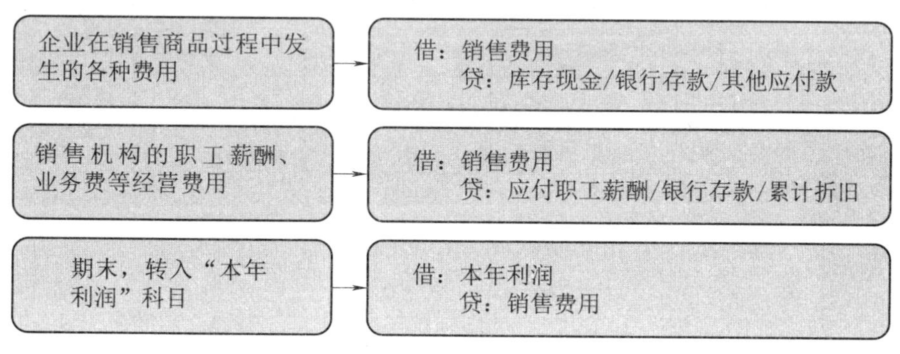

图 10-1　销售费用的账务处理

【例 10-1】2019 年 2 月 21 日，红河百货有限公司支付商品的运杂费，以银行存款 7 600 元支付，做会计分录如下。

借：销售费用　　7 600

　　贷：银行存款　　7 600

期末结转销售费用时，公司所做会计处理如下。

借：本年利润　　7 600

　　贷：销售费用　　7 600

10.2 管理费用

管理费用是指企业为组织和管理经营过程中发生的各种费用，包括企业董事会和行政管理部门发生的，或者应由企业统一负担的公司经费（包括行政管理部门职工工资、修理费、物料消耗、低值易耗品摊销、办公费和差旅费等）、工会经费、待业保险费、劳动保险费、董事会会费（包括董事会成员津贴、会议费和差旅费等）、聘请中介机构费、咨询费（含顾问费）、诉讼费、业务招待费、技术转让费、矿产资源补偿费、研究费用、排污费等。

商品流通企业管理费用不多的，可不设本科目，本科目的核算内容可并入“销售费用”科目核算。

本科目可按费用项目进行明细核算。期末，应将本科目的余额转入“本年利润”科目，结转后本科目无余额，见表 10-2。

表 10-2　　管理费用会计科目编码的设置

科目代码	总分类科目（一级科目）	明细分类科目		是否辅助核算	辅助核算类别
		二级科目	三级科目		
6602	管理费用				
660201	管理费用	职工薪酬			
66020101	管理费用	职工薪酬	基本工资	是	部门
66020102	管理费用	职工薪酬	社会保险费	是	部门
66020103	管理费用	职工薪酬	养老保险	是	部门
66020104	管理费用	职工薪酬	工伤保险	是	部门
66020105	管理费用	职工薪酬	失业保险	是	部门

续上表

科目代码	总分类科目（一级科目）	明细分类科目		是否辅助核算	辅助核算类别
		二级科目	三级科目		
66020106	管理费用	职工薪酬	医疗保险	是	部门
66020107	管理费用	职工薪酬	计划生育保险	是	部门
66020108	管理费用	职工薪酬	住房公积金	是	部门
66020109	管理费用	职工薪酬	辞退费用	是	部门
660202	管理费用	折旧费		是	部门
660203	管理费用	无形资产摊销		是	部门
660204	管理费用	办公费用		是	
660205	管理费用	印刷费		是	部门
660206	管理费用	业务招待费		是	部门
660207	管理费用	会议费		是	部门
660208	管理费用	接待费		是	部门
660209	管理费用	广告宣传费		是	部门
660210	管理费用	差旅费		是	部门
660211	管理费用	培训费		是	部门
660212	管理费用	董事会费		是	部门
660213	管理费用	退休人员补贴		是	部门

企业应通过“管理费用”科目，核算管理费用的发生和结转情况。该科目借方登记企业发生的各项管理费用，贷方登记期末转入“本年利润”科目的管理费用，结转后该科目应无余额。该科目按管理费用的费用项目进行明细核算。账务处理如图 10-2 所示。

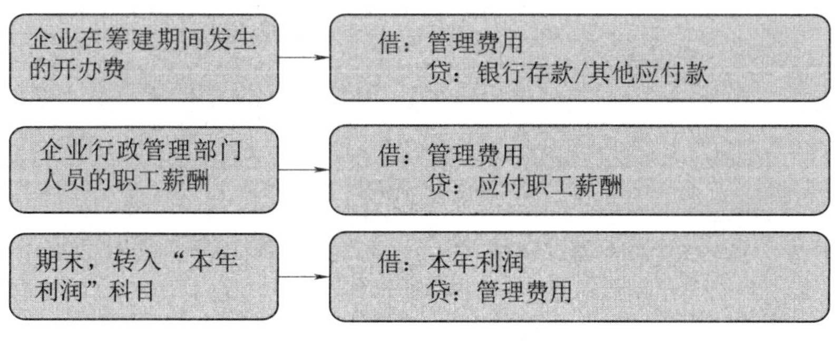

图 10-2　管理费用账务处理

【例 10-2】 2019 年 6 月 5 日，红河百货有限公司计提管理人员工资 151 000元，购买办公用品 1 450 元，用现金支付，计提固定资产折旧 32 250 元，支付汽车队事故赔偿费 12 720 元。上述费用支出根据“工资汇总表”和有关付款凭证，编制会计分录如下。

（1）分配职工工资时，见表 10-3。

表 10-3　管理人员工资结算汇总表

单位：红河百货有限公司　　2019 年 6 月 5 日　　单位：元

应借科目	基本工资	奖金	应付工资	代扣款项		实发金额
				房租	电话费	
管理费用	121 000	30 000	151 000	20 000	8 000	123 000

借：管理费用——工资　　151 000

　　贷：应付职工薪酬——工资　　151 000

①结转代扣款项。

借：应付职工薪酬　　28 000

　　贷：其他应收款　　28 000

②发放工资时。

借：应付职工薪酬——工资　　123 000

　　贷：银行存款　　123 000

（2）购买办公用品时，见表 10-4。

借：管理费用——办公用品　　1 450

　　贷：库存现金　　1 450

表 10-4　湘江文具店

2019 年 6 月 5 日　　单位：元

物品名称	单位	数量	单价	金额
红色圆珠笔	支	100	3	300
蓝色圆珠笔	支	100	3	300
笔记本	个	50	10	500
打印纸	包	10	35	350
金额合计（大写）壹仟肆佰伍拾元整		￥1 450.00		

开票单位（章）　　开票人：纪颖

（印章：湘江文具店 发票专用章）

(3) 计提固定资产折旧，见表 10-5。

表 10-5 固定资产折旧计算表

2019 年 6 月 5 日 单位：元

使用部门	上月折旧额	上月增加固定资产折旧额	上月减少固定资产折旧额	当月折旧额
管理部门	32 250	0	0	32 250
合计	32 250			32 250

借：管理费用——折旧 32 250

贷：累计折旧 32 250

(4) 支付汽车队事故赔偿费。

借：管理费用——事故赔偿费 12 720

贷：银行存款 12 720

(5) 期末转入“本年利润”账户。

借：本年利润 197 420

贷：管理费用 197 420

10.3 财务费用

财务费用是企业为筹集生产经营所需资金等而发生的筹资费用，包括利息支出（减利息收入）、汇兑损益以及相关的手续费、企业发生或收到的现金折扣等。但利息资本化的支出除外（利息资本化的支出计入在建工程）。

财务管理费用科目设置，见表 10-6。

表 10-6 财务费用会计科目编码的设置

科目代码	总分类科目（一级科目）	明细分类科目	
		二级科目	三级科目
6603	财务费用		
660301	财务费用	利息收入	项目
660302	财务费用	汇兑损失	项目
660303	财务费用	汇兑收益	项目

续上表

科目代码	总分类科目（一级科目）	明细分类科目	
		二级科目	三级科目
660304	财务费用	手续费	项目
660305	财务费用	利息支出	项目
660306	财务费用	往来折现	项目
660307	财务费用	其他	项目

企业应通过“财务费用”科目，核算财务费用的发生和结转情况。如图 10-3所示。

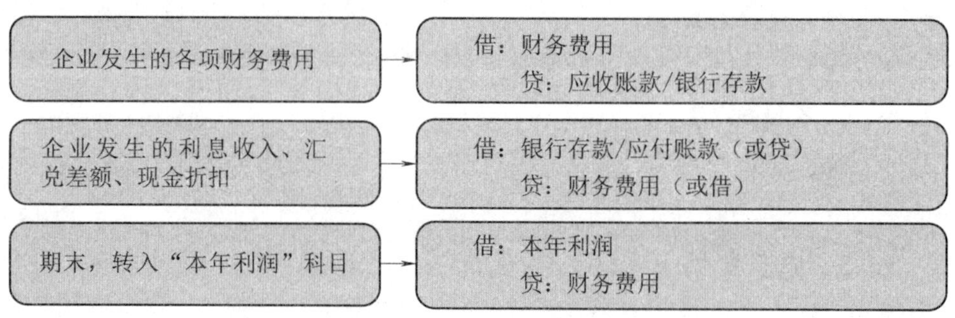

图 10-3　财务费用账务处理

【例 10-3】2019 年 1 月 27 日，红河百货有限公司购买支票簿，现金支票 3 本，转账支付 4 本，共计 175 元。见表 10-7。

表 10-7　**中国银行空白凭证领用书**（第三联：代缴费回单）

领用单位：红河百货有限公司　　　2019 年 1 月 27 日

凭证种类		单位	数量	单价	金额
名称	起止号码				
现金支票	13201-13301	本	3	25	75
转账支付	14601-14701	本	4	25	100
合计人民币（大写）壹佰柒拾伍元整					

主管：纪南　记账：梁津　会计：范琳　出纳：骆闻

借：财务费用——工本费　　175

　　贷：银行存款　　175

1 月 31 日，按到银行通知，本月公司活期存款利息 8 000 元到账，原始凭证见表 10-8。

表 10-8　　**中国银行存款利息清单**（回单）

2019 年 1 月 31 日

单位名称	红河百货有限公司				
结算户账户	活期存款利息	开户银行及账号	中国银行深圳市樱花支行 34331476497		
利息金额					
起息日	2019 年 1 月 1 日		结息日	2019 年 1 月 31 日	
利率（年）	5%	基数	160 000	利息	8 000
备注：			中国银行深圳市樱花支行 2019.01.31 付讫		

借：银行存款　　8 000

　　贷：财务费用——利息收入　　8 000

第11章 财务报表

财务报表由报表本身及其附注两部分构成。一套完整的财务报表至少应当包括“四表一注”，即资产负债表、利润表、现金流量表、所有者权益（或股东权益）变动表及附注。

财务报表是企业会计部门在日常会计核算的基础上，利用统一的货币计量单位，按照会计报表统一规定的格式、内容和编制方法定期编制的，能够综合反映企业财务状况和经营成果、现金流量状况的书面文件。

11.1 什么是财务报表

根据《关于修订印发2019年度一般企业财务报表格式的通知》（财会〔2019〕6号）规定，一般企业财务报表格式（适用于已执行新金融准则和新收入准则的企业）有变动的是资产负债表、利润表、现金流量表、所有者权益变动表等。图11-1为云南白药的财务报告截图。

云南白药集团股份有限公司

2018年度报告

2018年03月

图11-1　云南白药的财务报告封面

云南白药的这份年报长达215页，这份长篇大论的年报有哪些内容呢？上市公司的年报目录大致差不多，如图11-2所示。

因为云南白药是集团公司，在年报中要编制合并报表和母公司报表，分别包括“四表”即资产负债表、利润表、现金流量表、所有者权益变动表，如图11-3所示。

目录

图 11-2 财报目录

1. 合并资产负债表

编制单位：云南白药集团股份有限公司

2018 年 12 月 31 日

单位：元

项目	期末余额	期初余额
流动资产：		
货币资金	3,017,130,825.24	2,666,326,412.14
结算备付金		
拆出资金		
以公允价值计量且其变动计入当期损益的金融资产	7,264,836,292.51	6,749,381,578.57
衍生金融资产		
应收票据及应收账款	5,027,122,095.39	5,527,161,175.54
其中：应收票据	3,193,744,286.36	4,293,350,836.42
应收账款	1,853,377,809.03	1,233,810,339.12
预付款项	602,147,801.27	417,960,307.14

2. 母公司资产负债表

单位：元

项目	期末余额	期初余额
流动资产：		
货币资金	1,594,905,374.14	1,573,647,870.99
以公允价值计量且其变动计入当期损益的金融资产	7,264,836,292.51	6,749,381,578.57
衍生金融资产		
应收票据及应收账款	3,671,180,951.50	4,831,397,548.27
其中：应收票据	1,576,006,388.64	3,252,354,540.47
应收账款	2,095,174,562.86	1,579,043,007.80
预付款项	483,413,664.96	853,036,329.43
其他应收款	880,665,371.17	633,259,115.53
其中：应收利息	85,659,887.45	62,973,904.11
应收股利		

图 11-3 部分报表截图

11.2 资产负债表的编制

资产负债表是反映企业在某一特定时期的财务状况的报表。利用会计平衡原则，将合乎会计原则的资产、负债、股东权益科目分为“资产”和“负债及所有者权益（股东权益）”两部分，以特定日期的静态企业财务情况为基准，浓缩成一张报表。

11.2.1 资产负债表的编制方法

根据 2019 年财务报表格式，资产负债表主要是归并原有项目，具体变化如下：

☑ 新增与新金融工具准则有关的“交易性金融资产”“债权投资”“其他债权资”“其他权益工具投资”“其他非流动金融资产”“交易性金融负债”“合同资产”和“合同负债”项目

☑“应付票据及应付账款”项目分为“应付票据”及“应付账款”项目

☑“合同取得成本”科目、“合同履约成本”科目“应收退货成本”科目、“预计负债——应付退货款”科目按照其流动性在“其他流动资产”或“其他非流动资产”项目中列示

☑“工程物资”项目归并至“在建工程”项目

☑“应收利息”及“应收股利”项目归并至“其他应收款”项目

☑“应付利息”及“应付股利”项目归并至“其他应付款”项目

☑“专项应付款”项目归并至“长期应付款”项目

☑“持有待售资产”行项目及“持有待售负债”行项目核算内容发生变化

☑“固定资产清理”项目归并至“固定资产”项目

11.2.2 资产负债表项目填列说明

1. 资产项目

资产项目的填列说明，见表 11-1。

表 11-1 资产负债表数据来源

数据来源	具 体 说 明
根据总账科目余额直接填列	（1）“应收退货成本”项目，按是否在一年或一个正常营业周期内出售，在“其他流动资产”或“其他非流动资产”项目中填列 （2）“其他权益工具投资”项目根据“其他权益工具投资”科目的期末余额填列
根据总账科目余额计算填列	“货币资金”项目，根据“现金”“银行存款”“其他货币资金”科目的期末余额合计数计算填列
根据总账科目和明细科目余额分析计算填列	（1）“交易性金融资产”项目，根据明细科目的期末余额填列 （2）“一年内到期的非流动资产”项目根据有关科目的期末余额分析填列 （3）“长期待摊费用”项目根据该科目的期末余额减去将于 1 年内（含 1 年）摊销的数额后的金额分析填列 （4）“开发支出”项目根据“研发支出”科目中所属的“资本化支出”明细科目期末余额填列 （5）“合同资产”项目应根据“合同资产”科目的相关明细科目的期末余额填列。同一合同下的合同资产和合同负债应当以净额列示，其中净额为借方余额的，应当根据其流动性在“合同资产”或“其他非流动资产”项目中填列，已计提减值准备的，还应减去“合同资产减值准备”科目中相关的期末余额后的金额填列 （6）“应收款项融资”项目，反映资产负债表日以公允价值计量且其变动计入其他综合收益的应收票据和应收账款等。
根据科目余额减去其备抵项目后的净额填列	（1）“应收票据”项目应根据“应收票据”科目的期末余额，减去“坏账准备”科目中有关应收票据计提的坏账准备期末余额后的净额填列 （2）“应收账款”项目应根据“应收账款”期末余额减去“坏账准备”科目中有关应收账款计提的坏账准备期末余额后的金额填列 （3）“其他应收款”项目应根据“应收利息”“应收股利”和“其他应收款”科目的期末余额合计数，减去“坏账准备”科目中有关其他应收款计提的坏账准备期末余额后的净额填列 （4）“长期股权投资”项目应根据“长期股权投资”科目的期末余额，减去“长期股权投资减值准备”科目的期末余额后的净额填列 （5）“固定资产”项目应根据“固定资产”科目的期末余额，减去“累计折旧”和“固定资产减值准备”以及“固定资产清理”科目期末余额后的净额填列 （6）“在建工程”项目应根据“在建工程”科目的期末余额，减去“在建工程减值准备”科目期末余额后的净额以及“工程物资”科目余额，减去“工程物资减值准备”科目期末余额后金额填列 （7）“无形资产”项目应根据“无形资产”的期末余额，减去“累计摊销”和“无形资产减值准备”科目期末余额后的金额填列

续上表

数据来源	具　体　说　明
综合运用上述填列方法分析填列	"存货"项目应根据"材料采购""原材料""库存商品""周转材料""委托加工物资""委托代销商品""生产成本"等科目的期末余额合计，减去"代销商品款""存货跌价准备"科目期末余额后的净额填列。材料采用计划成本核算，以及库存商品采用计划成本核算或售价核算的企业，还应按加上或减去材料成本差异、商品进销差价后的金额填列 "合同履约成本"应根据"合同履约成本"科目的明细科目按摊销期限是否超过一年或一个正常周期，在"存货"或"非流动资产"项目中填列

2. 负债项目

负债项目的填列说明，见表 11-2。

表 11-2　　负债项目的填列说明

数据来源	具　体　说　明
根据总账科目余额直接填列	(1)"短期借款"项目应根据"短期借款"科目的期末余额填列 (2)"应付票据"项目应根据"应付票据"科目的期末余额填列 (3)"应交税费"项目应根据"应交税费"科目的期末贷方余额填列；如"应交税费"科目期末为借方余额，应以"—"号填列
根据明细账科目余额计算填列	"应付账款"项目应根据"应付账款"和"预付账款"科目所属明细科目的期末贷方余额合计数填列
根据总账科目和明细科目余额分析计算填列	(1)"应付职工薪酬"根据有关规定应付给职工的工资、职工福利、社会保险费、住房公积金、工会经费、职工教育经费、非货币性福利、辞退福利等各种薪酬。外商投资企业按规定从净利润中提取的职工奖励及福利基金，也在本项目列示 (2)"一年内到期的非流动负债"项目应根据有关科目的期末余额分析填列 (3)"其他非流动负债"应根据有关科目的期末余额填列 (4)"其他应付款"项目应根据"应付利息""应付股利""其他应付款"科目的期末合计数余额填列 (5)"合同负债"项目应根据"合同负债"科目的相关明细科目的期末余额填列。同一合同下的合同资产和合同负债应当以净额列示，其中净额为贷方余额的，应当根据其流动性在"合同负债"或"其他非流动负债"项目中填列
根据总账科目和明细科目余额分析计算填列	"流动负债"项目应根据有关科目期末余额减去将于 1 年内（含 1 年）到期偿还数后的余额分析填列。非流动负债各项目中将于 1 年内（含 1 年）到期的非流动负债，应在"一年内到期的非流动负债"项目内反映 "长期借款"项目，根据"长期借款"总账科目期末余额，扣除"长期借款"科目所属明细科目中反映的、将于一年内到期的长期借款部分，分析计算填列

3. 所有者权益项目的填列说明

所有者权益项目填列说明，见表 11-3。

表 11-3　　所有者权益项目的填列说明

数据来源	填　列　说　明
实收资本（或股本）	本项目应根据“实收资本”（或“股本”）科目的期末余额填列
资本公积	本项目应根据“资本公积”科目的期末余额填列
其他综合收益	本项目根据“其他综合收益”科目的期末余额填列
盈余公积	本项目应根据“盈余公积”科目的期末余额填列
未分配利润	本项目应根据“本年利润”科目和“利润分配”科目的余额计算填列。未弥补的亏损在本项目内以“－”号填列

11.2.3　资产负债表编制案例

【例 11-1】红河百货有限公司 2019 年 12 月有关科目资料，见表 11-4。

表 11-4　　红河百货有限公司科目余额表　　单位：元

账户名称	借方余额	贷方余额	账户名称	借方余额	贷方余额
库存现金	4 500		短期借款		636 000
银行存款	5 621 000		应付账款		1 764 000
其他货币资金	112 000		预收账款		287 000
应收票据	130 000		应付职工薪酬		332 000
应收账款	680 000		应交税费		0
坏账准备		54 000	应付票据		364 000
在途物资	410 000		应付利息		110 000
原材料	395 000		长期借款		3 500 000
库存商品	268 000		股本		3 000 000
委托代销商品	719 400		资本公积		249 000
固定资产	4 340 000		盈余公积		213 000
累计折旧		1 870 000	利润分配		300 900
小　计			小　计		

补充说明：

(1) 在“应收账款”账户的明细账户“仁和企业”中有贷方余额430 000元。

(2) 在“应付账款”账户的明细账户“湘江超市”中有借方余额550 000元。

(3) 在“预收账款”账户的明细账户“元福堂茶庄”中有借方余额310 000元。

(4) 长期借款中有1笔2016年7月1日年借入的、到期一次还本付息的2.5年期借款，该笔借款本金1000 000元，年利率10%。

该公司2019年12月31日资产负债表各项目的应填列金额计算分析如下。

(1) 货币资金项目：将“库存现金”“银行存款”“其他货币资金”科目余额合并列入货币资金项目，即4 500＋5 621 000＋112 000＝5 737 500(元)。

(2) 应收票据项目：按期末账面余额直接填列，即130 000元。

(3) 应收账款项目：将应收账款项目所属明细账户的借方余额合计、再加上预收账款所属明细账户的借方余额并减去坏账准备账户的余额。具体计算如下过程：

①应收账款项目所属明细科目的借方余额合计＝680 000＋430 000＝1110 000(元)；

为什么要加回贷方余额430 000元，因为科目余额表应收账款680 000元是借贷相抵后的数字，要还原为明细账中的数字。

②应收账款项目应填列金额＝1110 000＋310 000－54 000＝1 366 000(元)。

(4) 预付款项项目：将预付款项所属明细账户的借方余额合计，再加上应付账款所属明细账户的借方余额合计，即0＋550 000＝550 000(元)。

(5) 存货项目：将“在途物资”“原材料”“库存商品”“委托代销商品”账户的余额合计，即410 000＋395 000＋268 000＋719 400＝1 792 400(元)。

(6) 固定资产项目：将“固定资产”账户余额减去“累计折旧”账户余额，即4 340 000－1 870 000＝2 470 000(元)。

(7) 短期借款项目：直接按“短期借款”账户期末余额填列，即636 000元。

（8）应付账款项目：将“应付账款”所属明细账户的贷方余额合计，即1 764 000＋550 000＝2 314 000（元）。

（9）预收款项项目：将“预收账款”账户所属明细账户贷方余额合计，再加上“应收账款”账户所属明细账户贷方余额合计。具体计算如下：

①“预收账款”账户所属明细账户贷方余额合计＝287 000＋310 000＝597 000（元）；

②预收款项项目应填列金额＝597 000＋430 000＝1 027 000（元）。

（10）应付职工薪酬项目：直接按“应付职工薪酬”账户余额填列，即332 000元。

（11）应交税费项目：直接按“应交税费”账户余额填列，即0元。

（12）其他应付款项目：直接按“应付利息”账户的期末余额填列，即110 000元。

（13）一年内到期的非流动负债项目：将“长期借款”账户中所含的将于一年内到期并需偿付的长期借款本金及利息记入该项目，即1 000 000×(1＋10%×1.5）＝1 150 000（元）。

（14）股本项目、资本公积项目、盈余公积项目：分别按其同名账户的余额直接填列，即各项目应填列金额分别为3 000 000元、249 000元、213 000元。

（15）长期借款项目：用“长期借款”账户的余额减去记入“一年内到期的非流动负债”中的那一部分长期借款金额，即3 500 000－1 150 000＝2 350 000（元）。

（16）未分配利润项目：按“利润分配”账户的期末余额直接填列（若为借方余额，以负数填列），即300 900元。

根据上述资料，编制红河百货有限公司资产负债表，见表11-5。

表 11-5 **资产负债表**

编制单位：红河百货有限公司　　2019年12月31日　　单位：元

资产	期末余额	年初余额（略）	负债和所有者权益（或股东权益）	期末余额	年初余额（略）
流动资产：			流动负债：		
货币资金	5 737 500		短期借款	636 000	
交易性金融资产			交易性金融负债		

续上表

资产	期末余额	年初余额	负债和所有者权益（或股东权益）	期末余额	年初余额
应收票据	130 000		应付票据	364 000	
应收账款	1 366 000		应付账款	2 314 000	
预付款项	550 000		预收款项	1 027 000	
其他应收款			合同负债		
存货	1 792 400		应付职工薪酬	332 000	
合同资产			应交税费	0	
一年内到期的非流动资产			其他应付款	110 000	
其他流动资产			一年内到期的非流动负债	1 150 000	
流动资产合计	9 575 900		其他流动负债		
非流动资产：			流动负债合计	5 933 000	
债权投资			非流动负债：		
其他债权投资			长期借款	2 350 000	
长期应收款			应付债券		
长期股权投资			其中：优先股		
投资性房地产			永续债		
固定资产	2 470 000		租赁负债		
在建工程			长期应付款		
生产性生物资产			预计负债		
油气资产			递延收益		
使用权资产			递延所得税负债		
无形资产			其他非流动负债		
开发支出			非流动负债合计		
商誉			负债合计	2 350 000	
长期待摊费用			所有者权益（或股东权益）：		
递延所得税资产			实收资本（或股本）	3 000 000	

续上表

资产	期末余额	年初余额	负债和所有者权益（或股东权益）	期末余额	年初余额
其他非流动资产			资本公积	249 000	
非流动资产合计	2 470 000		减：库存股		
			其他综合收益		
			盈余公积	213 000	
			未分配利润	300 900	
			所有者权益（或股东权益）合计	3 762 900	
资产总计	12 045 900		负债和所有者权益（或股东权益）总计	12 045 900	

11.3 利润表的编制

利润表是反映企业在一定会计期间的经营成果的报表。

利润表主要是新增项目、分拆项目，并对部分项目的先后顺序进行调整，同时简化部分项目如下：

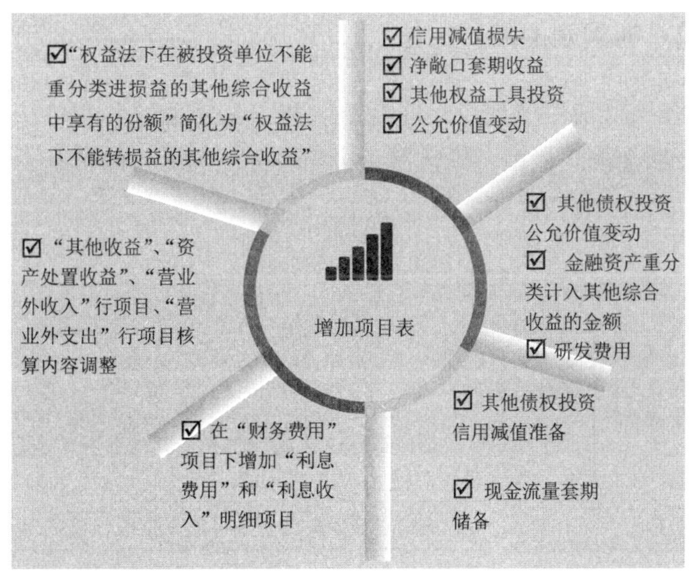

11.3.1　利润表的结构

我国企业的利润表采用多步式格式，分以下五个步骤编制。

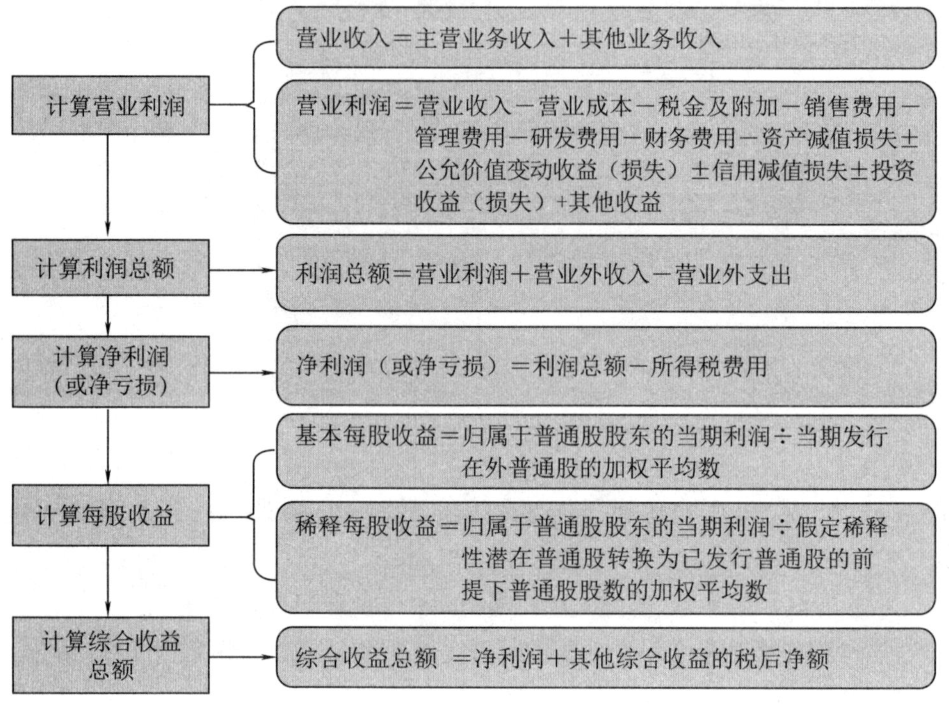

11.3.2　利润表的编制方法

利润表各项目均需填列“本期金额”和“上期金额”两栏。利润表“本期金额”“上期金额”栏内各项数字，应当按照相关科目的发生额分析填列。

利润表项目的填列说明，见表 11-6。

表 11-6　　**利润表项目填列说明**

项目	填　列　方　法
营业收入	本项目应根据“主营业务收入”和“其他业务收入”科目的发生额分析填列
营业成本	本项目应根据“主营业务成本”和“其他业务成本”科目的发生额分析填列
税金及附加	本项目应根据“税金及附加”科目的发生额分析填列

续上表

项目	填列方法
销售费用	本项目应根据“销售费用”科目的发生额分析填列
管理费用	本项目应根据“管理费用”科目的发生额分析填列
研发费用	本项目应根据“管理费用”科目下的“研发费用”明细科目的发生额分析填列
财务费用	本项目应根据“财务费用”科目的发生额分析填列
利息费用	本项目应根据“财务费用”科目的相关明细科目的发生额分析填列
利息收入	本项目应根据“财务费用”科目的相关明细科目的发生额分析填列
资产减值损失	本项目应根据“资产减值损失”科目发生额分析填列
公允价值变动收益	本项目应根据“公允价值变动损益”科目的发生额分析填列，如为净损失，本项目以“—”号填列
投资收益	本项目应根据“投资收益”科目的发生额分析填列。如为投资损失，本项目用“—”号填列
信用减值损失	本项目应根据“信用减值损失”科目的发生额分析填列
净敞口套期收益	本项目应根据“净敞口套期损益”科目的发生额分析填列；如为套期损失，以“—”号填列
其他权益工具投资公允价值变动	本项目应根据“其他综合收益”科目的相关明细科目的发生额分析填列
企业自身信用风险公允价值变动	本项目应根据“其他综合收益”科目的相关明细科目的发生额分析填列
其他债权投资公允价值变动	本项目应根据“其他综合收益”科目下的相关明细科目的发生额分析填列
金融资产重分类计入其他综合收益的金额	本项目应根据“其他综合收益”科目下的相关明细科目的发生额分析填列
其他债权投资信用减值准备	本项目应根据“其他综合收益”科目下的“信用减值准备”明细科目的发生额分析填列
现金流量套期储备	本项目应根据“其他综合收益”科目下的“套期储备”明细科目的发生额分析填列
其他收益	本项目应根据“其他收益”科目的发生额分析填列
资产处置收益	本项目应根据“资产处置损益”科目的发生额分析填列；如为处置损失，以“—”号填列

续上表

项目	填 列 方 法
营业利润	反映企业实现的营业利润。如为亏损，本项目以"—"号填列
营业外收入	本项目应根据"营业外收入"科目的发生额分析填列
营业外支出	本项目应根据"营业外支出"科目的发生额分析填列
利润总额	反映企业实现的利润。如为亏损，本项目以"—"号填列
所得税费用	本项目应根据"所得税费用"科目的发生额分析填列
净利润	反映企业实现的净利润。如为亏损，本项目以"—"号填列
每股收益	包括基本每股收益和稀释每股收益两项指标，反映普通股或潜在普通股已公开交易的企业，以及正在公开发行普通股或潜在普通股过程中的企业的每股收益信息
其他综合收益	反映企业根据《企业会计准则》规定未在损益中确认的各项利得和损失扣除所得税影响后的净额
综合收益总额	反映企业净利润与其他综合收益的合计金额

11.3.3 利润表的编制案例

【例 11-2】红河百货有限公司 2019 年 12 月 31 日有关科目的会计资料，见表 11-7。

表 11-7 **相关资料**

科目名称	借方发生额	贷方发生额
主营业务收入		4 180 000
其他业务收入		365 000
主营业务成本	2 270 000	
其他业务成本	427 000	
税金及附加	15 000	
销售费用	109 000	
管理费用	196 500	
管理费用—业务招待费	14 500	
管理费用—研究与开发费	182 000	
财务费用	59 500	
财务费用—利息收入		3 800

续上表

科目名称	借方发生额	贷方发生额
财务费用一其他财务费用	63 300	
投资收益		55 900
营业外收入		48 900
营业外支出	34 700	
所得税费用	212 350	

根据上述资料填制利润表，见表 11-8。

表 11-8　　利　润　表　　单位：元

项　　目	本期金额	上期金额（略）
一、营业收入	4 545 000	
减：营业成本	2 697 000	
税金及附加	15 000	
销售费用	109 000	
管理费用	14 500	
研发费用	182 000	
财务费用	59 500	
其中：利息费用	63 300	
利息收入	3 800	
资产减值损失		
加：其他收益		
投资收益（损失以“—”号填列）	55 900	
其中：对联营企业和合营企业的投资收益		
以摊余成本计量的金融资产终止确认收益（损失以“—”号填列）		
信用减值损失（损失以“—”号填列）		
资产减值损失（损失以“—”号填列）		

续上表

项目	本期金额	上期金额（略）
资产处置收益（损失以“—”号填列）		
二、营业利润（亏损以“—”号填列）	1 523 900	
加：营业外收入	48 900	
减：营业外支出	34 700	
三、利润总额（亏损总额以“—”号填列）	1 538 100	
减：所得税费用	212 350	
四、净利润（净亏损以“—”号填列）	1 325 750	
五、其他综合收益的税后净额		
（一）不能重分类进损益的其他综合收益		
1. 重新计量设定受益计划变动额		
2. 权益法下不能转损益的其他综合收益		
3. 其他权益工具投资公允价值变动		
4. 企业自身信用风险公允价值变动		
……		
（二）将重分类进损益的其他综合收益		
1. 权益法下可转损益的其他综合收益		
2. 其他债权公允价值变动		
3. 金融资产重分类计入其他综合收益的金额		
4. 其他债权投资信用减值准备		
5. 现金流量套期储备		

续上表

项目	本期金额	上期金额（略）
6. 外币财务报表折算差额		
……		
六、综合收益总额		
七、每股收益		
（一）基本每股收益		
（二）稀释每股收益		

营业收入＝4 180 000＋365 000＝4 545 000（元）

营业成本＝2 270 000＋427 000＝2 697 000（元）

11.3.4 利润表附表的编制方法

利润表一般来讲有两个附表，一是利润分配表，二是分部报表，其中利润分配表是主要的附表。

利润分配表，是反映企业在一定期间内利润分配或弥补情况，及其年末未分配利润情况的会计报表。它是一张年度动态会计报表，也是利润表的主要附表，反映净利润分配情况（或净亏损的弥补情况），从而了解利润的分配去向，以及年末分配利润的数额。

1. 利润分配表的格式

利润分配表结构上也包括表头和表体两个部分。表头包括表名、编制单位、编制期间和金额单位等内容。其表体采用多步式报告结构，从企业实现的净利润出发，按利润分配的先后顺序分别反映各分配阶段上的利润，即：净利润、可供分配利润、可供投资者分配的利润和未分配利润四部分，每部分内容通常还区分为“本年实际”和“上年实际”。其基本格式见表11-9。

表11-9　利润分配表

编制单位：　　年度　　单位：

项　　目	行次	本年实际	上年实际
一、净利润	1		
加：年初未分配利润	2		
其他转入	4		
二、可供分配的利润	8		
减：提取法定盈余公积	9		

续上表

项　　目	行次	本年实际	上年实际
提取职工福利及奖励基金	10		
提供储备基金	11		
提供企业发展基金	12		
利润归还投资	13		
三、可供投资者分配的利润	16		
减：应付优先股股利	17		
应付普通股股利	18		
转作资本（或股本）的普通股股利	19		
四、未分配利润	25		

2. 利润分配表的编制方法

首先，我们应该明确一个标准：在我国，利润分配表的“本年实际”栏，根据本年“本年利润”及“利润分配”科目及其所属明细科目的记录分析填列；“上年实际”栏根据上年“利润分配表”填列。如果上年度利润分配表与本年度利润分配表的项目名称和内容不一致，则按编报当年的口径对上年度报表项目的名称和数字进行调整，填入本表“上年实际”栏内。

利润分配表各项目的内容和填列方法，见表 11-10。

表 11-10　　利润分配表各项目填列方法

项目	填　列　方　法
净利润	应与“利润表”“本年累计数”栏的“净利润”项目一致。如为净亏损，以“—”号填列
年初未分配利润	应与上年“利润分配表”中“本年累计数”栏的“未分配利润”项目一致，如为未弥补的亏损，以“—”号填列
其他转入	根据“利润分配－其他转入”明细账贷方发生净额分析填列
提取法定盈余公积	根据“利润分配－提取盈余公积”明细账借方发生净额填列

续上表

项目	填 列 方 法
提取职工奖励及福利基金	根据“利润分配－提取职工奖励及福利基金”明细账借方发生净额分析填列
提取储备基金和提取企业发展基金	根据“利润分配－提取储备基金”和“利润分配－提取企业发展基金”明细账借方发生净额分析填列
利润归还投资	根据“利润分配－利润归还投资”明细账借方发生净额分析填列
应付优先股股	根据“利润分配－应付优先股股利”明细账借方发生净额分析填列
应付普通股股利	根据“利润分配－应付普通股股利”明细账借方发生净额分析填列
转作股本的普通股股利	根据“利润分配－转作股本的普通股股利”明细账借方发生净额分析填列
未分配利润	根据“利润分配－未分配利润”明细账借方余额分析填列

（1）利润分配。

利润分配是企业根据国家有关规定和企业章程、投资者协议等，对企业当年可供分配的利润所进行的分配。

可供分配的利润＝企业当年实现的净利润（或净亏损）＋年初未分配利润（或－年初未弥补亏损）－现金股利＋其他转入

可供分配的利润，按下列顺序分配：①提取法定盈余公积；②提取任意盈余公积；③向投资者分配利润，如图 11-4 所示。

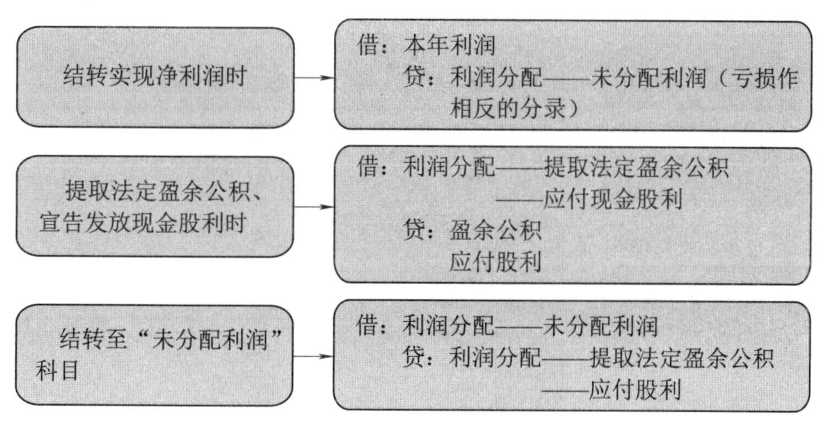

图 11-4　利润分配的账务处理

（2）盈余公积。

企业应当设置“盈余公积”科目，核算盈余公积的提取、使用等情况。年度终了，企业应将全年实现的净利润或发生的净亏损，自“本年利润”科目转入“利润分配——未分配利润”科目，并将“利润分配”科目所属其他明细科目的余额，转入“未分配利润”明细科目。结转后，“利润分配——未分配利润”科目如为贷方余额，表示累积未分配的利润数额；如为借方余额，则表示累积未弥补的亏损数额。外商投资企业按净利润的一定比例提取的储备基金、企业发展基金，以及中外合作经营企业按照规定在合作期间以利润归还投资者的投资，也作为盈余公积，在“盈余公积”科目下设置明细科目核算。

盈余公积科目的设置，见表 11-11。

表 11-11　　盈余公积会计科目编码的设置

科目代码	总分类科目（一级科目）	明细分类科目	
		二级科目	三级科目
4101	盈余公积		
410101	盈余公积	法定公积金	弥补亏损
410102	盈余公积	任意公积金	转增资本
410103	盈余公积	任意公积金	归还利润
410104	盈余公积	任意公积金	分配股利

企业应通过“盈余公积”科目，核算盈余公积提取、使用等情况，并分别“法定盈余公积”“任意盈余公积”进行明细核算，如图 11-5 所示。

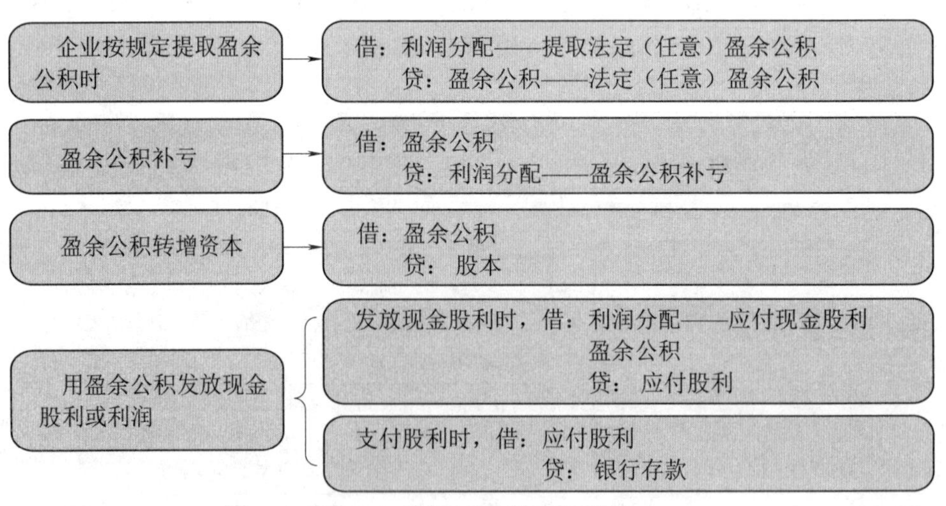

图 11-5　盈余公积的账务处理

【例 11-3】红河百货有限公司 2018 年度的税后利润为 6 890 000 元，按规定 10%的比率提取法定公积金，并根据股东大会决议按 2%的比率提取任意公积金。分录如下：

借：利润分配——提取法定公积金　　689 000

　　　　　——提取任意公积金　　137 800

　贷：盈余公积——法定公积金　　689 000

　　　　　　——任意盈余公积　　137 800

11.3.5 利润分配表编制案例

【例 11-4】2019 年度，红河百货有限公司“利润分配——未分配利润”账户余额及发生，见表 11-12。

表 11-12　“利润分配——未分配利润”明细账户　单位：元

日期	摘要	借方	贷方	余额
1 月 1 日	上年转入			718 900
12 月 31 日	本年净利润转入		1 325 750	
	提取法定盈余公积转入	112 575		
	提取职工福利及奖励基金	22 515		
	提供企业发展基金	32 150		
	本年发生额合计	167 240	1 325 750	1 158 510

根据利润分配的编制原则，该公司会计人员编制 2019 年度利润分配表见表 11-13。

表 11-13　利润分配表

编制单位：红河百货有限公司　2019 年度　单位：元

项目	行次	本年实际	上年实际
一、净利润	1	1 325 750	
加：年初未分配利润	2	718 900	
其他转入	4	0	

续上表

项目	行次	本年实际	上年实际
二、可供分配的利润	8	2 044 650	
减：提取法定盈余公积	9	112 575	
提取职工福利及奖励基金	10	22 515	
提供储备基金	11	0	
提供企业发展基金	12	32 150	
利润归还投资	13	0	
三、可供投资者分配的利润	14	1 877 410	
减：应付优先股股利	15	0	
提取任意盈余公积	16	0	
应付普通股股利	17		
转作资本（或股本）的普通股股利	18	0	
四、未分配利润	19	1 877 410	

11.4 现金流量表编制

现金流量表披露了企业在一定期间内现金（包括现金等价物）的流入、流出，以及期初和期末现金结余的状况。现金流量表同资产负债表、利润表一起，构成公司的三大主要会计报表。

11.4.1 现金流量表格式

现金流量表分为两个部分：第一部分为正表，第二部分为补充资料，具体如图 11-6 所示。

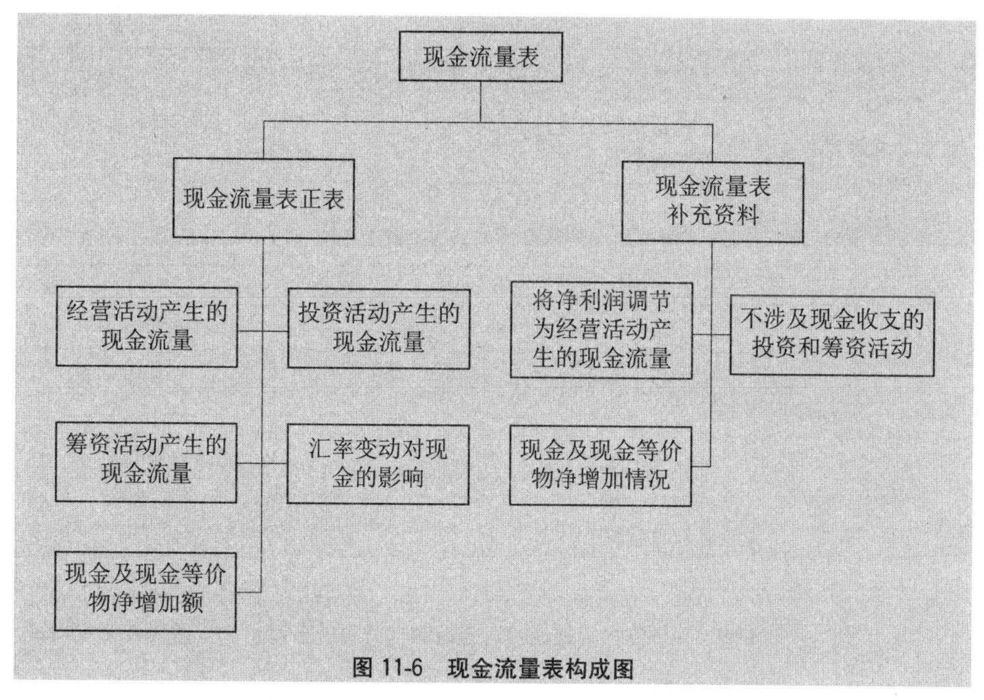

图 11-6　现金流量表构成图

11.4.2　现金流量各项目计算方法

现金流量表的编制方法主要有两种：即直接法和间接法。我国《企业会计准则》规定，企业应当采用直接法列示经营活动产生现金流量。

现金流量表的止表主要包括三大部分的数据内容，这三大部分是经营活动产生的现金流量净额、投资活动产生的现金流量净额以及融资活动产生的现金流量净额，因此，直接计算法的最主要工作，就是这三大部分内容的计算。

1. 经营活动产生的现金流量项目计算

经营活动产生的现金流量净额计算。经营活动产生的现金流量净额的各个子项目计算方法，具体见表 11-14。

表 11-14　　经营活动产生的现金流量净额计算

项目	计　算　公　式
销售商品、提供劳务收到的现金	计算公式：销售商品、提供劳务收到的现金＝当期销售商品、提供劳务收到的现金＋当期收回前期的应收账款、应收票据＋当期预收的款项－当期销售退回支付的现金＋收回前期已核销的坏账

续上表

项目	计 算 公 式
收到的税费返还	反映企业收到返还的所得税、增值税、消费税、关税和教育费附加等各种税费返还款
收到的其他与经营活动有关的现金	本项目可以根据“库存现金”“银行存款”“营业外收入”“管理费用”“销售费用”等科目的记录分析填列
购买商品、接受劳务支付的现金	本项目可以根据“库存现金”“银行存款”“应付票据”“应付账款”“预付账款”“主营业务成本”“其他业务成本”等科目的记录分析填列
支付给职工以及为职工支付的现金	本项目可以根据“库存现金”“银行存款”“应付职工薪酬”等科目的记录分析填列
支付的各项税费	反映企业发生并支付、前期发生本期支付以及预交的各项税费，包括所得税、增值税、消费税、印花税、房产税、土地增值税、车船税、教育费附加等
支付的其他与经营活动有关的现金	反映企业经营租赁支付的租金、支付的差费、业务招待费、保险费、罚款支出等其他与经营活动有关的现金流出、金额较大的应当单独列示

2. 投资活动产生的现金流量项目计算

投资活动产生的现金流量净额计算。投资活动产生的现金流量净额各个子项目计算方法，具体见表 11-15。

表 11-15　　投资活动产生的现金流量净额计算

项目	计 算 公 式
收回投资所收到的现金	本项目可以根据“交易性金融资产”“持有至到期投资”“可供出售金融资产”“长期股权投资”“库存现金”“银行存款”等科目的记录分析填列 债权性投资收回的利息，不在本项目中反映
取得投资收益所收到的现金	本项目可以根据“应收股利”“应收利息”“投资收益”“库存现金”“银行存款”等科目的记录分析填列 股票股利由于不产生现金流量，不在本项目中反映。
处置固定资产、无形资产和其他长期资产所收回的现金净额	本项目可以根据“固定资产清理”“库存现金”“银行存款”等科目的记录分析填列

续上表

项目	计 算 公 式
收到的其他与投资活动有关的现金	其他与投资活动有关的现金，如果价值较大的，应单列项目反映。本项目可以根据有关科目的记录分析填列
购建固定资产、无形资产和其他长期资产所支付的现金	本项目可以根据“固定资产”“在建工程”“工程物资”“无形资产”“库存现金”“银行存款”等科目的记录分析填列 不包括为购建固定资产、无形资产和其他长期资产而发生的借款利息资本化部分，以及融资租入固定资产所支付的租赁费。
投资所支付的现金	本项目可以根据“交易性金融资产”“持有至到期投资”“可供出售金融资产”“长期股权投资”“库存现金”“银行存款”等科目的记录分析填列
支付的其他与投资活动有关的现金	其他与投资活动有关的现金，如果价值较大的，应单列项目反映

3. 筹资活动产生的现金流量有关项目的计算

融资活动产生的现金流量净额计算。融资活动产生的现金流量净额各个子项目计算方法，具体见表 11-16。

表 11-16　融资活动产生的现金流量净额计算

项目	计 算 公 式
吸收投资所收到的现金	本项目可以根据“实收资本（或股本）”“资本公积”“库存现金”“银行存款”等科目的记录分析填列
借款收到的现金	本项目可以根据“短期借款”“长期借款”“交易性金融负债”“应付债券”“库存现金”“银行存款”等科目的记录分析填列
收到的其他与融资活动有关的现金	本项目可以根据有关科目的记录分析填列。 其他与筹资活动有关的现金，如果价值较大的，应单列项目反映
偿还债务所支付的现金	本项目可以根据“短期借款”“长期借款”“库存现金”“银行存款”等科目的记录分析填列
分配股利、利润或偿付利息所支付的现金	本项目可以根据“应付股利”“应付利息”“利润分配”“财务费用”“在建工程”“制造费用”“研发支出”“库存现金”“银行存款”等科目的记录分析填列

续上表

项目	计 算 公 式
支付的其他与融资活动有关的现金	如发生融资费用所支付的现金、融资租赁所支付的现金、减少注册资本所支付的现金（收购本公司股票，退还联营单位的联营投资等）、企业以分期付款方式购建固定资产，除首期付款支付的现金以外的其他各期所支付的现金等
汇率变动对现金及现金等价物的影响	现金流量表准则规定，外币现金流量以及境外子公司的现金流量，应当采用现金流量发生日的即期汇率或即期汇率的近似汇率折算。汇率变动对现金的影响额应当作为调节项目，在现金流量表中单独列报

11.4.3 现金流量表编制案例

【例 11-5】红河百货有限公司利润表、资产负债表及其他相关资料如下。

资料一：2019 年度利润表有关项目的明细资料。

(1) 主营业务收入 2 560 000 元。

(2) 主营业务成本 1 459 000 元。

(3) 管理费用的组成：职工薪酬 23 900 元，无形资产摊销 78 300 元。折旧费 20 000 元，支付其他费用 54 700 元。

(4) 财务费用的组成：计提借款利息 21 500 元，支付应收票据贴现利息 22 000 元。

(5) 资产减值损失的组成：计提坏账准备 42 000 元，计提固定资产减值准备 39 000 元。上年年末坏账准备余额为 1 100 元。

(6) 投资收益的组成：收到股息收入 42 000 元，与本金一起收回的交易性股票投资收益 1 160 元，自公允价值变动损益结转投资收益 1 300 元。

(7) 营业外收入的组成：处置固定资产净收益 142 300 元（其所处置固定资产原价为 400 000 元，累计折旧为 150 000 元，收到处置收入 392 300 元）。假定不考虑与固定资产处置有关的税费。

(8) 营业外支出的组成：报废固定资产净损失 19 400 元（其所报废固定资产原价为 200 000 元，累计折旧 180 000 元，支付清理费用 600 元，收到残值收入 1 200 元）。

(9) 所得税费用的组成：当期所得税费用为 172 920 元，递延所得税收益 12 300 元。

（10）销售费用 28 000 元。

除上述项目外，利润表中的销售费用至期末尚未支付。

资料二：资产负债表有关项目的明细资料。

（1）本期收回交易性股票投资本金 105 000 元、公允价值变动 14 500 元，同时实现投资收益 56 780 元。

（2）存货中生产成本、制造费用的组成：职工薪酬 426 800 元，折旧费 80 000 元。

（3）应交税费的组成：本期增值税进项税额 51 424 元，增值税销项税额 234 600 元，已交增值税 100 000 元；应交所得税期末余额为 20 097 元，应交所得税期初余额为 0。应交税费期末数中应由在建工程负担的部分为 100 000元。

（4）应付职工薪酬的期初数无应付在建工程人员的部分，本期支付在建工程人员职工薪酬 240 000 元。应付职工薪酬的期末数中应付在建工程人员的部分为 28 000 元。

（5）应付利息均为短期借款利息，其中本期计提利息 11 500 元，支付利息 13 700 元。

（6）本期用现金购买固定资产 121 900 元，购买工程物资 180 900 元。

（7）本期用现金偿还短期借款 316 000 元，偿还 1 年内到期的长期借款 1 600 000元；借入长期借款 450 000 元。

（8）存货的期初余额为 1 785 630 元，期末存货余额为 1 543 900 元。

（9）货币资金期初余额 5 697 000 元，期末货币资金余额为 6 349 000 元。

根据以上资料，采用分析填列的方法，编制红河百货有限公司 2019 年度的现金流量表。

（1）红河百货有限公司 2019 年度现金流量表各项目金额，分析确定如下：

①销售商品、提供劳务收到的现金

＝主营业务收入＋应交税费（应交增值税——销项税额）＋（应收账款年初余额－应收账款期末余额）＋（应收票据年初余额－应收票据期末余额）－当期计提的坏账准备－票据贴现的利息

＝2 560 000＋234 600－42 000－22 000

＝2 730 600（元）

②购买商品、接受劳务支付的现金

=主营业务成本+应交税费（应交增值税——进项税额）-（存货年初余额-存货期末余额）+（应付账款年初余额-应付账款期末余额）+（应付票据年初余额-应付票据期末余额）+（预付账款期末余额-预付账款年初余额）-当期列入生产成本、制造费用的职工薪酬-当期列入生产成本、制造费用的折旧费和固定资产修理费

=1 459 000+5 1424-（1 785 630-1 543 900）-426 800-80 000

=761 894（元）

③支付给职工以及为职工支付的现金

=生产成本、制造费用、管理费用中职工薪酬+（应付职工薪酬年初余额-应付职工薪酬期末余额）-［应付职工薪酬（在建工程）年初余额-应付职工薪酬（在建工程）期末余额］

=426 800+23 900+28 000

=478 700（元）

④支付的各项税费

=当期所得税费用+税金及附加+应交税费（增值税——已交税金）-（应交所得税期末余额-应交所得税期初余额）

=172 920+100 000-20 097=252 823（元）

⑤支付其他与经营活动有关的现金

=销售费用+其他管理费用

=54 700（元）

⑥收回投资收到的现金=交易性金融资产贷方发生额+与交易性金融资产一起收回的投资收益=105 000+1 160+56 780=162 940（元）

⑦取得投资收益所收到的现金=收到的股息收入=42 000（元）

⑧处置固定资产收回的现金净额=142 300-19 400=122 900（元）

⑨购建固定资产支付的现金

=用现金购买的固定资产、工程物资+支付给在建工程人员的薪酬

=121 900+180 900+240 000

=542 800（元）

⑩取得借款所收到的现金=450 000（元）

⑪偿还债务支付的现金=316 000+1 600 000=1 916 000（元）

⑫偿还利息支付的现金＝13 700（元）

（2）根据上述数据，编制现金流量表（见表 11-17）。

表 11-17 **现金流量表**

编制单位：红河百货有限公司 2019 年 单位：元

项　　目	金额
一、经营活动产生的现金流量	
销售商品、提供劳务收到的现金	2 730 600
收到的税费返还	—
收到的其他与经营活动有关的现金	—
现金流入小计	2 730 600
购买商品、接受劳务支付的现金	761 894
支付给职工以及为职工支付的现金	478 700
支付的各项税费	252 823
支付的其他与经营活动有关的现金	54 700
现金流出小计	1 548 117
经营活动产生的现金流量净额	1 182 483
二、投资活动产生的现金流量	—
收回投资所收到的现金	162 940
取得投资收益所收到的现金	42 000
处置固定资产、无形资产和其他长期资产而收回的现金净额	122 900
收到的其他与投资活动有关的现金	—
现金流入小计	327 840
购建固定资产、无形资产和其他长期资产所支付的现金	542 800
投资所支付的现金	—
支付的其他与投资活动有关的现金	—
现金流出小计	542 800
投资活动产生的现金流量净额	－214 960

续上表

项　　目	金额
三、筹资活动产生的现金流量	
吸收投资所收到的现金	—
借款所收到的现金	450 000
收到的其他与筹资活动有关的现金	—
现金流入小计	450 000
偿还债务所支付的现金	1 916 000
分配股利、利润或偿付利息所支付的现金	—
支付的其他与筹资活动有关的现金	—
现金流出小计	1 916 000
筹资活动产生的现金流量净额	−1 466 000
四、汇率变动对现金的影响	
五、现金及现金等价物净增加额	652 000
加：期初现金及现金等价物余额	5 697 000
六、期末现金及现金等价物余额	6 349 000

11.5 所有者权益变动表编制

所有者权益变动表主要落实《〈企业会计准则第 9 号——职工薪酬〉应用指南》对于在权益范围内转移“重新计量设定受益计划净负债或净资产所产生的变动”时增设项目的要求：新增“设定受益计划变动额结转留存收益”项目。

股东权益亦称产权、资本，是指上市公司投资者对公司净资产的所有权。它表明公司的资产总额在抵偿了一切现存债务后的差额部分，包括公司所有者投入资金以及尚存收益等。从上市公司 2007 年开始，股东权益部分从原来的资产负债表中脱离出来，作为一张单独的报表——股东权益变动表，成为必须与资产负债表、利润表和现金流量表并列披露的第四张财务报表。

11.5.1 所有者权益变动表内容与作用

所有者权益变动表内容包括“所有者权益组成项目”及“所有者权益及其组成项目变动情况”的信息。

1. 所有者权益组成项目

所有者权益的分类与报表使用者的需求相关，所有者权益必须区分各种投入资本的来源、股本交易产生的溢价及营业结果产生的权益等，其分类必须能反映企业所有者拥有收取股利或收回资本的不同权利，也能指出法律或其他规定对于企业分配或使用权益的限制。一般而言，所有者权益的组成项目包括实收资本（或股本）、资本公积、其他综合收益、盈余公积、未分配利润。

2. 所有者权益变动表

所有者权益变动表的作用主要表现在以下3个方面：

（1）反映企业抵御财务风险的能力；

（2）揭示所有者权益变动的原因；

（3）反映企业股利分配政策及现金支付能力。

11.5.2 所有者权益变动表的编制方法

所有者权益变动表中涉及的是所有者权益类的各个账户，反映企业所有者权益各项目的增减变化。财务报表中的各项目应根据“实收资本”“资本公积”“盈余公积”“库存股”“利润分配”各明细账户的上年末余额、本年年初余额、本年增减变动金额和本年年末余额填列，增加金额用正号填列，减少金额用负号填列。下面为所有者权益变动表各项目的具体编制方法。

所有者权益变动表各项目均需填列“本年金额”和“上年金额”两栏。

所有者权益变动表各项目的列报说明，见表11-18。

表 11-18　　　　所有者权益变动表各项目的列报说明

项目		说明
“上年年末余额”项目		反映企业上年资产负债表中实收资本（或股本）、资本公积、盈余公积、未分配利润的年末余额
“会计政策变更”和“前期差错更正”项目		分别反映企业采用追溯调整法处理的会计政策变更的累积影响金额和采用追溯重述处理的会计差错更正的累积影响金额
“本年增减变动额”项目	“净利润”项目	反映企业当年实现的净利润（或净亏损）金额，并对应列在“未分配利润”栏
	“其他综合收益”项目	反映企业当年直接计入所有者权益的利得和损失金额
	“所有者投入和减少资本”项目	反映企业当年所有者投入的资本和减少的资本。其中：“所有者投入资本”项目，反映企业接受投资者投入形成的实收资本（或股本）和资本溢价（或股本溢价），并对应列在“实收资本”和“资本公积”栏
	“利润分配”下各项目	反映当年对所有者（或股东）分配的利润（或股利）金额和按照规定提取的盈余公积金额，并对应列在“未分配利润”和“盈余公积”栏。 其中：①“提取盈余公积”项目，反映企业按照规定提取的盈余公积。②“对所有者（或股东）的分配”项目，反映对所有者（或股东）分配的利润（或股利）金额
	“所有者权益内部结转”下各项目	反映不影响当年所有者权益总额的所有者权益各组成部分之间当年的增减变动，包括资本公积转增资本（或股本）、盈余公积转增资本（或股本）、盈余公积弥补亏损等项目的金额

续上表

项　　目		说　　明
"本年增减变动额"项目	"所有者权益内部结转"下各项目	其中：①"资本公积转增资本（或股本）"项目，反映企业以资本公积转增资本或股本的金额。 ②"盈余公积转增资本（或股本）"项目，反映企业以盈余公积转增资本或股本的金额。 ③"盈余公积弥补亏损"项目，反映企业以盈余公积弥补亏损的金额

11.5.3　所有者权益变动表案例

在所有者权益变动表上，企业至少应当单独列示反映下列信息的项目：①综合收益总额；②会计政策变更和差错更正的累积影响金额；③所有者投入资本和向所有者分配利润等；④提取的盈余公积；⑤实收资本或资本公积、盈余公积、未分配利润的期初和期末余额及其调节情况。

所有者权益变动表以矩阵的形式列示：一方面，列示导致所有者权益变动的交易或事项，即所有者权益变动的来源对一定时期所有者权益的变动情况进行全面反映；另一方面，按照所有者权益各组成部分（即实收资本、资本公积、盈余公积、未分配利润和库存股）列示交易或事项对所有者权益各部分的影响。

【例 11-6】 红河百货有限公司 2019 年有关所有者权益账户年初余额基本年增减变动情况及原因见表 11-19。据此编制所有者权益（股东权益）变动表见表 11-20（上年金额略）。

表 11-19　　　　有关所有者权益账户 2019 年内变动情况及原因

单位：元

账户	年初余额	本年增加及原因	本年减少及原因	年末余额
实收资本	3 000 000			3 000 000
资本公积	189 000	接受捐赠 60 000 元		249 000
盈余公积	115 600	从净利润中提取 97 400 元		213 000
未分配利润	190 000	实现净利润 208 300 元	提取盈余公积 97 400 元	300 900
合计	3 494 600			3 762 900

表 11-20　　所有者权益变动表

编制单位:红河百货有限公司　　年度:2019　　单位:元

项目	本年金额							上年金额(略)						
	实收资本(或股本)	其他权益工具	资本公积	盈余公积	未分配利润	库存股(减项)	所有者权益合计	实收资本(或股本)	其他权益工具	资本公积	盈余公积	未分配利润	库存股(减项)	所有者权益合计
一、上年年末余额	3 000 000		189 000	115 600	190 000		3 494 600							
加:会计政策变更														
前期差错更正														
二、本年年初余额	3 000 000		189 000	115 600	190 000		3 494 600							
三、本年增减变动金额(减少以"—"号填列)	0		60 000	97 400	110 900		268 300							
(一)综合收益总额														
(二)所有者投入和减少资本			60 000											
1. 所有者投入的普通股														
2. 其他权益工具持有者投入资本														
3. 股份支付计入所有者权益的份额														

续上表

项目	本年金额							上年金额(略)						
	实收资本(或股本)	其他权益工具	资本公积	盈余公积	未分配利润	库存股(减项)	所有者权益合计	实收资本(或股本)	其他权益工具	资本公积	盈余公积	未分配利润	库存股(减项)	所有者权益合计
4. 其他														
(三)利润分配														
1. 提取盈余公积				97 400	−97 400		0							
2. 对股东的分配														
3. 其他														
(四)股东权益内部结转														
1. 资本公积转增股本														
2. 盈余公积转增股本														
3. 盈余公积弥补亏损														
4. 其他														
四、本年年末余额	3 000 000		249 000	213 000	300 900		3 762 900							

11.6 会计报表附注的编制

1. 会计报表附注的编制形式

会计报表附注的编制形式灵活多样，常见的有以下五种，见表 11-21。

表 11-21　　会计报表附注编制形式

项　目	说　明
尾注说明	一般适用于说明内容较多的项目
括号说明	此种形式常用于为会计报表主体内提供补充信息，因为它把补充信息直接纳入会计报表主体，所以比起其他形式来，显得更直观，不易被人忽视，缺点是它包含内容过短
备抵账户与附加账户	设立备抵与附加账户，在会计报表中单独列示，能够为会计报表使用者提供更多有意义的信息，这种形式目前主要是指坏账准备等账户的设置
脚注说明	指在报表下端进行的说明，例如，说明已贴现的商业承兑汇票和已包括在固定资产原价内的融资租人的固定资产原价等
补充说明	有些无法列入会计报表主体中的详细数据、分析资料，可用单独的补充报表进行说明，比如，可利用补充报表的形式来揭示关联方的关系和交易等内容

2. 会计报表附注的主要内容

（1）企业集团的基本情况。

企业集团的基本情况包括企业的工商注册资本、单位办公地址、法人代表、财务负责人、企业期末人数、单位业务管辖地区、单位主营等。

（2）会计报表的编制基础。

例如某企业是以持续经营为基础，根据实际发生的交易和事项，按照《企业会计制度》及其他合计相关会计准则的规定进行确认和计量，在此基础上编制会计报表。

（3）遵循企业会计准则的声明。

即该单位是否执行新的《企业会计准则》，会计报表的编制是否符合《企业会计制度》及其他相关会计准则的要求，真实、完整、公允地反映了企业的财务状况、经营成果和现金流量等有关信息。

（4）重要会计政策和会计估计的披露。

重要会计政策和会计估计的披露内容，见表11-22。

表11-22　　重要会计政策和会计估计的披露事项

编号	项目	编号	项目
1	执行的会计制度	10	应收款项的核算包括坏账的核算方法、坏账确认的标准
2	会计期间	11	存货的核算，包括存货分类、存货的计价、存货的盘存制度、存货的清查制度
3	记账本位币	12	长期投资的核算，包括长期投资的初始成本的确定、后续计量方法、减值准备的确认标准和计提方法等
4	记账基础和计价原则（计量属性），例如某单位会计核算以权责发生制为记账基础，以历史成本为计价原则。资产如果发生减值，则按照相关规定计提相应的减值准备	13	固定资产的核算，包括固定资产确认的标准、计价、分类及折旧方法、分类固定资产的折旧率及固定资产的清查等
5	外币业务的核算方法及折算方法	14	在建工程的计价方法以及减值准备的计提方法等
6	现金及现金等价物的确定标准	15	无形资产的计价方法、摊销政策、减值准备的计提方法等
7	短期投资	16	预计负债的确认原则
8	收入的确认原则	17	缴税情况
9	利润分配政策	18	报表的编制方法

（5）会计政策和会计估计变更以及差错更正的说明。

（6）报表重要项目的说明。

该项需要按照资产负债表、利润表、现金流量表、所有者权益变动表及其项目列示的顺序，采用文字和数字描述相结合的方式进行披露。报表重要项目的明细金额合计，应当与报表项目金额相衔接。具体披露项目可根据单位实际情况进行增加或减少。

（7）或有事项。

（8）资产负债表日后事项。

（9）关联方关系及交易。

（10）风险管理包括资产抵押情况、对外担保情况、企业从事房地产开发业务占用资金和效益情况、企业从事证券、期货等高风险业务情况。

第 12 章 商业企业应交增值税的核算

增值税是以商品生产流通各环节或提供劳务的增值额为计税依据而征收的一种税。

增值税的计税原理如下：

（1）按全部销售额计算税款，但只对货物或劳务价值中新增价值部分征税；

（2）实行税款抵扣制度，对以前环节已纳税款予以扣除；

（3）税款随着货物的销售逐环节转移，最终消费者是全部税款的承担者，但政府并不直接向消费者征税，而是在生产经营的各个环节分段征收，各环节的纳税人并不承担增值税税款。

增值税的特点如下。

（1）不重复征税，具有中性税收的特征；

（2）逐环节征税，逐环节扣税，最终消费者是全部税款的承担者；

（3）税基广阔，具有征收的普遍性和连续性，在组织财政收入上具有稳定性和及时性。

12.1 应交增值税管理

根据《增值税暂行条例》的规定，凡在中华人民共和国境内销售或者进口货物、提供应税劳务和应税行为的单位和个人都是增值税纳税义务人。

根据财政部、税务总局《关于统一增值税小规模纳税人标准的通知》（财税〔2018〕33 号）规定：自 2018 年 5 月 1 日开始，小规模纳税人增值税纳税标准从不同行业年应征增值税销售额 50 万元以下、年应税销售额在 80 万元以下，统一改为年应征增值税销售额 500 万元及以下，见表 12-1。

表 12-1　纳税人资格划分标准

纳税人	从事货物生产或者提供应税劳务的纳税人，以及以从事货物生产或者提供应税劳务为主，并兼营货物批发或者零售的纳税人	批发或零售的纳税人	销售服务、销售无形资产、销售不动产
小规模纳税人	年应税销售额≤500 万元	年应税销售额≤500 万元	应税服务年销售额≤500 万元
一般纳税人	年应税销售额＞500 万元	年应税销售额＞500 万元	应税服务年销售额＞500 万元

12.1.1 增值税税率

2019 年 3 月 21 日，财政部、国家税务总局、海关总署联合发布《关于深化增值税改革有关政策的公告》（即增值税改革细则）规定：

（1）自 2019 年 4 月 1 日起，增值税一般纳税人发生增值税应税销售行为或者进口货物，原适用16%税率的，税率调整为13%；原适用10%税率的，税率调整为9%。

（2）纳税人购进农产品，原适用10%扣除率的，扣除率调整为9%。纳税人购进用于生产或者委托加工13%税率货物的农产品，按照10%的扣除率计算进项税额。

（3）原适用16%税率且出口退税率为16%的出口货物劳务，出口退税率调整为13%；原适用10%税率且出口退税率为10%的出口货物、跨境应税行为，出口退税率调整为9%。

（4）适用13%税率的境外旅客购物离境退税物品，退税率为11%；适用9%税率的境外旅客购物离境退税物品，退税率为8%。

12.1.2 会计科目及专栏设置

增值税一般纳税人应当在“应交税费”科目下设置“应交增值税”“未交增值税”“预交增值税”“待抵扣进项税额”“待认证进项税额”“待转销项税额”“增值税留抵税额”“简易计税”“转让金融商品应交增值税”“代扣代交增值税”等明细科目。

1. 应交税费明细科目

应交税费明细科目说明，见表12-2。

表12-2　　应交增值税明细科目说明

细目		具体说明
应交增值税	进项税额	一般纳税人购进货物、加工修理修配劳务、服务、无形资产或不动产而支付或负担的、准予从当期销项税额中抵扣的增值税额
	销项税额抵减	一般纳税人按照现行增值税制度规定因扣减销售额而减少的销项税额
	已交税金	一般纳税人当月已交纳的应交增值税额
	“转出未交增值税”和“转出多交增值税”	一般纳税人月度终了转出当月应交未交或多交的增值税额
	减免税款	一般纳税人按现行增值税制度规定准予减免的增值税额
	出口抵减内销产品应纳税额	实行“免、抵、退”办法的一般纳税人按规定计算的出口货物的进项税抵减内销产品的应纳税额

续上表

细目		具体说明
应交增值税	销项税额	一般纳税人销售货物、加工修理修配劳务、服务、无形资产或不动产应收取的增值税额
	出口退税	一般纳税人出口货物、加工修理修配劳务、服务、无形资产按规定退回的增值税额
	进项税额转出	一般纳税人购进货物、加工修理修配劳务、服务、无形资产或不动产等发生非正常损失以及其他原因而不应从销项税额中抵扣、按规定转出的进项税额
未交增值税		核算一般纳税人月度终了从“应交增值税”或“预交增值税”明细科目转入当月应交未交、多交或预缴的增值税额，以及当月交纳以前期间未交的增值税额
预交增值税		核算一般纳税人转让不动产、提供不动产经营租赁服务、提供建筑服务、采用预收款方式销售自行开发的房地产项目等，以及其他按现行增值税制度规定应预缴的增值税额
待抵扣进项税额		核算一般纳税人已取得增值税扣税凭证并经税务机关认证，按照现行增值税制度规定准予以后期间从销项税额中抵扣的进项税额
待认证进项税额		核算一般纳税人由于未经税务机关认证而不得从当期销项税额中抵扣的进项税额。包括：一般纳税人已取得增值税扣税凭证、按照现行增值税制度规定准予从销项税额中抵扣，但尚未经税务机关认证的进项税额；一般纳税人已申请稽核但尚未取得稽核相符结果的海关缴款书进项税额
待转销项税额		核算一般纳税人销售货物、加工修理修配劳务、服务、无形资产或不动产，已确认相关收入（或利得）但尚未发生增值税纳税义务而需于以后期间确认为销项税额的增值税额
增值税留抵税额		本期进项税额大于本期销项税额的差额为增值税留抵税额
简易计税		核算一般纳税人采用简易计税方法发生的增值税计提、扣减、预缴、缴纳等业务
转让金融商品应交增值税		核算增值税纳税人转让金融商品发生的增值税额
代扣代交增值税		核算纳税人购进在境内未设经营机构的境外单位或个人在境内的应税行为代扣代缴的增值税。

2. 应交税费科目设置

根据（财会〔2016〕22 号）文件规定，一般纳税人企业增值税相关会计科目设置，见表 12-3。

表 12-3 一般纳税人增值税基本会计科目设置明细表

科目代码	总分类科目（一级科目）	明细分类科目	
		二级科目	三级科目
2221	应交税费		
222101	应交税费	应交增值税	
22210101	应交税费	应交增值税	进项税额
22210102	应交税费	应交增值税	已交税金
22210103	应交税费	应交增值税	减免税款
22210104	应交税费	应交增值税	转出未交增值税
22210105	应交税费	应交增值税	销项税额抵减
22210106	应交税费	应交增值税	出口抵减内销产品应纳税额
22210107	应交税费	应交增值税	销项税额
22210109	应交税费	应交增值税	出口退税
22210110	应交税费	应交增值税	转出多交增值税
22210111	应交税费	应交增值税	进项税额转出
222102	应交税费	预交增值税	
222103	应交税费	待抵扣进项税额	
222104	应交税费	未交增值税	
222105	应交税费	增值税留抵税额	
222106	应交税费	待认证进项税额	
222107	应交税费	待转销项税额	
222108	应交税费	简易计税	
222109	应交税费	转让金融商品应交增值税	
222110	应交税费	代扣代交增值税	

12.2 批发企业增值税会计处理

增值税的抵扣是针对一般纳税人而言，小规模纳税人是用不到进项税额抵扣凭证的，即便是一般纳税人的简易征收项目收到进项税额抵扣发票，也要做进项税额转出处理。

12.2.1 进项税额管理

进项税额抵扣有认证抵扣和计算抵扣两种方式，企业一般在日常办公管理、职工福利、生产经营过程会产生大量的增值税专用发票，符合政策规定抵扣范围内的经济管理事项，需要抵扣凭证以及相应票据的支持。

1. 准予抵扣的进项税额

准予抵扣的进项税额如下。

1
- 从销售方取得的增值税专用发票上注明的增值税额

2
- 从海关取得的海关进口增值税专用缴款上注明的增值税额

3
- 购进农产品，除取得的增值税专用发票或者海关进口增值税专用缴款书外，按照农产品收购发票或者销售发票上注明的农产品买价与适用扣除率计算的进项税额

4
- 购进或者销售货物以及在生产经营过程中支付运输费用的，按照运输费用结算单据注明的运输费用金额计算的进项税额。运输企业按适用9%的税率计算进项税额

5
- 准予计算进项税额抵扣的货物运费金额是指运输费用结算单据上注明的运输费用（包括铁路临管线及铁路专线运输费用）、建设基金，不包括装卸费、保险费等其他杂费

2. 可抵扣进项税额凭证

全面营业税改征增值税后，可以认证抵扣或者计算抵扣的凭证大致有以下几种，见表 12-4。

表 12-4　　可抵扣进项税额凭证

抵扣凭证种类		出具方	抵扣金额	备注
1	增值税专用发票	销售方或通过税务机关代开	注明的增值税税额	
3	机动车销售统一发票	销售方	注明的增值税税额	
4	海关进口增值税缴款书	海关	注明的增值税税额	进口环节的增值税是由海关代征的
5	税收缴款凭证	税务机关	注明的增值税税额	预缴税款、代扣代缴税收缴款、接受境外单位或者个人提供的应税服务时适用

续上表

抵扣凭证种类		出具方	抵扣金额	备注
6	农产品销售发票	销售方	买价×9%	买价，是指纳税人购进农产品在收购发票或者销售发票上注明的价款和按照规定缴纳的烟叶税。
7	农产品收购发票	购货方	买价×9%	同上
8	道路、桥、闸通行费	高速公路运营方	发票上注明的金额÷（1+3%）×3%	通行费发票，不含财政票据
		一级公路、二级公路、桥、闸运营方	发票上注明的金额÷（1+5%）×5%	
10	土地出让金省级以上（含）财政部门监（印）制的财政票据	政府相关部门	票据上注明的金额÷（1+9%）×9%	财政票据不是严格意义上的抵扣凭证，是房地产行业销售额的扣除项目
11	取得注明旅客身份信息的航空运输电子客票行程单的	航空部门	航空旅客运输进项税额=（票价+燃油附加费）÷（1+9%）×9%	
12	取得注明旅客身份信息的火车票	铁路部门	铁路旅客运输进项税额=票面金额÷（1+9%）×9%	
13	取得注明旅客身份信息的公路、水路等其他客票的	公路、水路等部门	公路、水路等其他旅客运输进项税额=票面金额÷（1+3%）×3%	

3. 不得抵扣的进项税额

按照（财税〔2016〕36号）文件附件1第二十七条规定，下列项目的进项税额不得从销项税额中抵扣：

（1）购进农产品，除取得增值税专用发票或者海关进口增值税专用缴款书外，按照农产品收购发票或者销售发票上注明的农产品买价和9%的扣除率计算的进项税额。

其计算公式为：

进项税额＝买价×扣除率

（2）购进或者销售货物以及在生产经营过程中支付运输费用的，按照运输费用结算单据上注明的运输费用金额和9%的扣除率计算的进项税额。

其计算公式为：

进项税额＝运输费用金额×扣除率

4. 当期进项税额的确定

当期进项税额是指纳税人当期购进货物或者应税劳务已缴纳的增值税税额。它主要体现在从销售方取得的增值税专用发票上或海关进口增值税专用缴款书上。

当期进项税额计算公式：

当期进项税额＝不含税采购额×适用税率

其中，不含税销售额＝含税采购额÷（1＋适用税率）

（1）一般纳税人兼营免税项目或者非增值税应税劳务而无法划分不得抵扣的进项税额的，按下列公式计算不得抵扣的进项税额：

不得抵扣的进项税额＝当月无法划分的全部进项税额×当月免税项目销售额、非增值税应税劳务营业额合计÷当月全部销售额、营业额

（2）合计购进货物或者应税劳务，取得的增值税扣税凭证不符合法律、行政法规或者国务院税务主管部门有关规定的，其进项税额不得从销项税额中抵扣。

12.2.2 增值税优惠政策

《关于深化增值税改革有关政策的公告》（即增值税改革细则）还颁布了一些优惠政策：

1. 纳税人应按照当期可抵扣进项税额的10%计提当期加计抵减额

自2019年4月1日至2021年12月31日，允许生产、生活性服务业纳税

人按照当期可抵扣进项税额加计10%，抵减应纳税额（以下称加计抵减政策）。

生产、生活性服务业纳税人，是指提供邮政服务、电信服务、现代服务、生活服务（以下称四项服务）取得的销售额占全部销售额的比重超过50%的纳税人。

（1）适用时间。

2019年3月31日前设立的纳税人，自2019年4月1日起适用加计抵减政策。

2019年4月1日后设立的纳税人，自设立之日起3个月的销售额符合上述规定条件的，自登记为一般纳税人之日起适用加计抵减政策。

纳税人确定适用加计抵减政策后，当年内不再调整，以后年度是否适用，根据上年度销售额计算确定。

纳税人可计提但未计提的加计抵减额，可在确定适用加计抵减政策当期一并计提。

（2）纳税人应按照当期可抵扣进项税额的10%计提当期加计抵减额。

按照现行规定不得从销项税额中抵扣的进项税额，不得计提加计抵减额；已计提加计抵减额的进项税额，按规定作进项税额转出的，应在进项税额转出当期，相应调减加计抵减额。计算公式如下：

当期计提加计抵减额＝当期可抵扣进项税额×10%

当期可抵减加计抵减额＝上期末加计抵减额余额＋当期计提加计抵减额－当期调减加计抵减额

（3）纳税人应按照现行规定计算一般计税方法下的应纳税额（以下称抵减前的应纳税额）后，区分以下情形加计抵减：

1

抵减前的应纳税额等于零的，当期可抵减加计抵减额全部结转下期抵减

2

抵减前的应纳税额大于零，且大于当期可抵减加计抵减额的，当期可抵减加计抵减额全额从抵减前的应纳税额中抵减

3

抵减前的应纳税额大于零，且小于或等于当期可抵减加计抵减额的，以当期可抵减加计抵减额抵减应纳税额至零。未抵减完的当期可抵减加计抵减额，结转下期继续抵减

（4）纳税人出口货物劳务、发生跨境应税行为不适用加计抵减政策，其对应的进项税额不得计提加计抵减额。

纳税人兼营出口货物劳务、发生跨境应税行为且无法划分不得计提加计抵减额的进项税额，按照以下公式计算：

不得计提加计抵减额的进项税额＝当期无法划分的全部进项税额×当期出口货物劳务和发生跨境应税行为的销售额÷当期全部销售额

（5）加计抵减政策执行到期后，纳税人不再计提加计抵减额，结余的加计抵减额停止抵减。

2. 自 2019 年 4 月 1 日起，试行增值税期末留抵税额退税制度

（1）同时符合以下条件的纳税人，可以向主管税务机关申请退还增量留抵税额：

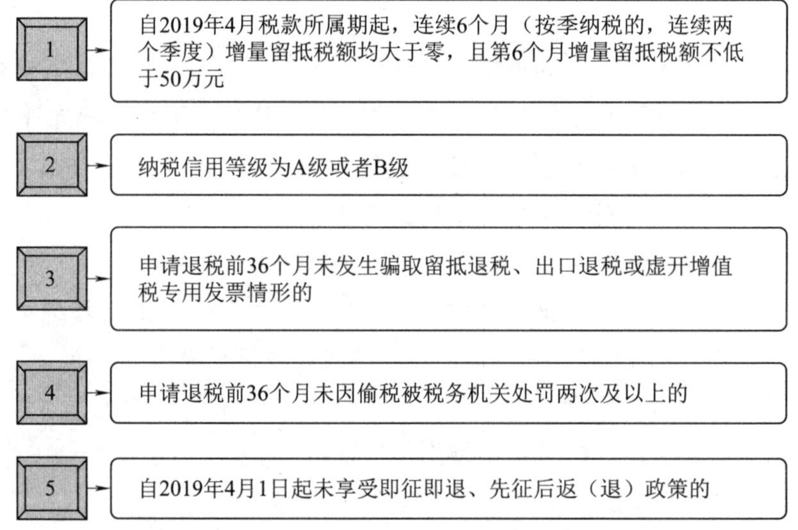

（2）纳税人当期允许退还的增量留抵税额，按照以下公式计算：

允许退还的增量留抵税额＝增量留抵税额×进项构成比例×60％

12.2.3 进项税额的账务处理

增值税一般纳税人的账务处理，见表 12-5。

表 12-5　　增值税进项税额的账务处理

财务情景		账务处理
采购等业务进项税额允许抵扣的账务处理	一般纳税人购进货物、加工修理修配劳务、服务、无形资产或不动产	借：在途物资/原材料/库存商品/生产成本/无形资产/固定资产/管理费用等 应交税费——应交增值税（进项税额） ——待认证进项税额 贷：应付账款/应付票据/银行存款等
采购等业务进项税额不得抵扣的账务处理		借：相关成本费用或资产科目 应交税费——待认证进项税额 贷：银行存款/应付账款等 经税务机关认证后 借：相关成本费用或资产科目 贷：应交税费——应交增值税（进项税额转出）
购进不动产或不动产在建工程按规定进项税额分年抵扣的账务处理		借：固定资产/在建工程等 应交税费——应交增值税（进项税额） ——待抵扣进项税额（按以后期间可抵扣的增值税额） 贷：应付账款/应付票据/银行存款等 尚未抵扣的进项税额待以后期间允许抵扣时 借：应交税费——应交增值税（进项税额） 贷：应交税费——待抵扣进项税额
货物等已验收入库但尚未取得增值税扣税凭证的账务处理		借：原材料/库存商品/固定资产/无形资产 应交税费——应交增值税（进项税额） 贷：应付账款
购买方作为扣缴义务人的账务处理		借：生产成本/无形资产/固定资产/管理费用 应交税费——应交增值税（进项税额） 贷：应付账款等 应交税费——代扣代交增值税 实际缴纳代扣代缴增值税时，按代扣代缴的增值税额 借：应交税费——代扣代交增值税 贷：银行存款

1. 可以抵扣增值税进项税额的实务操作

按照税法规定，企业购进货物或应税劳务，按照规定取得并保存增值税扣税凭证，其进项税额可以从销项税额中抵扣。

【例 12-1】红河百货有限公司 5 月份从四方棉纺厂采购一批纯棉花布，销售方的增值税专用发票上注明的价款 88 000 元，增值税额 11 440 元，另支付运费 545 元。材料已验收入库。货款通过银行支付，运费用现金支付。原始单据如图 12-1 至图 12-3 所示。

（1）进项税额＝88 000×13%＋545÷（1＋9）×9%＝11 485（元）

（2）材料采购成本＝88 000＋500＝88 500（元）

借：材料采购　　　　　　　　　　　　　　　　88 500

　　应交税费——应交增值税（进项税额）　　　11 440

　　贷：银行存款　　　　　　　　　　　　　　　　99 395

　　　　库存现金　　　　　　　　　　　　　　　　545

深圳增值税专用发票

420118240　　　　发　票　联　　　　No：021927432

（国家税务总局监制）

开票日期：2019 年 5 月 9 日

购货单位	名　　　称：红河百货有限公司 统一社会信用代码：34270100580997548A 地 址 、电 话：深圳市龙岗区杏林大街 22 号 0755-69105234 开户行及账号：中国银行深圳市杏林支行 34331476497	密码区	略

货物或应税劳务名称	规格型号	单位	数量	单价	金额	税率（%）	税额
纯棉花布		米	1 000	88	¥88 000	13%	¥11 440
价税合计（大写）	⊗玖万玖仟肆佰肆拾元整						（小写）¥99 440

销货单位	名　　　称：四方棉纺厂 统一社会信用代码：35646787980765H 地 址 、电 话：福州晋安区丰和路 32 号　0591-67841433 开户行及账号：中行丰和路分理处 0787656543420255	备注	四方棉纺厂 35646787980765H 发票专用章

收款人：楼岚　　　复核：纪辰　　　开票人：赵红　　　销货单位：

图 12-1　购物发票

货物运输业增值税专用发票　　23236003

5221313435

（印章：全国统一发票监制章 深圳 国家税务总局监制）

开票日期：2019 年 5 月 9 日

<table>
<tr><td>承运人及统一社会信用代码</td><td colspan="2">龙运货物运输有限公司
234646534095867689</td><td rowspan="2">密码区</td><td colspan="5" rowspan="2">略</td></tr>
<tr><td>实际受票方及统一社会信用代码</td><td colspan="2">红河百货有限公司
34270100580997548A</td></tr>
<tr><td>收货人及统一社会信用代码</td><td colspan="2">红河百货有限公司
34270100580997548A</td><td colspan="2">发货人及统一社会信用代码</td><td colspan="4">龙运货物运输有限公司
234646534095867689</td></tr>
<tr><td>起运地、经由、到达地</td><td colspan="8">深圳龙岗区杏林大街 22 号</td></tr>
<tr><td>费用项目及金额</td><td colspan="5">费用项目　金额　费用项目　金额
运费　　550</td><td>运输货物信息</td><td colspan="2">纯棉花布</td></tr>
<tr><td>合计金额</td><td>545</td><td>税率</td><td>9%</td><td>税额</td><td>45</td><td>机器编号</td><td colspan="2"></td></tr>
<tr><td>价税合计（大写）</td><td colspan="8">⊗伍佰肆拾伍元整　　　　小写￥545</td></tr>
<tr><td>车种车号</td><td></td><td>车船吨位</td><td colspan="2"></td><td rowspan="2">备注</td><td colspan="3" rowspan="2"></td></tr>
<tr><td>主管税务机关及代码</td><td colspan="4">晋安区税务局</td></tr>
</table>

收款人　××　　复核　××　　开票人　××　　承运人（章）

图 12-2　货物运输发票

<table>
<tr><td colspan="3">网上银行资金划拨申请单</td></tr>
<tr><td colspan="3">2019 年 5 月 9 日</td></tr>
<tr><td colspan="3">资金划拨内容：支付四方棉纺厂货款</td></tr>
<tr><td colspan="2">划拨金额（大写）：玖万玖仟叁佰玖拾伍元整</td><td>￥99 395</td></tr>
<tr><td colspan="3">收款单位户名：四方棉纺厂</td></tr>
<tr><td colspan="3">收款单位开户银行：中行福州丰和路分理处</td></tr>
<tr><td colspan="3">收款单位账号：0787656543420255</td></tr>
<tr><td>经办人：齐攸</td><td>财务负责人：蒋佳音</td><td>单位负责人：田之园</td></tr>
<tr><td colspan="2">支付操作：景芳茵</td><td>支付审批：周强</td></tr>
<tr><td colspan="3">备注：</td></tr>
</table>

图 12-3　网上银行资金划拨申请单

2. 不可以抵扣增值税进项税的实务操作

购入货物时不能直接认定其进项税额能否抵扣的，先计入“应交税费——应交增值税（进项税额）”账户，如果这部分购入货物以后用于按规定不得抵扣进项税额项目的，应将原已记入进项税额并已支付的增值税转入有关的承担者予以承担，通过“应交税费——应交增值税（进项税额转出）”账户转入有关资产及劳务成本。

【例 12-2】2020 年 1 月 12 日，红河百货有限公司修缮卖场大楼领用建筑材料一批，该建筑材料实际成本为 85 000 元，进项税额为 11 050 元。见表12-6。

借：在建工程　　96 050

　　贷：原材料　　85 000

　　　　应交税费——应交增值税（进项税额转出）　　11 050

表 12-6　　出库单

2018 年 8 月 12 日　　单位：元

月	日	品名	规格型号	数量（公斤）	单价	金额
8	12	建筑材料		200	525	85 000
合计：85 000.00 元						

12.2.4　销项税额管理

1. 销售额的一般认定

《增值税暂行条例》规定：销售额为纳税人销售货物或提供应税劳务向购买方收取的全部价款和价外费用。

向购买方收到的各种价外费用包括：手续费、补贴、基金、集资费、返还利润、奖励费、违约金（延期付款利息）、包装费、包装物租金、储备费、优质费、运输装卸费、代收款项、代垫款项及其他各种性质的价外收费。上述价外费用无论其会计制度如何核算，都应并入销售额计税。

2. 销售额的特殊认定

在销售活动中，为了达到促销的目的，有多种销售方式，不同的销售方式下，取得的销售额会有所不同。税法对以下几种销售方式分别做了规定，见表 12-7。

表 12-7　　特殊销售行为销售额的认定

销售方式	销项税额的认定
采取折扣方式	（1）销售额和折扣额在同一张发票上分别注明的，可按折扣后的销售额征收增值税； （2）未在同一张发票上分别注明的，以价款为销售额，不得扣减折扣额
以旧换新方式	应按新货物的同期销售价格确定销售额，不得扣减旧货物的收购价格。但对金银首饰以旧换新业务，可以按销售方实际收取的不含增值税的全部价款征收增值税
还本销售方式	其销售额就是货物的销售价格，不得从销售额中减除还本支出
以物易物方式	以物易物双方都应做购销处理，以各自发出的货物核算销售额，以各自收到的货物计算进项、销项税额
直销方式	直销企业的销售额为其向消费者收取的全部价款和价外费用
试点纳税人中客运场站服务	以其取得的全部价款和价外费用，扣除政府性基金或行政事业性收费后的余额为销售额
试点纳税人提供国际货物运输代理服务	以其取得的全部价款和价外费用，扣除支付给国际运输企业的费用后的余额为销售额
视同销售货物的方式（包括试点地区纳税人）	（1）按纳税人最近时期同类货物的平均销售价格确定
	（2）按其他纳税人最近时期同类货物的平均销售价格确定
	（3）按组成计税价格确定。公式为： 组成计税价格＝成本×（1＋成本利润率）

3. 当期销项税额计算公式

当期销项税额，是指当期销售货物或提供应税劳务的纳税人，依其销售额和法定税率计算并向购买方收取的增值税税款。

其计算公式为：

当期销项税额＝不含税销售额×税率

或　　当期销项税额＝组成计税价格×税率

如果销售收入中包含了销项税额，则应将含税销售额换算成不含税销售额。这是因为增值税是价外税，在计税的销售额中不能含有增值税税款，属于含税销售收入的有普通发票的价款、零售价格、价外收入、非应税劳务征收增值税。

不含税销售额的计算公式为：

$$不含税销售额=含税销售额÷（1+增值税税率）$$

按简易办法征收增值税。一般纳税人销售自己使用过的物品和旧货，适用按简易办法依3%征收率减半征收增值税政策的，按下列公式确定销售额和应纳税额：

$$不含税销售额=含税销售额÷（1+3\%）$$

$$应纳税额=不含税销售额×2\%$$

12.2.5 销项税额的账务处理

增值税销项税额的账务处理，见表12-8。

表12-8 增值税销项税额的账务处理

财务情景	账务处理
企业销售货物、加工修理修配劳务、服务、无形资产或不动产	借：应收账款/应收票据/银行存款等 贷：主营业务收入/其他业务收入/固定资产清理/工程结算 应交税费——应交增值税（销项税额） 应交税费——简易计税（采用简易计税的项目） 应交税费——应交增值税（小规模纳税人）
收入或利得的时点早于按照增值税制度确认增值税纳税义务发生时点的	应将相关销项税额计入“应交税费——待转销项税额”科目，待实际发生纳税义务时再转入“应交税费——应交增值税（销项税额）”或“应交税费——简易计税”科目
增值税纳税义务发生时点早于按照国家统一的会计制度确认收入或利得时点的	借：应收账款 贷：应交税费——应交增值税（销项税额） 应交税费——简易计税
视同销售的账务处理	借：应付职工薪酬/利润分配 贷：应交税费——应交增值税（销项税额） 应交税费——简易计税 （小规模纳税人应计入“应交税费——应交增值税”）

续上表

<table>
<tr><th colspan="2">财务情景</th><th>账务处理</th></tr>
<tr><td rowspan="2">差额征税的账务处理</td><td>企业发生相关成本费用允许扣减销售额的账务处理</td><td>借：主营业务成本/存货/工程施工
　　贷：应付账款/应付票据/银行存款</td></tr>
<tr><td>按照允许抵扣的税额</td><td>借：应交税费——应交增值税（销项税额抵减）
　　应交税费——简易计税
小规模纳税人账务处理
借：应交税费——应交增值税
　　贷：主营业务成本/存货/工程施工</td></tr>
<tr><td rowspan="2">出口退税的账务处理</td><td>未实行“免、抵、退”办法的一般纳税人出口货物按规定退税的</td><td>借：其他应收款——应收出口退税款
　　贷：应交税费——应交增值税（出口退税）
①收到出口退税时
借：银行存款
　　贷：应收出口退税款
②退税额低于购进时取得的增值税专用发票上的增值税额的差额
借：主营业务成本
　　贷：应交税费——应交增值税（进项税额转出）</td></tr>
<tr><td>实行“免、抵、退”办法的一般纳税人出口货物</td><td>借：主营业务成本
　　贷：应交税费——应交增值税（进项税额转出）
①按规定计算的当期出口货物的进项税抵减内销产品的应纳税额
借：应交税费——应交增值税（出口抵减内销产品应纳税额）
　　贷：应交税费——应交增值税（出口退税）
②在规定期限内，内销产品的应纳税额不足以抵减出口货物的进项税额，不足部分按有关税法规定给予退税的，应在实际收到退税款时
借：银行存款
　　贷：应交税费——应交增值税（出口退税）</td></tr>
</table>

【例 12-3】红河百货有限公司采用直接收款方式销售一批棉布制品，价款158 200元（含税）。货款已经收到，货物尚未发出，提货单已经交给购货方，开出增值税专用发票。棉布制品成本为84 500元，如图12-4所示。

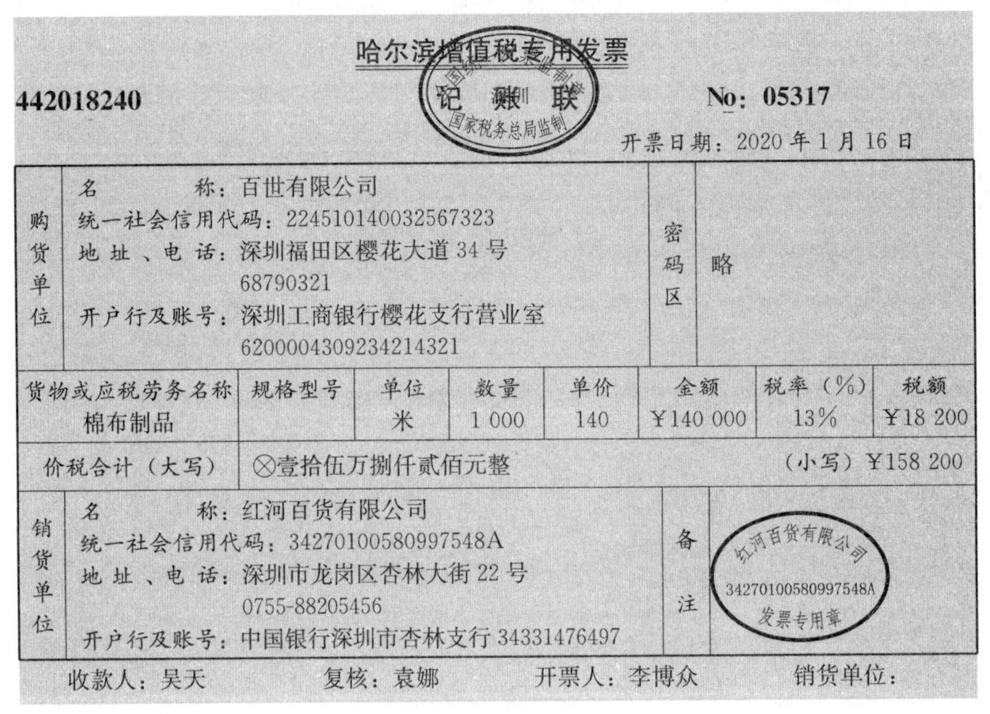

哈尔滨增值税专用发票

442018240　　记账联　　No：05317

开票日期：2020年1月16日

购货单位	名　称：百世有限公司 统一社会信用代码：224510140032567323 地址、电话：深圳福田区樱花大道34号 68790321 开户行及账号：深圳工商银行樱花支行营业室 6200004309234214321				密码区	略	
货物或应税劳务名称	规格型号	单位	数量	单价	金额	税率（%）	税额
棉布制品		米	1 000	140	¥140 000	13%	¥18 200
价税合计（大写）	⊗壹拾伍万捌仟贰佰元整					（小写）¥158 200	
销货单位	名　称：红河百货有限公司 统一社会信用代码：34270100580997548A 地址、电话：深圳市龙岗区杏林大街22号 0755-88205456 开户行及账号：中国银行深圳市杏林支行34331476497				备注	红河百货有限公司 34270100580997548A 发票专用章	

收款人：吴天　　复核：袁娜　　开票人：李博众　　销货单位：

图 12-4　销货发票

该企业当期应纳增值税额计算如下：

将含税销售额换算为不含税销售额，销项税额＝158 200÷(1＋13%)×13%＝140 000×13%＝18 200（元）

	借方	贷方
借：银行存款	158 200	
贷：主营业务收入——棉布制品		140 000
应交税费——应交增值税（销项税额）		18 200
借：主营业务成本	84 500	
贷：库存商品		84 500

12.2.6　增值税款缴纳的账务处理

应交增值税的账务处理，见表12-9。

表 12-9　　应交增值税的账务处理

缴纳时间	账务处理
当月缴纳税款	借：应交税费——应交增值税（已交税金） 　　贷：银行存款
当月缴纳以前月份税款	借：应交税费——未交增值税 　　贷：银行存款
税款减免的账务处理	借：应交税费——应交增值税（减免税款） 　　贷：营业外收入
税款返还	借：银行存款 　　贷：营业外收入
当月应交未交的增值税	借：应交税费——应交增值税（转出未交增值税） 　　贷：应交税费——未交增值税
当月多交的增值税	借：应交税费——未交增值税 　　贷：应交税费——转出多交增值税

1. 一般计税方法的计算

我国目前对一般纳税人采用的是国际上通行的购进扣税法，即当期销项税额抵扣当期进项税额后的余额。应纳税额的计算公式为：

当期应纳税额＝当期销项税额－当期进项税额

＝当期销售额×适用税率－当期进项税额

2. 特殊计税方法的计算

当期应交增值税＝销项税额－（进项税额－进项税额转出－出口退税）－出口抵减内销产品应纳税额－减免税款

【例 12-4】 2020 年 7 月 20 日，红河百货有限公司购进商品取得增值税专用发票注明价款 550 000 元，增值税额 71 500 元。当月实现销售收入 1 820 000元，销项税额 236 600 元。经企业申请，主管税务机关批准，该企业减半征收增值税 1 年。缴税凭证见表 12-10。

（1）属于直接减免的账务处理。

①购进材料时：

借：原材料　　550 000

　　应交税费——应交增值税（进项税额）　　71 500

　　贷：银行存款　　621 500

②销售实现时：

借：银行存款　　2 056 600

　　贷：主营业务收入　　1 820 000

　　　　应交税费——应交增值税（销项税额）　　236 600

③计算缴纳税款时：

应纳税额＝（236 600－71 500）×50%＝82 550（元）

借：应交税费——应交增值税（已交税金）　　82 550

　　贷：银行存款　　82 550

借：应交税费——应交增值税（减免税款）　　82 550

　　贷：营业外收入　　82 550

表 12-10　　中国工商银行电子缴税付款凭证

转账日期：2020 年 8 月 5 日　　凭证字号：6346432

付款人全称	红河百货有限公司	征收机关名称	
付款人账号	34331476497	收款国库名称	
付款人开户银行	中国银行深圳市杏林支行	小写（合计）金额	￥82 550
缴款书交易流水号	2321355453	大写（合计）金额	捌万贰仟伍佰伍拾元整

税（费）种名称	所属日期	实缴金额
增值税	2020 年 7 月	82 550

第　次打印　　作付款回单　　无银行收讫章无效　复核　　打印日期：　年　月　日

12.3　零售企业增值税会计处理

12.3.1　零售企业增值税会计核算的特点

商品零售企业在长期的经营实践中，形成了一套融会计核算和实物管理为一体的核算管理制度，其基本内容概括为："售价金额核算，实物负责制"。

实行增值税后，按照财政部规定，商品零售企业继续适用“售价金额核算，实物负责制”的核算和管理方法。“库存商品”等科目仍按含税的商品售价反映，与此相关的会计科目有“应交税费”“库存商品”“主营业务收入”“主营业务成本”“商品进销差价”等。增值税是价外税，税基为不含税的销售额。对于采用售价金额核算的商品零售企业来说，其增值税核算与其他增值税纳税人的核算明显不同，归纳起来有以下几个方面：

1

- “库存商品”“主营业务收入”“主营业务成本”等科目均按含税的售价核算，包括零售商品的不含税进价、不含税售价与不含税进价的差价和应向消费者收取的增值税额（销项税额）三部分

2

- “商品进销差价”科目含税。“商品进销差价”科目的核算内容包括不含税售价与不含税进价的差价和销项税额两部分

3

- 月末，按含税进销差率计算已销商品应分摊的进销差价，然后调整销售成本

4

- 月末计算销项税额。其他增值税一般纳税人销售货物或者应税劳务，其增值税纳税义务发生时间为收讫销货款或者取得索取销货款凭据的当天。而商业零售企业是月末才按税法要求计算销项税额

12.3.2 购销商品增值税的账务处理

商品零售企业购销商品增值税的账务处理，见表12-11。

表12-11　　商品零售企业购销商品增值税的账务处理

业务情形		账务处理
购进商品	采购时	借：在途物资 　　应交税费——应交增值税（进项税额） 　　贷：银行存款/应付账款
	验收入库	借：库存商品（含税售价） 　　贷：在途物资（不含税进价） 　　　　商品进销差价

续上表

业务情形		账务处理
销售商品	确认收入时	借：银行存款/应收账款 　　贷：主营业务收入
	期末按含税进销差价率计算已销商品应分摊的进销差价，并据以调整本期销售成本	借：商品进销差价（含税售价） 　　贷：主营业务成本 同时，借：主营业务收入 　　　　贷：应交税费——应交增值税（销项税额）

1. 同城商品购进

具体地说，由于商品交接货和结算方式不同，核算方法也有所不同。

【例 12-5】红河文具有限公司从本市某公司购入一批文具，进价 8 400 元，售价 9 800 元（不含税），进项税额 1 092 元。货款以转账支票付讫，商品由文具组验收，按专用发票，作会计分录如下：

（1）支付价款时，按商品进价、进项税额分别转账。

借：材料采购——文具组　　8 400

　　应交税费——应交增值税（进项税额）　　1 092

　　贷：银行存款　　9 492

（2）商品入库时，为简化库存商品日常核算工作，平时营业柜组以库存商品售价（进价＋毛利）加上销项税额 1 274 元入账（设销项税率为 13%），商品入库时的售价应包含销项增值税在内。

借：库存商品——文具组（售价 9 800 元＋销项税额 1 274 元）

　　11 074

　　贷：材料采购——文具组　　8400

　　　　商品进销差价——文具组（毛利 1 400 元＋销项税额 1 274 元）

　　　　2 674

月终，财会部门须调整已销商品的增值税销项税额。将销项税额从商品销售收入中分解出来转入“应交税费——应交增值税（销项税额）”账户。如上例，其会计分录如下：

借：主营业务收入　　1 274

　　贷：应交税费——应交增值税（销项税额）　　1 274

2. 异地商品购进。异地商品购进，由于采用发货制交接方式，商品的发运时间和结算凭证的传递时间不一致，通常会发生先付款，后到货；先到货，后付款；以及到货与付款同时进行三种情况。

【例 12-6】 仍以【例 12-5】为例，红河文具有限公司从外市大润发商城购进文具商品一批，供货单位代垫运费 218 元，价款及运费已通知银行承付。

（1）假设先承付货款和运费，后到货。

接到银行转来托收凭证，经审核无误后，承付货款，根据有关凭证作会计分录如下：

借：材料采购——文具组　　8 400

　　应交税费——应交增值税（进项税额）（1 092＋18）　　1 110

　　销售费用——进货运费　　200

　　贷：银行存款　　9 710

商品运到，由文具组验收，根据有关凭证，按含税售价入账，作会计分录如下：

借：库存商品——文具组　　11 074

　　贷：商品采购——文具组　　8 400

　　　　商品进销差价　　2 674

（2）假设商品先到，后付款。

①商品运到，验收入库，平时不做账务处理。月末如仍未付款，按暂估进价入账，作会计分录如下：

借：库存商品　　文具组　　11 074

　　贷：应付账款　　8 400

　　　　商品进销差价　　2 674

②下月初用红字冲回：

借：库存商品——文具组　　11 074（红字）

　　贷：应付账款　　8 400（红字）

　　　　商品进销差价　　2 674（红字）

③接到银行转来托收凭证，承付货款，作会计分录如下：

借：材料采购——文具组　　8 400

　　应交税费——应交增值税（进项税额）　　1 092

　　销售费用——进货运费　　200

　　贷：银行存款　　9 692

④同时，作会计分录如下：

借：库存商品——文具组　　11 074

　　贷：材料采购——文具组　　8 400

　　　　商品进销差价　　2 674

(3) 假设承付货款与到货同一天，作会计分录如下：

借：材料采购——文具组　　8 400

　　应交税费——应交增值税（进项税额）　　1 092

　　销售费用——进货运费　　200

　　贷：银行存款　　9 692

同时，作会计分录如下：

借：库存商品——文具组　　11 074

　　贷：在途物资——文具组　　8400

　　　　商品进销差价　　2 674

月末结转商品进销差价。

借：商品进销差价　　2 674

　　贷：主营业务成本　　2 674

2. 销售商品

【例 12-7】2019 年 5 月 31 日，红河百货有限公司各营业组销货款如下（含税）：家电组 162 400 元，服装组 13 920 元，日化组 12 760 元，化妆品组 113 680元，收入现金由收银员全部送存银行，取得银行收款单。会计分录如下：

借：库存现金　　302 760

　　贷：主营业务收入——家电组　　162 400

　　　　　　　　　　——服装组　　13 920

　　　　　　　　　　——日化组　　12 760

　　　　　　　　　　——化妆品组　　113 680

借：银行存款　　302 760

　　贷：库存现金　　302 760

如果是营业组直接将销货款送存银行，以银行存款收款单报账时，可以不通过“库存现金”账户，直接记入“银行存款”账户。同时，按售价（含税）注销库存商品，结转主营业务成本。

借：主营业务成本——家电组　　　　162 400
　　　　　　　　——服装组　　　　13 920
　　　　　　　　——日化组　　　　12 760
　　　　　　　　——化妆品组　　　113 680
　　贷：库存商品——家电组　　　　　162 400
　　　　　　　　——服装组　　　　　13 920
　　　　　　　　——日化组　　　　　12 760
　　　　　　　　——化妆品组　　　　113 680

月终调整已销商品增值税销项税额。

(1) 计算应交增值税（销项税额）。其公式如下：

应交增值税（销项税额）＝月内销售收入发生额÷（1＋适用税率）×适用税率

应交增值税（销项税额）＝302 760÷（1＋13%）×13%
＝267 929.20×13%
＝34 830.80（元）

(2) 调整账务将销项税额从销售收入中分解出来。做会计分录如下：

借：主营业务收入　　　　34 830.80
　　贷：应交税费——应交增值税（销项税额）　　　　34 830.80

假设红河百货公司本月进项税额 37 400 元，无留抵税额，本月应交增值税＝34 830.80－37 400＝2 569.20（元）

12.4　小规模纳税人会计处理

小规模纳税人只需在“应交税费”科目下设置“应交增值税”明细科目，不需要设置上述专栏及除“转让金融商品应交增值税”“代扣代交增值税”外的明细科目。

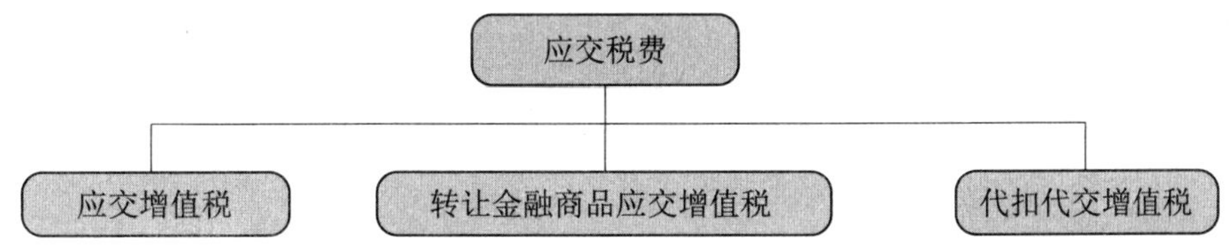

小规模纳税人销售货物或提供应税劳务，其应纳税额的计算不适用扣税法，而是实行按照销售额和征收率计算应纳税额的简易办法，并不得抵扣进项税额。

其计算公式为：

应纳税额＝销售额×征收率

销售额，不包括收取的增值税销项税额，即为不含税销售额。

对销售货物或提供应税劳务采取销售额和增值税销项税额合并定价方法的，要分离出不含税销售额，

其计算公式为：

销售额＝含税销售额÷（1＋征收率）

小规模纳税人销售自己使用过的固定资产和旧货，按下列公式确定销售额和应纳税额：

销售额＝含税销售额÷（1＋3%）

应纳税额＝销售额×2%

小规模纳税人增值税会计处理，见表12-12。

表12-12　　小规模纳税人增值税会计处理

业务情景	账务处理
购入货物或接受应税劳务的会计处理	借：材料采购（原材料、制造费用、管理费用、销售费用、其他业务成本等科目） 贷：银行存款（应付账款、应付票据等科目）
销售货物或提供应税劳务的会计处理	借：银行存款（“应收账款”“应收票据”等科目） 贷：主营业务收入（其他业务收入等） 应交税费——应交增值税 注：发生的销货退回，做相反的会计分录
缴纳增值税款的会计处理	借：应交税费——应交增值税 贷：银行存款等科目 收到退回多缴的增值税时，做相反的会计分录。

【例12-8】宝鑫商贸批发公司为增值税小规模纳税人，2019年5月13日购进文具用品，取得增值税普通发票，发票上注明价款34 000元；2019年6月10日取得销售收入157 796元；2019年6月20日向湖光酒店销售月饼500盒并由税务机关代开专用发票，发票注明不含税价款29 000元，税金870元。

企业购进货物已验收入库，货款均以银行存款收付，该企业采用进价核算制。

（1）该公司第一季度应纳的增值税：

销售月饼应纳增值税＝870（元）→代开专票时要预缴税款

销售收入应纳增值税＝157 796÷（1＋3％）×3％＝4 596（元）

（2）会计分录如下：

借：库存商品　　34 000

　　贷：银行存款　　34 000

①到国税局代开专票。

借：银行存款　　29 870

　　贷：主营业务收入　　29 000

　　　　应交税费——应交增值税　　870

借：应交税费——应交增值税　　870

　　贷：银行存款　　870

借：银行存款　　157 796

　　贷：主营业务收入　　153 200

　　　　应交税费——应交增值税　　4 596

②6 月实际缴税，见表 12-13。

借：应交税费——应交增值税　　4 596

　　贷：银行存款　　4 596

表 12-13　　增值税纳税申报表（小规模纳税人适用）

单位：元

	项　　目	栏　次	本期数	
			货物及劳务	服务、不动产和无形资产
一、计税依据	应征增值税不含税销售额（3％征收率）	1	186 796	
	（一）税务机关代开的增值税专用发票不含税销售额	2	29 000	
	（二）税控器具开具的普通发票不含税销售额	3	157 796	
二、税款计算	本期应纳税额	15	5 466	
	本期应纳税额减征额	16	0	
	本期免税额	17	0	
	其中：小微企业免税额	18		
	未达起征点免税额	19		
	应纳税额合计	20＝15－16	5 466	
	本期预缴税额	21	870	
	本期应补（退）税额	22＝20－21	4 596	

第13章 其他应交税费的核算

目前，商业企业除增值税外，涉及的其他应纳税种也比较多，主要有消费税、城市维护建设税、教育费附加、城镇土地使用税、耕地占用税、印花税、土地增值税和企业所得税。本章主要介绍这些税种的科目设置及账务处理。

13.1 消费税

消费税是对我国境内从事生产、委托加工和进口，以及国务院确定的销售应税消费品的单位和个人，就其销售额或销售数量，在特定环节征收的一种税。

消费税的纳税人为在中华人民共和国境内生产、委托加工和进口消费税暂行条例规定的消费品的单位和个人，以及国务院确定的销售消费税暂行条例规定的消费品的其他单位和个人，为消费税的纳税人，应当依照消费税暂行条例缴纳消费税。

消费税的征税范围，见表 13-1。

表 13-1　　消费税的征税范围

种类	具体内容
生产应税消费品	生产应税消费品除了直接对外销售应征收消费税外，纳税人将生产的应税消费品换取生产资料、消费资料、投资入股、偿还、债务，以及用于继续生产应税消费品以外的其他方面都应缴纳消费税
委托加工应税消费品	委托加工的应税消费品收回后，再继续用于生产应税消费品销售的，其加工环节缴纳的消费税款可以扣除，直接出售的，应缴纳消费税
进口应税消费品	单位和个人进口应税消费品，于报关进口时缴纳消费税
零售应税消费品	纳税人从事零售业务的，在零售时纳税
	金银首饰的带料加工、翻新改制、以旧换新等业务，在零售环节征收消费税；但金银首　饰的修理和清洗，不缴纳消费税

续上表

种类	具体内容
零售应税消费品	用于馈赠、赞助、集资、广告、样品、职工福利、奖励等方面的，在移送时缴纳消费税
批发销售卷烟	烟草批发企业将卷烟销售给零售单位的，要再征一道5%的从价税
	烟草批发企业将卷烟销售给其他烟草批发企业的，不缴纳消费税

13.1.1 税目和税率

税目和税率，见表13-2。

表13-2 税目和税率表

税　　目	税　　率
一、烟	
1. 卷烟	
（1）甲类卷烟	56%加0.003元/支（生产环节）
（2）乙类卷烟	36%加0.003元/支
（3）批发环节	11%加0.005元/支
2. 雪茄烟	36%
3. 烟丝	30%
二、酒	
1. 白酒	20%加0.5元/500克（或者500毫升）
2. 黄酒	240元/吨
3. 啤酒	250元/吨
（1）甲类啤酒	220元/吨
（2）乙类啤酒	10%
4. 其他酒	
三、化妆品	30%
四、贵重首饰及珠宝玉石	
1. 金银首饰、铂金首饰和钻石及钻石饰品	5%
2. 其他贵重首饰和珠宝玉石	10%

续上表

税　　目	税　　率
五、鞭炮、焰火	15%
六、成品油 1. 汽油 2. 柴油 3. 航空煤油 4. 石脑油 5. 溶剂油 6. 润滑油 7. 燃料油	1.52 元/升 1.20 元/升 1.20 元/升 1.10 元/升 1.52 元/升 1.52 元/升 0.52 元/升 1.20 元/升
七、摩托车 1. 气缸容量（排气量，下同）250 毫升的 2. 气缸容量在 250 毫升（不含）以上的	 3% 10%
八、小汽车 1. 乘用车 （1）气缸容量（排气量，下同）在 1.0 升（含 1.0 升）以下的 （2）气缸容量在 1.0 升以上至 1.5 升（含 1.5 升）的 （3）气缸容量在 1.5 升以上至 2.0 升（含 2.0 升）的 （4）气缸容量在 2.0 升以上至 2.5 升（含 2.5 升）的 （5）气缸容量在 2.5 升以上至 3.0 升（含 3.0 升）的 （6）气缸容量在 3.0 升以上至 4.0 升（含 4.0 升）的 （7）气缸容量在 4.0 升以上的 2. 中轻型商用客车	 1% 3% 5% 9% 12% 25% 40% 5%
九、高尔夫球及球具	10%
十、高档手表	20%
十一、游艇	10%
十二、木制一次性筷子	5%

续上表

税　　目	税　　率
十三、实木地板	5%
十四、电池	4%
十五、涂料	4%

13.1.2　消费税组成计税价格

消费税的应纳税额的计算，见表 13-3。

表 13-3　　消费税应纳税额的计算

<table>
<tr><th colspan="3">征收范围</th><th colspan="2">计算方法</th><th>计算公式</th></tr>
<tr><td rowspan="6">生产</td><td colspan="2" rowspan="3">直接销售</td><td colspan="2">从价定率</td><td>应纳税额＝销售额×比例税率</td></tr>
<tr><td colspan="2">从量定额</td><td>应纳税额＝销售数量×定额税率</td></tr>
<tr><td colspan="2">复合计征</td><td>应纳税额＝销售额×比例税率＋销售数量×定额税率</td></tr>
<tr><td rowspan="3">自产自用</td><td colspan="3">连续生产应税消费品</td><td>不纳税</td></tr>
<tr><td rowspan="2">用于其他方面</td><td rowspan="2">视同销售</td><td>从价定率</td><td>组成计税价格＝（成本＋利润）÷（1－比例税率）
应纳税额＝组成计税价格×消费税税率</td></tr>
<tr><td>复合计征</td><td>组成计税价格＝（成本＋利润＋自产自用数量×定额税率）÷（1－比例税率）
应纳税额＝组成计税价格×比例税率＋自产自用数量×定额税率</td></tr>
<tr><td colspan="3" rowspan="2">委托加工</td><td rowspan="2">受托方代收代缴</td><td>从价定率</td><td>组成计税价格＝（材料成本＋加工费）÷（1－比例税率）
应纳税额＝组成计税价格×比例税率</td></tr>
<tr><td>复合计征</td><td>组成计税价格＝（材料成本＋加工费＋委托加工数量×定额税率）÷（1－比例税率）
应纳税额＝组成计税价格×比例税率＋委托加工数量×定额税率</td></tr>
</table>

续上表

征收范围	计算方法	计算公式
进口	从价定率	组成计税价格＝（关税完税价格＋关税）÷（1－消费税税率） 应纳税额＝组成计税价格×消费税比例税率
	从量定额	组成计税价格＝(关税完税价格＋关税＋进口数量×定额税率)÷(1－比例税率)
	复合计征	组成计税价格＝（关税完税价格＋关税＋进口数量×定额税率）÷（1－消费税比例税率） 应纳税额＝组成计税价格×比例税率＋进口数量×定额税率

【例 13-1】帆船地板有限公司为增值税一般纳税人，2019 年 7 月 15 日，向杭州宾馆销售实木地板 1 000 平方米，开具增值税专用发票，取得不含增值税销售额 150 000 元，增值税额 19 500 元。适用消费税税率 5%。如图 13-1、图 13-2 所示。

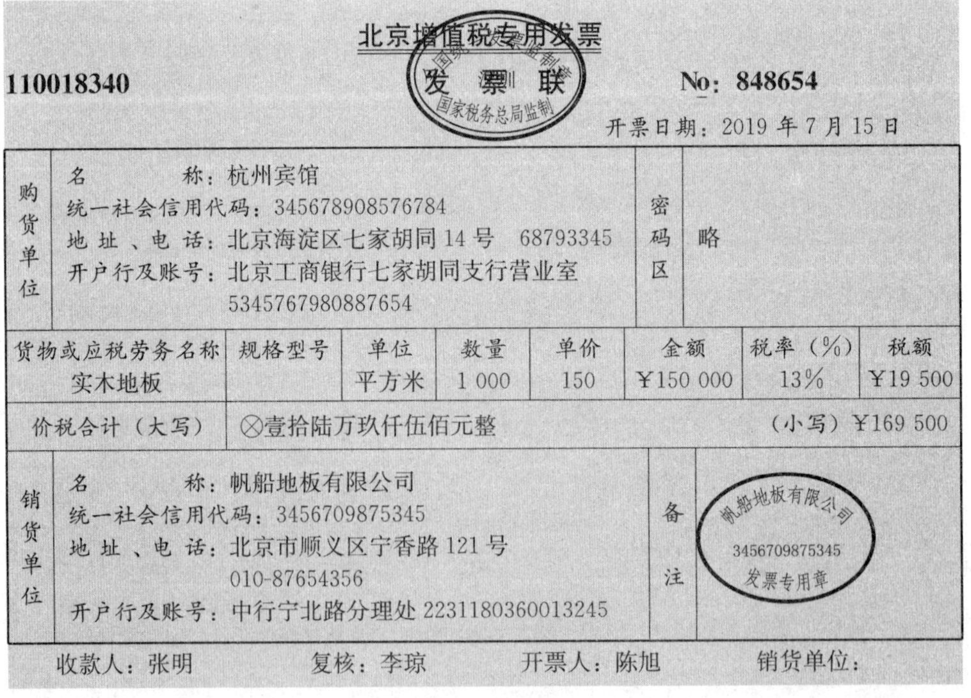
北京增值税专用发票

110018340　　发票联　　No：848654

开票日期：2019 年 7 月 15 日

购货单位	名　　称：杭州宾馆 统一社会信用代码：345678908576784 地址、电话：北京海淀区七家胡同 14 号　68793345 开户行及账号：北京工商银行七家胡同支行营业室 5345767980887654	密码区	略

货物或应税劳务名称	规格型号	单位	数量	单价	金额	税率（%）	税额
实木地板		平方米	1 000	150	￥150 000	13%	￥19 500
价税合计（大写）	⊗壹拾陆万玖仟伍佰元整					（小写）￥169 500	

销货单位	名　　称：帆船地板有限公司 统一社会信用代码：3456709875345 地址、电话：北京市顺义区宁香路 121 号 010-87654356 开户行及账号：中行宁北路分理处 2231180360013245	备注	帆船地板有限公司 3456709875345 发票专用章

收款人：张明　　复核：李琼　　开票人：陈旭　　销货单位：

图 13-1　发票联

①不含税销售额＝169 500÷（1＋13％）＝150 000（元）

②应缴纳的消费税额＝150 088.50×5％＝7 500（元）

中华人民共和国
税收通用完税证

注册类型　　填发日期：2019 年 8 月 5 日　　征收机关

纳税人代码		45687976554322		地址		××××
纳税人名称		帆船地板有限公司		税款所属时期		2018 年 7 月
税种	品目名称	课税数量	计税金额或销售收入	税率或单位税额	已缴或扣除额	实缴金额
消费税	实木地板	1 000 平方米	150 000	5％		7 500
金额合计	（大写）柒仟伍佰元整					
××市地方税务局 征税专用章	委托代征单位（人）盖章	填票人（章）	备注			

图 13-2　完税凭证

13.2　城市维护建设税

城市维护建设税（简称城建税），是国家对缴纳增值税、消费税的单位和个人就其实际缴纳的税额为计税依据而征收的一种税。

2018 年 10 月 19 日，财政部、国家税务总局颁布《中华人民共和国城市维护建设税法（征求意见稿）》。本节根据此内容编写。

城市建设税采用地区差别比例税率，纳税人所在地区不同，适用税率的档次也不通过。具体规定见表 13-4。

表 13-4　城市维护建设税税率

城建税纳税人所在地	税率
市区的	7％
县城、建制镇	5％

1. 计税依据

城市维护建设税的计税依据为纳税人实际缴纳的增值税、消费税税额，以及出口货物、劳务或者跨境销售服务、无形资产增值税免抵税额。

对进口货物或者境外单位和个人向境内销售劳务、服务、无形资产缴纳的增值税、消费税税额，不征收城市维护建设税。

城市维护建设税的应纳税额按照纳税人实际缴纳的增值税、消费税税额和出口货物、劳务或者跨境销售服务、无形资产增值税免抵税额乘以税率计算。

对实行增值税期末留抵退税的纳税人，允许其从城市维护建设税的计税依据中扣除退还的增值税税额。

对出口货物、劳务和跨境销售服务、无形资产以及因优惠政策退还增值税、消费税的，不退还已缴纳的城市维护建设税。

2. 城建税计算及会计处理

应纳税额=（实际缴纳的增值税税额+实际缴纳消费税税额）×适用税率

13.3 教育费附加

教育费附加是对缴纳增值税、消费税的单位和个人，就其实际缴纳的税额为计税依据征收的一种附加费。见表13-5。

表13-5 教育费附加税率

征收范围	征收比率	计税依据	计算公式
缴纳增值税、消费税的单位和个人	3%	实际缴纳的增值税、消费税税额为计税依据，与“两税”同时缴纳	应纳教育费附加=实际缴纳的“两税”税额×3%

（1）教育费附加出口不退，进口不征。

（2）对由于减免增值税、消费税和营业税而发生的退税，可同时退还已征收的教育费附加。

通过“应交税费”账户核算。企业按规定计算应缴的教育费附加时，借记“税金及附加”科目，贷记“应交税费——应交教育费附加”科目。

【**例 13-2**】红河百货有限公司 2019 年 7 月份实际缴纳增值税 789 000 元，缴纳消费税 442 000 元。城市维护建设税税率 7%，教育费附加 3%，见表 13-6、表 13-7。

应纳城建税税额＝（789 000＋442 000）×7%＝86 170（元）

应纳教育费附加＝（789 000＋442 000）×3%＝36 930（元）

（1）计提城建税和教育费附加：

借：税金及附加　　123 100

　　贷：应交税费——应交城市维护建设税　　86 170

　　　　　　　　——应交教育费附加　　36 930

（2）缴纳城建税：

借：应交税费——应交城市维护建设税　　86 170

　　　　　　——应交教育费附加　　36 930

　　贷：银行存款　　123 100

表 13-6　　**城市维护建设税纳税申报表**

填表日期：2019 年 8 月 5 日

统一社会信用代码：342701005809975 48A　　金额单位：元（列至角分）

纳税人名称			税款所属期			
计税依据	计税金额	税率	应纳税额	已纳税额		应补（退）税额
1	2	3	4=2×3	5		6=4－5
增值税	789 000	7%	55 230	0		55 230
消费税	442 000	7%	30 940	0		30 940
合计	1 231 000		86 170	0		86 170
如纳税人填报，由纳税人填写以下各栏			如委托代理人填报，由代理人填写以下各栏			
会计主管（签章）	纳税人（公章）	代理人名称		代理人（公章）		
		代理人地址				
邵佳丽 红河百货有限公司 342701005809975 48A 发票专用章		经办人姓名		电话		
以下由税务机关填写						
收到申报表日期				接收人		

表 13-7　　　　教育费附加纳税申请表　　　　单位：元

纳税人名称			税款所属期		
计税依据	计税金额	税率	应纳税额	已纳税额	应补（退）税额
1	2	3	4=2×3	5	6=4−5
增值税	789 000	3%	23 670	0	23 670
消费税	442 000	3%	13 260	0	13 260
合计	1 231 000		36 930	0	36 930
如纳税人填报，由纳税人填写以下各栏			如委托代理人填报，由代理人填写以下各栏		
会计主管（签章）	纳税人（公章）	代理人名称		代理人（公章）	
红河百货有限公司 34270100580997548A 发票专用章		代理人地址			
		经办人姓名		电话	
以下由税务机关填写					
收到申报表日期				接收人	

13.4　土地增值税

土地增值税是对有偿转让国有土地使用权及地上建筑物和其他附着物产权，并取得增值性收入的单位和个人所征收的一种税。

2019 年 4 月 16 日，财政部、税务总局公布《土地增值税法（初稿征求意见）》，具体内容如下。

1. 纳税义务人

在中华人民共和国境内转移房地产并取得收入的单位和个人，为土地增值税的纳税人。

2. 税率

土地增值税实行四级超率累进税率，见表 13-8。

表 13-8　　　　　　　　　　**土地增值税实行四级超率累进税率**

级别	增值额与扣除项目金额的比率	税率	速算扣除系数（%）
1	增值额未超过扣除项目金额 50%的部分	30%	0
2	增值额超过扣除项目金额 50%、未超过扣除项目金额 100%的部分	40%	5
3	增值额超过扣除项目金额 100%、未超过扣除项目金额 200%的部分	50%	15
4	增值额超过扣除项目金额 200%的部分	60%	35

3. 应纳税额的计算

土地增值额＝转让收入－法定扣除项目

土地增值税应纳税额的计算，见表 13-9。

表 13-9　　　　　　　　　　**土地增值税应纳税额的计算**

<table>
<tr><th>计算步骤</th><th colspan="2">各项目核算内容</th></tr>
<tr><td>计算应税收入</td><td>转让房地产取得的应税收入</td><td>货币收入
实物收入
其他收入</td></tr>
<tr><td rowspan="2">计算扣除项目金额</td><td colspan="2">①取得土地使用权所支付的金额
②房地产开发成本
③房地产开发费用
④与转让房地产有关的税金</td></tr>
<tr><td>转让旧房</td><td>旧房及建筑物的评估价格
取得土地使用权所支付的金额
与转让房地产有关的税金</td></tr>
</table>

4. 应纳税额的计算

土地增值税计算的基本原理：

①以出售房地产的总收入减除扣除项目金额，求得增值额；

②再以增值额同扣除项目相比，其比值即为土地增值率；

③根据土地增值率的高低确定适用税率，用增值额和适用税率相乘，求

得应纳税额。

(1) 计算增值额。

增值额＝房地产转让收入－扣除项目金额

(2) 计算增值率。

增值率＝增值额÷扣除项目金额×100%

(3) 确定适用税率。

依据计算的增值率，按其税率表确定适用税率。

(4) 依据适用税率计算应纳税额。

应纳税额＝增值额×适用税率－扣除项目金额×速算扣除系数

5. 下列情形，可减征或免征土地增值税

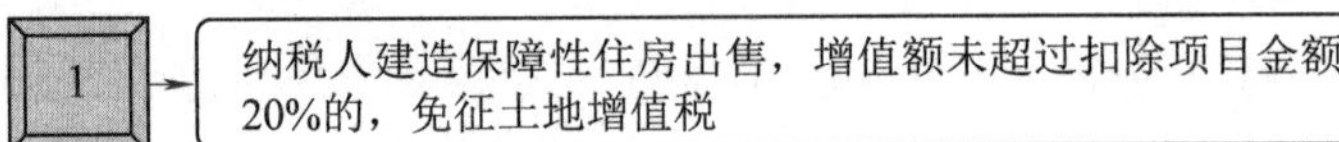

1 纳税人建造保障性住房出售，增值额未超过扣除项目金额20%的，免征土地增值税

2 因国家建设需要依法征收、收回的房地产，免征土地增值税

3 国务院可以根据国民经济和社会发展的需要规定其他减征或免征土地增值税情形，并报全国人民代表大会常务委员会备案

13.5 车辆购置税

2018 年 12 月 29 日，第十三届全国人民代表大会常务委员会第七次会议通过《中华人民共和国车辆购置税法》。

1. 纳税人

在中华人民共和国境内购置汽车、有轨电车、汽车挂车、排气量超过150 毫升的摩托车（以下统称应税车辆）的单位和个人，为车辆购置税的纳税人。

2. 税率

车辆购置税实行一次性征收。购置已征车辆购置税的车辆，不再征收车辆购置税。车辆购置税的税率为 10%。

3. 应纳税额的计算

车辆购置税的应纳税额按照应税车辆的计税价格乘以税率计算。

4. 计税依据

应税车辆的计税价格，按照下列规定确定：

（1）纳税人购买自用应税车辆的计税价格，为纳税人实际支付给销售者的全部价款，不包括增值税税款；

（2）纳税人进口自用应税车辆的计税价格，为关税完税价格加上关税和消费税；

（3）纳税人自产自用应税车辆的计税价格，按照纳税人生产的同类应税车辆的销售价格确定，不包括增值税税款；

（4）纳税人以受赠、获奖或者其他方式取得自用应税车辆的计税价格，按照购置应税车辆时相关凭证载明的价格确定，不包括增值税税款。

【例 13-3】红河百货有限公司 2019 年 7 月从国外进口一辆宝马公司生产的某型号小轿车。该公司报关进口这批小轿车时，经报关地海关对有关报关资料的审查，确定关税完税价格为 2 250 000 元，关税税率为 20%，海关按关税政策规定每辆征收关税 450 000 元；并按消费税税率 30%，增值税税率 13%。由于联系业务需要，该公司将一辆小轿车留在本单位使用。车辆购置税税率 10%。

组成计税价格＝2 250 000＋（2 250 000×20%）＝2 700 000（元）

消费税税额＝2 700 000×30%＝810 000（元）

（1）计税依据＝2 700 000＋810 000＝3 510 000（元）

（2）应纳税额＝3 510 000×10%－351 000（元）

借：税金及附加　　351 000

　　贷：应交税费——应交车辆购置税　　351 000

借：应交税费——应交车辆购置税　　351 000

　　贷：银行存款　　351 000

13.6 印花税

2018 年 11 月 1 日，财政部公布《中华人民共和国印花税法（征求意见稿）》，具体内容如下：

1. 纳税人

订立、领受在中华人民共和国境内具有法律效力的应税凭证，或者在中华人民共和国境内进行证券交易的单位和个人，为印花税的纳税人。

2. 计税依据

印花税的计税依据，按照下列方法确定：

（1）应税合同的计税依据，为合同列明的价款或者报酬，不包括增值税税款；合同中价款或者报酬与增值税税款未分开列明的，按照合计金额确定。

（2）应税产权转移书据的计税依据，为产权转移书据列明的价款，不包括增值税税款；产权转移书据中价款与增值税税款未分开列明的，按照合计金额确定。

（3）应税营业账簿的计税依据，为营业账簿记载的实收资本（股本）、资本公积合计金额。

（4）应税权利、许可证照的计税依据，按件确定。

（5）证券交易的计税依据，为成交金额。

应税合同、产权转移书据未列明价款或者报酬的，按照下列方法确定计税依据：

（1）按照订立合同、产权转移书据时市场价格确定；依法应当执行政府定价的，按照其规定确定。

（2）不能按照（1）规定的方法确定的，按照实际结算的价款或者报酬确定。

3. 应纳税额

印花税应纳税额按照下列方法计算：

（1）应税合同的应纳税额为价款或者报酬乘以适用税率；

（2）应税产权转移书据的应纳税额为价款乘以适用税率；

（3）应税营业账簿的应纳税额为实收资本（股本）、资本公积合计金额乘以适用税率；

（4）应税权利、许可证照的应纳税额为适用税额；

（5）证券交易的应纳税额为成交金额或者按照确定的计税依据乘以适用税率。

4. 税率

印花税税目税率表见表 13-10。

表 13-10　　　　　　　　　　　　　　　　印花税税目税率表

税目		税率	备注
合同	买卖合同	支付价款的万分之三	指动产买卖合同
	借款合同	借款金额的万分之零点五	指银行业金融机构和借款人（不包括银行同业拆借）订立的借款合同
	融资租赁合同	租金的万分之零点五	—
	租赁合同	租金的千分之一	—
	承揽合同	支付报酬的万分之三	—
	建设工程合同	支付价款的万分之三	—
	运输合同	运输费用的万分之三	指货运合同和多式联运合同（不包括管道运输合同）
	技术合同	支付价款、报酬或者使用费的万分之三	—
	保管合同	保管费的千分之一	—
	仓储合同	仓储费的千分之一	—
	财产保险合同	保险费的千分之一	不包括再保险合同
产权转移书据	土地使用权出让和转让书据；房屋等建筑物、构筑物所有权、股权（不包括上市和挂牌公司股票）、商标专用权、著作权、专利权、专有技术使用权转让书据	支付价款的万分之五	—
权利、许可证照		不动产权证书、营业执照、商标注册证、专利证书	每件 5 元
营业账簿		实收资本（股本）、资本公积合计金额的万分之二点五	—
证券交易		成交金额的千分之一	对证券交易的出让方征收，不对证券交易的受让方征收

【例 13-4】红河百货有限公司按月汇总缴纳印花税。2019 年 8 月涉及印花税的业务，见表 13-11。

表 13-11　　2019 年 8 月涉及印花税的业务

账簿	设置账簿 20 本，其中包括实收资本、资本公积账簿 1 本，当年实收资本增加 500 000 元	自行贴花
以物易物交易合同 1 份	用钢材换入电器，公允价值相等，均价 100 000 元	汇总缴纳
运输合同 2 份	合同载明的运输费用分别是 120 000 元、40 000 元	汇总缴纳
保管合同 3 份	合同载明的运输费用分别是 70 000 元、50 000 元、30 000 元	汇总缴纳
与中国银行签订贴息贷款合同 1 份	贷款金额 800 000 元，贷款期限是 1 年，贷款年利率 7%	自行贴花

借：税金及附加——印花税　　425

　贷：银行存款　　425

根据上述资料，申报印花税，见表 13-12。

表 13-12　　印花税纳税申报表

统一社会信用代码：34270100580997548A

纳税人名称（盖章）红河百货有限公司　　单位：元（列至角分）

应税凭证	是否汇总缴纳	计税金额或件数	核定征收		适用税率	本期应纳税额	减免税额	本期已缴税额	本期应补（退）税额
			核定依据	核定比例					
		1	2	3	4	5=(1+2×3)×4	6	7	8=5−6−7
购销合同		100 000			0.3‰	30			
加工承揽合同		0			0.5‰				
建设工程勘察设计合同		0			0.5‰				
建筑安装工程承包合同		0			0.3‰				
财产租赁合同		0			1‰				
货物运输合同		160 000			0.5‰	80			

应税凭证	是否汇总缴纳	计税金额或件数	核定征收		适用税率	本期应纳税额	减免税额	本期已缴税额	本期应补（退）税额
			核定依据	核定比例					
		1	2	3	4	5=(1+2×3)×4	6	7	8=5−6−7
仓储保管合同		150 000			1‰	150			
借款合同		800 000			0.05‰	40			
财产保险合同					1‰				
技术合同					0.3‰				
产权转移合同					0.5‰				
营业账簿（记载资金的账簿）		500 000			0.25‰	125			
营业账簿（其他账簿）		19			免征	0			
权利、许可证照		0			免征				
						425			
合计	——	——	——	——	——				

<table>
<tr><td colspan="2">如纳税人填报，由纳税人填写以下各栏</td><td colspan="3">如委托税务代理机构填报，由税务代理机构填写以下各栏</td></tr>
<tr><td rowspan="2">会计主管（签章）</td><td rowspan="2">经办人（签章）</td><td>税务代理机构名称</td><td colspan="2"></td></tr>
<tr><td>税务代理机构地址</td><td colspan="2"></td></tr>
<tr><td rowspan="5">申报声明</td><td>此纳税申报表是根据国家税收法律的规定填报的，我确信它是真实的、可靠的、完整的。</td><td>代理人（签章）</td><td colspan="2"></td></tr>
<tr><td>申明人：</td><td colspan="3">以下由税务机关填写</td></tr>
<tr><td></td><td>受理日期</td><td></td><td>受理人</td></tr>
<tr><td>（法定代表人签字或盖章）</td><td>审核日期</td><td></td><td>审核人</td></tr>
<tr><td>（公章）</td><td>审核记录</td><td></td><td></td></tr>
</table>

注意：各省市不定时调整印花税率。

13.7 企业所得税

企业所得税，又称公司所得税或法人所得税，是国家对企业生产经营所得和其他所得征收的一种所得税。

13.7.1 企业所得税要素

1. 企业所得税的税率

企业所得税的税率分为：25%、15%、10%、0 等。

2. 企业所得税的应纳税所得额

企业所得税的计税依据是应纳税所得额，即指企业每一纳税年度的收入总额，减除不征税收入、免税收入、各项扣除以及允许弥补的以前年度亏损后的余额。如果计算出的数额小于零，为亏损。

13.7.2 企业所得税的计算

我国计算企业所得税时，一般采用资产负债债务法。利润表中的所得税费用由两部分组成：当期所得税和递延所得税费用（或收益）。

1. 当期所得税

当期所得税应当以适用的税收法规为基础计算确定。

应交所得税＝应纳税所得额×所得税税率

应纳税所得额＝会计利润＋纳税调整增加额－纳税调整减少额＋境外应税所得弥补境内亏损－弥补以前年度亏损

当期所得税＝当期应交所得税＝应纳税所得额×适用税额－减免税额－抵免税额

2. 居民企业应纳税额的计算

（1）直接计算法。

应纳税所得额＝收入总额－不征税收入－免税收入－各项扣除金额－弥补亏损

（2）间接计算法。

应纳税所得额＝会计利润总额±纳税调整项目金额

【例 13-5】红河百货有限公司 2019 年已预交企业所得税款 80 000 元。

2020 年 3 月 20 日办理企业所得税汇算清缴。

2019 年损益类账户发生额，见表 13-13。

表 13-13　　　　损益类账户发生额明细表

单位：元

损益类账户	借方	贷方	备注
主营业务收入		4 180 000	销售货物收入
其他业务收入		365 000	销售材料收入
主营业务成本	2 270 000		销售货物成本
其他业务成本	427 000		销售材料成本
税金及附加	15 000		
销售费用	109 000		广告和宣传费 30 000 元
管理费用	196 500		业务招待费 40 000 元
财务费用	59 500		
投资收益		55 900	国债利息收入 55 900 元
营业外收入		48 900	无法偿付的货款
营业外支出	34 700		坏账损失 34 700 元

根据上述资料，计算会计利润。

会计利润＝4 180 000＋365 000＋55 900＋48 900－2 270 000－427 000－15 000－109 000－196 500－59 500－34 700

＝1 538 100（元）

调整纳税增加或减少。

（1）广告或宣传费。

根据《企业所得税法实施条例》规定：发生的符合条件的广告费和业务宣传费支出，除国务院财政、税务主管部门另有规定外，不超过当年销售（营业）收入 15%的部分，准予扣除；超过部分，准予在以后纳税年度结转扣除。

即 4 180 000×15%＝627 000（元），当期广告和宣传费为 30 000 元，没有超出标准。

（2）业务招待费。

根据《企业所得税法实施条例》第四十三条规定：企业发生的与生产经营活动有关的业务招待费支出，按照发生额的 60%扣除，但最高不得超过当年销售（营业）收入的 5‰。

即 4 180 000×5‰＝20 900（元），40 000×60%＝24 000（元）

因此调增 40 000－20 900＝19 100（元）。

（3）根据《企业所得税法》规定：国债利息收入为免税收入。

因此，应纳税所得额＝1 538 100＋19 100＝1 557 200（元）

根据上述资料，填报所得税申报表，见表 13-14 至表 13-17。

表 13-14　　中华人民共和国企业所得税年度预缴纳税申报表（A 类）

税款所属期间：2019 年 1 月 1 日至 2019 年 12 月 31 日

统一社会信用代码：34270100580997548A

纳税人名称：红河百货有限公司　　金额单位：　人民币元（元至角分）

国家税务总局监制中华人民共和国企业所得税年度纳税申报表（A 类）

金　额	行　次	类　别	项　目
1	利润总额计算	一、营业收入	4 545 000
2		减：营业成本	2 697 000
3		税金及附加	150 00
4		销售费用（填写 A104000）	109 000
5		管理费用（填写 A104000）	196 500
6		财务费用（填写 A104000）	59 500
7		资产减值损失	
8		加：公允价值变动收益	
9		投资收益	55 900
10		二、营业利润（1－2－3－4－5－6－7＋8＋9）	1 523 900
11		加：营业外收入	48 900
12		减：营业外支出	34 700
13		三、利润总额（10＋11－12）	1 538 100
14	应纳税所得额计算	减：境外所得（填写 A108010）	
15		加：纳税调整增加额（填写 A105000）	19 100
16		减：纳税调整减少额（填写 A105000）	
17		减：免税、减计收入及加计扣除（填写 A107010）	
18		加：境外应税所得抵减境内亏损（填写 A108000）	

续上表

金额	行次	类别	项目
19	应纳税所得额计算	四、纳税调整后所得（13－14＋15－16－17＋18）	1 557 200
20		减：所得减免（填写A107020）	
21		减：抵扣应纳税所得额（填写A107030）	
22		减：弥补以前年度亏损（填写A106000）	
23		五、应纳税所得额（19－20－21－22）	1 557 200
24		税率（25％）	
25		六、应纳所得税额（23×24）	389 300
26		减：减免所得税额（填写A107040）	
27		减：抵免所得税额（填写A107050）	
28		七、应纳税额（25－26－27）	389 300
29		加：境外所得应纳所得税额（填写A108000）	
30		减：境外所得抵免所得税额（填写A108000）	
31		八、实际应纳所得税额（28＋29－30）	389 300
32		减：本年累计实际已预缴的所得税额	80 000
33		九、本年应补（退）所得税额（31－32）	309 300
34		其中：总机构分摊本年应补（退）所得税额（填写A109000）	
35		财政集中分配本年应补（退）所得税额（填写A109000）	
36		总机构主体生产经营部门分摊本年应补（退）所得税额（填写A109000）	
37	附列资料	以前年度多缴的所得税额在本年抵减额	
38		以前年度应缴未缴在本年入库所得税额	

续上表

金　额	行　次	类　别	项　目
谨声明：此纳税申报表是根据《中华人民共和国企业所得税法》、《中华人民共和国企业所得税法实施条例》和国家有关税收规定填报的，是真实的、可靠的、完整的。 法定代表人（签字）（略）： 年　月　日			
纳税人公章： 会计主管： 填表日期：　年　月　日		代理申报中介机构公章： 经办人： 经办人执业证件号码： 代理申报日期：　年　月　日	

表 13-15

收入明细表

一般企业收入明细表

填报时间：2020 年 3 月 10 日　　　　金额单位：　元（列至角分）

行　次	项　目	金　额
1	一、营业收入（2+9）	4 545 000
2	（一）主营业务收入（3+5+6+7+8）	4 180 000
3	1. 销售商品收入	4 180 000
4	其中：非货币性资产交换收入	
5	2. 提供劳务收入	
6	3. 建造合同收入	
7	4. 让渡资产使用权收入	
8	5. 其他	
9	（二）其他业务收入（10＋12＋13＋14+15）	365 000
10	1. 销售材料收入	365 000
11	其中：非货币性资产交换收入	
12	2. 出租固定资产收入	
13	3. 出租无形资产收入	

续上表

行次	项目	金额
14	4. 出租包装物和商品收入	
15	5. 其他	
16	二、营业外收入（17＋18＋19＋20＋21＋22＋23＋24＋25＋26）	48 900
17	（一）非流动资产处置利得	48 900
18	（二）非货币性资产交换利得	
19	（三）债务重组利得	
20	（四）政府补助利得	
21	（五）盘盈利得	
22	（六）捐赠利得	
23	（七）罚没利得	
24	（八）确实无法偿付的应付款项	48 900
25	（九）汇兑收益	
26	（十）其他	

经办人（签章）：　　法定代表人（签章）

表 13-16　　一般企业成本支出明细表

行次	项目	金额
1	一、营业成本（2＋9）	2 697 000
2	（一）主营业务成本（3＋5＋6＋7＋8）	2 270 000
3	1. 销售商品成本	2 270 000
4	其中：非货币性资产交换成本	
5	2. 提供劳务成本	
6	3. 建造合同成本	
7	4. 让渡资产使用权成本	
8	5. 其他	
9	（二）其他业务成本（10＋12＋13＋14＋15）	427 000
10	1. 材料销售成本	427 000
11	其中：非货币性资产交换成本	

续上表

行　　次	项　　目	金　　额
12	2. 出租固定资产成本	
13	3. 出租无形资产成本	
14	4. 包装物出租成本	
15	5. 其他	
16	二、营业外支出（17+18+19+20+21+22+23+24+25+26）	34 700
17	（一）非流动资产处置损失	
18	（二）非货币性资产交换损失	
19	（三）债务重组损失	
20	（四）非常损失	
21	（五）捐赠支出	
22	（六）赞助支出	
23	（七）罚没支出	
24	（八）坏账损失	34 700
25	（九）无法收回的债券股权投资损失	
26	（十）其他	
	三、期间费用	365 000
	1. 销售费用	109 000
	2. 管理费用	196 500
	3. 财务费用	59 500

表 13-17　　纳税调整项目明细表

行次	项　　目	账载金额	税收金额	调增金额	调减金额
		1	2	3	4
1	一、收入类调整项目（2+3+4+5+6+7+8+10+11）	*	*		
2	（一）视同销售收入（填写 A105010）	*			*
3	（二）未按权责发生制原则确认的收入（填写 A105020）				
4	（三）投资收益（填写 A105030）				

续上表

行次	项目	账载金额	税收金额	调增金额	调减金额
		1	2	3	4
5	(四)按权益法核算长期股权投资对初始投资成本调整确认收益	*	*	*	
6	(五)交易性金融资产初始投资调整	*	*		*
7	(六)公允价值变动净损益		*		
8	(七)不征税收入	*	*		
9	其中:专项用途财政性资金(填写A105040)	*	*		
10	(八)销售折扣、折让和退回				
11	(九)其他				
12	二、扣除类调整项目(13+14+15+16+17+18+19+20+21+22+23+24+26+27+28+29)	40 000	20 900	19 100	
13	(一)视同销售成本(填写A105010)	*		*	
14	(二)职工薪酬(填写A105050)				
15	(三)职工福利费支出				*
16	(四)职工教育经费支出				
17	(五)工会经费支出				
18	(六)业务招待费支出	40 000	20 900	19 100	
19	(七)广告费和业务宣传费支出(填写A105060)				
	……	*	*		
		*	*		
		*	*		
43	合计	40 000	20 900	19 100	

13.8 个人所得税

2018 年 8 月 31 日，关于修改《中华人民共和国个人所得税法》的决定经十三届全国人大常委会第五次会议表决通过。新《中华人民共和国个人所得税法》规定：居民个人的综合所得，以每一纳税年度的收入额减除费用 60 000 元以及基本扣除项目、专项附加扣除和依法确定的其他扣除后的余额，为应纳税所得额。计算公式如下：

应纳税所得额＝月收入－5 000 元(起征点)－基本扣除项目－专项附加扣除项目－依法确定的其他扣除

1. 基本扣除项目

(1)按照规定，单位为个人缴付和个人缴付的基本养老保险费、基本医疗保险费、失业保险费、住房公积金，从纳税义务人的应纳税所得额中扣除。

未超过国家或省(自治区、直辖市)人民政府规定的缴费比例或办法的，免征个人所得税。

(2)企事业单位和个人超过规定的比例和标准缴付的基本养老保险费、基本医疗保险费和失业保险费，应将超过部分并入个人当期的工资、薪金收入，计征个人所得税。

(3)企业为员工交纳的社会保险没有超过国家或省(自治区、直辖市)人民政府规定的缴费比例或办法的，免征个人所得税；超过的部分应并入个人当期的工资、薪金收入，计征个人所得税。

因此，企业为员工交纳的社会保险费超过了按其本人上一年度月平均工资的 300%计算的社会保险费部分，应并入个人当期的工资、薪金收入，计征个人所得税。

(4)企业为员工交纳的所有商业保险是不免个人所得税的。应在向保险公司缴付时并入员工当期的工资收入，按"工资、薪金所得"项目计征个人所得税。

但是，对于商业保险中的企业年金，根据《财政部人力资源社会保障部国家税务总局关于企业年金职业年金个人所得税有关问题的通知》(财税〔2013〕103 号)规定，企业为员工缴纳的企业年金(包括企业为个人缴付的和个人缴付的)，可以迟延到退休领取时在缴纳个人所得税。

2. 专项附加扣除项目

专项附加扣除项目见表 13-18。

表 13-18　　　　专项附加扣除项目

<table>
<tr><th>项目</th><th colspan="2">扣除的条件</th><th>扣除标准</th><th>扣除方式</th></tr>
<tr><td rowspan="4">子女教育</td><td rowspan="3">子女接受全日制学历教育</td><td>义务教育（小学、初中）</td><td rowspan="4">每个子女
1 000元/月</td><td rowspan="4">父母各扣50%指定一方扣 100%</td></tr>
<tr><td>高中（普通高中、中等职业、技工教育）</td></tr>
<tr><td>高等教育（大专、本科、硕士、博士）</td></tr>
<tr><td>子女接受学前教育</td><td>年满 3 岁至小学前</td></tr>
<tr><td rowspan="2">继续教育</td><td colspan="2">在中国境内接受学历（学位）继续教育</td><td>400 元/月</td><td>本科以下的，本人/父母扣</td></tr>
<tr><td colspan="2">接受技能人员职业资格继续教育、专业技术人员职业资格继续教育，并取得相关证书</td><td>3 600 元/年</td><td>本人扣</td></tr>
<tr><td>大病医疗</td><td colspan="2">一个纳税年度内，与基本医保相关的医药费用支出，扣除医保报销后个人负担累计超过 1500 元的部分</td><td>据实扣除，
限额 80 000 元</td><td>本人/配偶扣：未成年子女费用，可由父母一方扣</td></tr>
<tr><td>住房贷款利息</td><td colspan="2">购买中国境内住房，享受“首套住房贷款利率”的住房贷款利息</td><td>1 000 元/月</td><td>本人扣，夫妻可选择一方扣</td></tr>
<tr><td rowspan="3">住房租金</td><td rowspan="3">在主要工作城市没有
自有住房</td><td>直辖市、省会（首府）城市、计划单列市以后国务院确定的其他城市</td><td>1 500 元/月</td><td rowspan="3">承租人扣。夫妻双方同城的，只能一方扣</td></tr>
<tr><td>市辖区户籍人口超过 100 万的</td><td>1 100 元/月</td></tr>
<tr><td>市辖区户籍人口不超过 100 万的</td><td>800 元/月</td></tr>
<tr><td rowspan="2">赡养老人</td><td rowspan="2">赡养一位及以上被赡养人（年满 60 岁的父母，子女均已过世的年满 60 岁的祖父母、外祖父母）</td><td>独生子女</td><td>2 000 元/月</td><td>本人扣</td></tr>
<tr><td>非独生子女</td><td>不超过
1 000 元/月</td><td>均摊/约定分摊/指定分摊</td></tr>
</table>

国家税务总局公布个人所得税专项附加扣除采集表（电子模板）见

表 13-19，纳税人可根据个人情况如实填写。

表 13-19　　　　个人所得税专项附加扣除采集表

*扣除年度	2019	*纳税人姓名	
*纳税人身份证件类型		*纳税人身份证件号码	
*手机号码		纳税人识别号	
联系地址		电子邮箱	
扣缴义务人名称（支付工资薪金的单位）		扣缴义务人纳税人识别号（统一社会信用代码）	
*配偶情况		配偶姓名	
配偶身份证件类型		配偶身份证件号码	

本人承诺：我已仔细阅读填写说明，并根据《中华人民共和国个人所得税法》及其实施条例、《个人所得税专项附加扣除暂行办法》、《个人所得税专项附加扣除操作办法（试行）》等相关法律法规规定填写。本人已就所填扣除信息进行了核实，并对所填内容的真实性、准确性、完整性负责。

纳税人签字：　　　　年　　月　　日

扣缴义务人签章： 经办人签字： 接收日期：　年　月　日	代理机构签章： 代理机构统一社会信用代码： 代理机构（人）经办人： 经办人身份证件号码：	受理人： 受理税务机关（章）： 受理日期：　年　月　日

填写说明　首页　子女教育支出　住房租金支出　住房贷款利息支出　赡养老人支出　继续教育支出

工资、薪金所得七级超额累计税率，见表 13-20。

表 13-20　　　　工资、薪金所得个人所得税税率表

级　数	每次应纳税所得额(元)	税率(%)	速算扣除数(元)
1	不超过 3 000 元部分	3	0
2	超过 3 000～12 000	10	210
3	超过 3 000～25 000	20	1 410
4	超过 25 000～35 000	25	2 660
5	超过 35 000～55 000	30	4 410
6	超过 55 000～80 000	35	7 160
7	超过 80 000 元部分	45	15 160

速算扣除数的计算公式是：

本级速算扣除额＝上一级最高应纳税所得额×（本级税率－上一级税率）＋上一级速算扣除数

附　　录

会计凭证的装订

会计凭证的装订是指把定期整理完毕的会计凭证按照编号顺序，外加封面、封底，装订成册。在封面上，应写明单位名称、年度、月份、专用记账凭证的种类、起讫日期、起讫号数，以及记账凭证的起止页数及张数，并在骑缝处加盖单位财务专用章及会计主管的骑缝图章。

如果采用单式记账凭证，在整理装订凭证时，必须保持会计分录的完整。为此，应按凭证号码顺序还原装订成册，不得按科目归类装订。对各种重要的原始单据，以及各种需要随时查阅和退回的单据，应另编目录，单独登记保管，并在有关的记账凭证和原始凭证上相互注明日期和编号。

常见的会计凭证进行装订的格式，如附图1-1所示。

会计凭证装订封皮

2019年1月

单位：红河百货有限公司

册号数	本月共　册
	本册第　册

记账凭证种类	凭单起讫号数	附原始凭证张数
收款凭证	共　张自第　号至第　号	
付款凭证	共　张自第　号至第　号	
记账凭证	共　张自第　号至第　号	
备注		
负责人：	会计：　　装订：	

附图1-1　会计凭证装订封皮

有的单位经济业务较少，一个月的记账凭证可能只有几十张，装订起来只有一册；有的单位规模大，经济业务多，一个月的记账凭证可能有几百张或几千张，装订起来就是十几册或几十册。装订之前，要设计一下，看一个月的记账凭证究竟订成几册为好。每册的厚薄应基本保持一致，不能把几张一份的记账凭证拆开装订在两册之中，要做到既美观大方，又便于翻阅。对各种重要的原始单据，以及各种需要随时查阅和退回的单据，应另编目录，单独登记保管，并在有关的记账凭证和原始凭证上相互注明日期和编号。汇总装订后的会计凭证封面签章等格式内容应填写齐全，为保证格式和美观，建议使用号码印盖章的方式。在封面上编好卷号，按编号顺序入柜（侧脊上面写上“年、月、第几册共几册”的字样），并要在明显处标明凭证种类编号，以便于调阅。

凭证装订册数可根据凭证多少来定，原则上以月份为单位装订，每月订成一册或若干册。有些单位业务量小，凭证不多，把若干个月份的凭证合并订成一册也可以，只要在凭证封面注明本册所含的凭证月份即可。由于原始凭证往往大于记账凭证，从而折叠过多，这样一本凭证就显得中间厚，装订线的位置簿，订出的一本凭证像鱼鳞一样。

为了使装订成册的会计凭证外形美观，在装订时要考虑到凭证的整齐均匀，特别是装订线的位置，如果太薄时可用纸折一些三角形纸条，均匀地垫在此处，以保证它的厚度与凭证中间的厚度一致。这样装订出来的凭证就显得整齐了。装订前，要以会计凭证的左上侧为准，放齐，准备好铁锥、装订机或小手电钻，还有线绳、铁夹、胶水、凭证封皮、包角纸。

会计凭证的保管

会计凭证的保管是指会计凭证据以登账之后的整理、装订和归档存查。会计凭证是会计核算的基础，是重要的历史资料和会计档案。

在立卷存档之前，会计凭证的保管由财会部门负责。保管过程中应注意以下问题。会计部门在每月结账后，应将各种记账凭证按编号顺序整理，并检查有无缺号和附件是否齐全，然后加上封面封底，装订成册。为了防止散失，应在装订线上贴上封签并加盖印章，不得任意拆装。在封面上注明单位名称、所属年度月份、起止日期、记账凭证的种类、张数以及起止编号等。如果原始凭证数量过多，可以另行装订或单独保管，但应在记账凭证上注明。会计凭证应及时传递，不得积压。凭证在装订以后存档以前，要妥善保管，防止受损、弄脏、霉烂以及鼠咬虫蛀等。

企业会计档案保管期限，见附表 1-1。

附表 1-1 企业会计档案保管期限表

序号	档案名称	保管期限	备注
一、会计凭证类			
1	原始凭证	30 年	
2	记账凭证	30 年	
二、会计账簿类			
3	总账	30 年	
4	明细账	30 年	
5	日记账	30 年	
6	固定资产卡片		固定资产报废清理后保管 5 年
7	辅助账等	30 年	
三、财务报告类			
8	月、季度财务报告	10 年	
9	年度财务报告（决算）	永久	
四、其他类			
10	会计移交清册	30 年	
11	会计档案保管清册	永久	
12	会计档案销毁清册	永久	
13	银行存款余额调节表	10 年	
14	银行对账单	10 年	

本单位会计人员由于工作需要查阅会计凭证时，应经会计主管人员同意，并填写借阅登记簿；原则上会计凭证不予外借，如有特殊情况，应报经有关部门批准，并限期归还。需要复印的，应进行专门登记。原始凭证不得外借，其他单位和个人经本单位领导批准调阅会计凭证，要填写“会计档案调阅表”，详细填写借阅会计凭证的名称、调阅日期、调阅人姓名和工作单位、调阅理由、归还日期、调阅批准人等。调阅人员一般不准将会计凭证携带外出。需复制的，要说明所复制的会计凭证名称、张数，经本单位领导同意后在本单位财会人员监督下进行，并应登记与签字。

会计凭证封底，见附表 1-2。

附表 1-2 抽出凭证登记表

抽出日期			抽出附件名称、件数	抽出理由	抽取人签章	财务主管签章	备注
年	月	日					

参考文献

[1] 中华人民共和国财政部．企业会计准则（2018 年版）[M]．北京：经济科学出版，2017.
[2] 中华人民共和国财政部．企业会计准则应用指南（2018 年版）[M]．上海：立信会计出版社，2018.
[3] 中国注册会计师协会．会计 CPA [M]．北京：中国财政经济出版社，2018.
[4] 邱银春．新手学会计 [M]．北京：清华大学出版社，2018.
[5] 栾庆忠．企业会计处理与纳税申报真账实操 [M]．4 版．北京：中国市场出版社，2018.
[6] 张璐莹．一般纳税人真账实操全图解 [M]．北京：中国铁道出版社，2017.
[7] 秦东生，于烨．优秀税务会计从入门到精通（零基础学习税务会计入门畅销书）[M]．北京：中国华侨出版社，2015.
[8] 赖金木．即学即会：会计全流程做账实操 [M]．北京：中华工商联合出版社，2014.
[9] 曲喜和，严鸿雁，徐鲲．会计学 [M]．2 版．北京：北京邮电大学出版社，2011.
[10] 陈菊花，陈良华．会计学 [M]．3 版．北京：科学出版社，2012.
[11] 陈登文．会计知识入门 [M]．北京：知识产权出版社，2011.
[12] 梁文涛．纳税筹划实务 [M]．北京：清华大学出版社，北京交通大学出版社，2012.
[13] 陈文昌．企业财务报表分析 [M]．北京：中国人民大学出版社，2011.
[14] 汪华亮，邢铭强，索晓辉．企业税务筹划与案例解析 [M]．上海：立信会计出版社，2011.
[15] 李凤荣，张小静．税法 [M]．北京：北京理工大学出版社，2011.
[16] 张云莺，郑建志，崔艳辉．税收筹划 [M]．北京：清华大学出版社，2010.
[17] 成凤艳，李岩．税务会计与税收筹划 [M]．北京：北京理工大学出版社，2011.
[18] 陈春洁．小企业会计核算实务（图解版）[M]．广州：广东人民出版社，2012.
[19] 陈梅兰．小企业会计核算实务（升级版）[M]．北京：人民邮电出版社，2011.
[20] 小企业会计准则研究组．小企业会计准则操作指南 [M]．大连：东北财经大学出版社，2012.
[21] 小企业会计准则研究组．小企业会计准则讲解 [M]．大连：东北财经大学出版社，2012.
[22] 文彬．新编会计入门不可不知的 300 个常识 [M]．北京：中国商业出版社，2011.
[23] 罗绍德．中级财务会计 [M]．成都：西南财经大学出版社，2011.
[24] 汤湘希，王昌锐，赵彦锋．中级财务会计 [M]．武汉：武汉大学出版社，2012.
[25] 吴晖．中级财务会计 [M]．北京：科学出版社，2018.